MZ
직장 생활 백서

MZ세대 오피스 라이프 가이드북

MZ 직장 생활 백서

초판 1쇄 인쇄일 2024년 5월 23일
초판 1쇄 발행일 2024년 6월 5일

지은이 장중구
펴낸이 양옥매
디자인 송다희 표지혜
교   정 조준경
마케팅 송용호

펴낸곳 도서출판 책과나무
출판등록 제2012-000376
주소 서울특별시 마포구 방울내로 79 이노빌딩 302호
대표전화 02.372.1537   **팩스** 02.372.1538
이메일 booknamu2007@naver.com
홈페이지 www.booknamu.com
ISBN 979-11-6752-475-1 (03320)

MZ세대 오피스 라이프 가이드북

MZ 직장 생활 백서

· 장중구 지음 ·

책과나무

MZ세대의 성공적인 미래를 위한 지침서

유 기 풍

전)서강대학교 총장 | 전)한국전력국제원자력대학원대학교 총장

오늘날 사회는 빠르게 변화하고 있으며, MZ세대는 이 변화의 중심에 서 있습니다. 디지털 기술에 능숙하고 새로운 트렌드에 민감하며, 뚜렷한 가치관을 가진 MZ세대가 성공적인 직장 생활을 하기 위해서는 변화하는 환경에 적응하면서 자신의 역량을 발휘할 수 있는 능력을 갖추어야 합니다.

MZ세대의 현실을 정확하게 파악하고 있는 저자가, 현장 경험을 바탕으로 실질적인 조언을 제시하는 『MZ 직장 생활 백서』는 이러한 시대적 요구에 부응하는 저서입니다. 저자는 산업화 시대와 정보화 시대를 거치며 다양한 유형의 직장 생활과 벤처 기업 경영까지 폭 넓은 경험을 통해 직장 생활의 본질을 꿰뚫어 보았습니다.

이 저서는 단순히 직장 생활에 관한 보편적인 지식을 제공하는 데 그치지 않으며, MZ세대가 직장에서 직면하게 되는 다양한 문제들을 해

결하는 데 도움이 되는 지혜를 담고 있습니다. 특히 저자는 오랜 직장 생활과 더불어 10여 년간 대학에서 학생들과 소통하면서 느낀바 MZ세대가 가지고 있을 법한 현실적인 고민에 초점을 맞추고 있습니다. 따라서 독자들은 단편적인 정보가 아니라, 삶의 현장에서 당면한 과제들을 풀어 나가는 데 필요한 지혜를 얻을 수 있을 것입니다.

대학에서 학자로서 그리고 경영자로서 젊은이들과 평생을 함께해 온 본인은 사회로 진출하는 젊은이들의 성공과 발전을 늘 기원하는 마음이었습니다. 그러나 전쟁과도 같은 그들의 삶 속으로 들어갈 수 없는 아쉬움을 느끼고 있던 차에 본인이 한국전력국제원자력대학원대학교 총장으로 재임하는 동안 함께 일했던 저자가 십분 공감이 가는 책을 출간하게 되어 여간 감사한 일이 아닙니다.

『MZ 직장 생활 백서』는 MZ세대가 직장 생활에 대한 현실적인 기대감을 갖고 자신만의 성공 전략을 수립할 수 있도록 도와줄 것입니다. 또한, MZ세대를 이해하고 그들과 함께 일하고 싶은 모든 사람들에게 유익한 책이 될 것입니다.

머잖아 우리나라의 중추 세력이 될 MZ세대에게 일독을 적극 추천하며, 본서가 그들의 성공적인 미래를 위한 지침서가 되기를 기대합니다.

감사합니다.

직장인이 꿈인 MZ세대를 위한 필수 가이드북

안남섭
KSC 코치 | 전) ㈜한국코치협회부회장

초지능 · 초연결 · 초융합 시대가 다가오면서 지식, 경험, 기술, 언어가 민주화되고 있습니다. 이는 일하는 방식, 시스템, 문화를 획기적으로 바꾸고 새로운 기회를 열어 주고 있습니다. MZ세대 직장인들은 이러한 변화 속에서 자신만의 길을 찾아야 합니다.

장중구 교수님의 책『MZ 직장 생활 백서』는 40년 이상의 풍부한 경험을 가진 리더십 전문가가 MZ세대 직장인들을 위한 실용적인 조언을 담은 책입니다. 저자는 공기업과 대기업에서 재직한 경력과 중소기업 운영 경험에 더하여 10여 년간 대학 교수로 재직하는 동한 쌓은 경험을 바탕으로 MZ세대 직장인들의 특징을 파악하고, 성공적인 커리어를 위한 구체적인 전략을 제시합니다.

이 책은 단순히 지식을 전달하는 것이 아니라, MZ세대 직장인들이 직면하는 현실적인 어려움과 갈등을 이해하고, 이를 극복할 수 있도록 돕는 데 초점을 맞춥니다. 저자는 MZ세대 직장인들의 가치관, 커뮤니케이션 방식, 리더십 스타일 등을 분석하고, 이에 맞는 효과적인 직장 생활 전략을 제시합니다. 또한, 인문학적 조언을 통해 깊이 있는 통찰력을 제공합니다. 단순히 실용적인 노하우를 전달하는 것이 아니라, 인문학적 관점을 통해 MZ세대 직장인들의 가치관 형성과 정체성 확립을 돕습니다.

『MZ 직장 생활 백서』는 MZ세대 직장인들을 위한 필수 가이드북입니다. 저자의 풍부한 경험과 지혜는 MZ세대 직장인들이 현실적인 어려움을 극복하고, 성공적인 커리어를 만들어 나가는 데 큰 도움이 될 것입니다. 이 책을 통해 MZ세대 직장인들이 더욱 건강하고 행복하며 성공적인 삶을 살아갈 수 있기를 바랍니다.

MZ세대에 대한 한없는 애정이 담긴 조언서

이 경 전

경희대학교 경영학과, 빅데이터응용학과, 첨단기술비즈니스학과 교수 |
경희대학교 빅데이터연구센터 소장 | 전)한국지능정보시스템학회 회장 |
전)한국경영학회 부회장

25년 전 인공지능 신사업 프로젝트를 기획하는 회사 임원이셨던 장중구 박사님을 뵈었다. 그때부터 지금까지 장중구 교수님은 한결같이 자상하시고, 신중하시면서도 전문적이시다.

『MZ 직장 생활 백서』에는 아버지 같은 마음, 직장 선배 같은 마음으로, 그러나 따뜻하고 잔잔하게 목소리를 들려주신다.

MZ세대에 대한 한없는 애정으로 촘촘히 여러 사례와 조언들이 담겨 있다. 직장 생활을 하기 전에, 그리고 하면서도 어려움이 있을 때 펼쳐 보면 위로를 받을 수 있는 책이다.

MZ세대의 행복한 직장 생활을 응원하며

MZ세대는 IMF 금융 위기, 경제 불황, 높은 실업률 등의 어려운 경제적 환경에서 성장했습니다. 따라서 경제적 안정과 미래에 대한 걱정이 큰 세대입니다. 경쟁이 심한 현재 취업 시장에 Z세대가 진입하고 있습니다. 그들은 고용 시장의 불확실성과 경력 구축의 어려움 때문에 직업 선택, 경쟁력 향상, 적절한 경력 개발 등에 대한 불안을 안고 홀로서기를 시작하고 있습니다. 게다가 부동산 가격 상승과 높은 생활비 등 주거와 경제 독립을 달성하기 어려운 상황 때문에 주택 구매, 대출 상환, 재테크 등에 대한 불안 역시 존재합니다. MZ세대는 다양한 가치관과 개인적인 정체성을 중요시하지만 사회적 기대와 가치 충돌, 정체성 혼란 등으로 인해 자아 식별과 자아실현에 대한 불안을 느끼기도 합니다.

수많은 책들과 각종 미디어를 통해 그들을 위한 조언과 비법들이 쏟아져 나오고 있지만, 이는 종종 불안을 증폭시키고 무기력함을 유발하기도 합니다. 동서양의 철인들이 남긴 지혜 속에서 길을 찾는 사람들도 있습니다. 그런 젊은이들에게 저는 정공법을 택하라고 권합니다.

MZ세대에게 가장 필요한 것, 알아야 할 것은 무엇일까요? 무엇보다도 사실을 있는 그대로 보고 받아들일 수 있는 능력이 아닐까 싶습니다. 드라마나 영화 속의 직장 생활은 판타지일 뿐 현실 속의 직장 생활은 다를 수밖에 없습니다. 그럼에도 불구하고 처음 직장 생활을 시작하는 젊은이들 중에는 직장에 대한 환상을 버리지 못하고 쉽게 포기하는 경우가 종종 있습니다. 이는 해당 기업뿐 아니라 당사자에게도 큰 손실을 초래할 수 있습니다.

이에 따라 산업화 시대와 정보화 시대를 거치면서 다양한 형태의 직장 생활을 겪으며 체득한 생생한 경험을 바탕으로 책을 출간하게 되었습니다. 직장인이라면 누구나 알 것도 같지만 지나치기 쉽고 어느 곳에서도 좀처럼 배우기 힘든 내용들입니다. 공기업 8년, 대기업 6년, 인터넷 벤처기업 2년, 중소기업 경영 12년 그리고 마지막으로 대학 교수 12년으로 이어지는 현장 경험을 통해 얻은 실전 능력과 지혜를 다음 세대 젊은이들에게 전수하기 위해 담았습니다.

학과 선정까지는 부모의 힘을 빌리지만, 일자리 선택부터는 홀로서기를 시작해야 합니다. 힘들게 들어간 첫 직장이라고 해도 만족스럽지 못한 경우가 얼마든지 있을 수 있습니다. 능력 중심의 사회를 지향하지만, 능력만으로 모든 것을 해결할 수는 없습니다. 이에 본서는 내게 맞는 일자리, 성공하는 직장인, 직장인의 마음 관리, 상사 관리 기술 등 직장인들에게 실제적인 도움을 주는 내용을 담았습니다.

자기경영 시대, 독자들의 행복한 직장 생활을 응원합니다.

2024년 6월
장중구

차례

1장

내게 맞는 일자리

4장

지혜로운
직장 생활

7장

**인재 관리
능력 강화**

내게 맞는
일자리

예비 직장인들에게
먼저 해 주고 싶은 말

나의 할아버지는 3월 세대다. 일제에 대한 항거와 독립이 시대적 과업이자 개인의 삶에서도 떼어 놓을 수 없는 과제였다. 아버지는 4월 세대다. 해방과 6·25 동란을 거치는 혼란의 시기에 척박한 대한민국 땅에도 민주주의가 싹트기 시작했고, 4·19 혁명처럼 못다 핀 꽃과 같은 꿈을 안고 살았다. 나는 5월 세대다. 폭풍과도 같았던 5·18 민주화 운동의 흔적이 청춘의 가슴에 각인되어 있다. 내 자녀 세대는 6월 세대다. 원하건 원하지 않건 남과 북은 공동 운명체로 묶여 있으며, 6·15 공동성명은 남북의 젊은 세대들에게 과제 의식을 일깨워 주고 있다.

그런데 다른 한편에서는 현재의 20대를 '88만 원 세대'라고 부른다. 양극화 시대와 성과 사회를 살아가는 젊은이들에게는 오히려 국가적 어젠다가 없는 것이 삶의 짐을 더욱 무겁게 만들고 있는지 모르겠다. 그래서인지 '하고 싶은 일을 하고 살아라!'라는 말이 요즘의 젊은이들에겐 금과옥조처럼 되었다.

　지난 2주 동안 한 대학 신입생과의 코칭 대화[1]를 통해서 나는 오늘날 젊은 세대의 꿈과 희망 그리고 고민을 엿볼 수 있었다. 중학교 1학년 때부터 고등학교 3학년까지 6년 동안 그는 하나의 목표만을 향해 달려 왔다고 했다. 본인뿐만 아니라 그의 부모를 포함한 온 가족이 혼연일체가 되어 대입 준비를 하였고, 다행히도 그는 목표하는 대학에 입학하였다. 하지만 대학에 입학한 지 채 두 달이 되지 않은 현재, 그 학생은 마음이 공허하다고 했다.

　자신이 하고 싶은 일을 하면서 행복하게 사는 게 꿈이긴 한데, 솔직히 자신이 무엇을 진심으로 좋아하는지 알 수 없다고 했다. 그와 대화를 나누면서 한편으로는 공감이 가기도 하고, 한편으로는 염려하는 마음이 들기도 했다. 우리나라 청소년들이 대학 입학을 위해 그래 왔듯이 대학생이 된 후에도 자신 앞에 놓인 삶을 또 하나의 문제 혹은 과제로 인식하고, 남들보다 빨리 정답을 찾기 위해 골몰하는 모습으로 비쳐졌기 때문이다.

　나는 그 학생에게 한 가지 질문을 던졌다.

　　"자네가 생각하기에 하고 싶은 일을 하면서 살면 행복할 것 같은가? 그렇게 생각한다면, 그와 같은 사례가 될 만한 사람을

[1]　2012년 4월 KAIST 대학생 라이프 코칭 때 겪었던 일이다.

찾아보게."

다음 주에 만난 그 학생은 약속대로 자신이 하고 싶은 일을 하면서 행복한 삶을 살았거나 살고 있는 사람이라고 여기는 다섯 사람을 조사해 와서 내게 이야기해 주었다. 순간 나는 그가 열거하는 이름을 들으면서 뜻밖이라는 생각을 하게 되었다. '행복'이라고 말하면 '풍요'와 '편안함'과 '안정'을 생각하기 십상인데 그가 말하는 다섯 사람은 역경을 이겨 낸 사람이거나 희생과 봉사의 삶을 살았던 사람, 그리고 안정보다는 도전을 선택한 사람들이었다. 일반적으로 생각하는 현대인의 성공과 행복의 가치 기준에서는 좀 동떨어져 있다는 느낌을 받았다.

행복마저도 시험 문제의 정답을 골라내듯 찾으려고 하는 것이 아닐까 하는 의구심을 가지고 나는 이렇게 다시 질문하지 않을 수 없었다.

"당신은 어떤 때 행복하십니까? 이제까지 살아오면서 가장
행복했던 때는 언제입니까?"

사실 어떤 놀라운 성과를 이루었거나, 뛰어난 업적을 성취했다고 하더라도 자신의 내면의 소리를 들을 수 없다면 남들이 부러워하는 사람은 될 수 있을지언정 결코 행복한 사람이 될 수는 없다. 때문에 나는 그에게 우선 자기 자신에 대한 이해를 통해 스스로를 신뢰하고, 내면의 소리를 들을 줄 아는 사람이 되라는 조언을 하였다. 예비 직장인들에게도 역시 같은 조언을 해 주고 싶다.

직장 선택에서 가장 중요한 '비전'

요즘같이 취업이 어려운 때에 비전에 맞는 직장을 골라 취업을 한다는 것은 사치스러운 이야기가 될지도 모르겠다. 하지만 일단 취업을 했더라도 쉽게 마음을 붙이지 못하고 퇴직하는 사람이 적지 않다는 사실이 놀랍다. 한 취업 전문 사이트에서 조사한 바에 따르면, 2020년 기업 평균 퇴사율이 13.8%라고 한다. 코로나 상황에서도 직전 연도에 비해 높아진 결과라고 한다. 퇴사 이유 중에는 '연봉을 높여 이직하기 위해'가 응답률 47.2%로 가장 많았다. 이어 '타 기업으로부터 스카우트 제안을 받아서(29.0%)' 또는 '커리어 관리를 위해(28.5%)'라고 퇴사 이유를 밝힌 경우가 많았다.

그런데 여기서 말하는 세 가지 이유를 좀 더 깊이 들여다보면, 스카우트 제안을 받았다는 말은 연봉 역시 높아졌을 것이라는 짐작을 가능케 한다. 그뿐만 아니라 특정 분야나 직군에서 일정 수준 이상의 실력을 인정받은 결과라고도 할 수 있다. 결론적으로 앞의 두 가지 역시 사실상 세 번째 이유인 '커리어 관리'와 연관이 있는 것이다.

비전, 자신의 미래 모습

커리어 관리의 목표는 개인의 비전 추구다. 직원들이 회사에 대한 불만을 표현할 때 흔히들 회사가 비전이 없다고 말하는데, 회사의 비전은 다른 데 있지 않다. 기업의 비전은 단 한 가지다. 기업이 이윤을 남김으로써 계속해서 살아남는 것이다. 물론, 어지간한 회사들은 명문화된 비전을 가지고 있지만 그 또한 회사의 영속적인 생존이 전제돼야 한다.

하지만 개인은 다르다. 우선 법인과 달리 개인은 제한된 기간 동안만 일할 수 있다. 그리고 직장 생활을 통해 소득을 얻는 이외에 무엇인가 의미 있는 일을 하려는 욕구가 있다. 즉, 개인적인 관점에서 비전이란 마음속으로 떠올릴 때마다 열정을 불러일으키는 자신의 미래의 모습이다. 따라서 회사가 비전이 있다거나 없다거나 하는 말은 바꾸어 말하면, 자신의 비전을 추구함에 있어 지금 하고 있는 일이 도움이 되는가 아니면 도움이 되지 않는가이다.

비전을 향해 전진하는 궤적

여러 해 전, 소위 국내 일류 대학 4학년들을 대상으로 코칭을 한 적이 있다. 그 학생들 역시 주요 관심사는 졸업 후 취업을 할 것인가 아니면 계속 공부를 할 것인가, 그리고 취업을 한다면 어떤 회사에 취업할 것인가 등이었다. 하지만 학생들에게 아래와 같이 질문했더니, 답변은 모두 달랐지만 하나의 공통점을 가지고 있음을 발견할 수 있었다.

"왜 대기업에 취업하려고 하느냐?"

한 학생은 대기업에서 경험을 쌓은 다음 해외 명문대 MBA 공부를 마치고 컨설턴트가 되는 것이 목표라고 하였다. 그리고 다른 한 학생은 같은 질문에 대하여 항공기를 생산하는 기업에 취업해서 우주산업 개척에 기여하는 과학기술자가 되고 싶다고 했다. 두 학생의 공통점은 어떤 회사에 취업하는 것을 목표로 하는 것이 아니라 자신의 비전을 달성하기 위해 어떤 회사 또는 직업을 택할 것이냐를 두고 고민한다는 점이었다.

중소기업 경영자 시절 사직원을 내는 직원들과 면담을 할 때마다 필자가 했던 말이 있다.

"본인의 발전을 위해서 도움이 되는 회사로 전직을 한다면 전혀 이직을 말리지 않고 오히려 축하를 해 주겠다. 그렇지만, 지금 하는 일이 힘들거나 마음에 들지 않아서 벗어나려는 마음에서라면 이직을 하기보다 함께 노력해 보자."

물론 한번 그만두려고 마음먹은 직원이 마음을 바꾸는 경우는 매우 드물지만, 그때 한 말은 진심이었다.

같은 해에 졸업을 해도 서로 다른 출발선상에서 직장 생활을 시작할 수밖에 없다. 직무나 연봉 면에서 저만치 앞에서 직장 생활을 시작하는 사람도 있고, 자신의 희망과는 거리가 먼 일자리로부터 직장 생활을 시작할 수밖에 없는 사람도 있다. 그것도 몇 해를 걸러 가면서 가까스로 잡은 일자리일 수도 있다. 하지만 본인의 비전이 뚜렷하기만 하다면, 그가 어떤 직장에서 일을 하든 그의 직장 생활은 모두 자신의 비전을 향해 전진하는 궤적이 될 것이다.

비전을 현실로 바꾸는, 목표와 전략

꿈을 현실로 바꾸는 과정의 첫 단계는 비전을 갖는 것이다. 비전이란 자신이 실현시키고 싶은 것에 대한 마음속의 그림이다. 꿈에 대한 그림 이 분명할수록 그리고 구체적으로 묘사될수록 꿈은 더욱더 쉽게 현실 화될 수 있다. 탁월한 리더는 자신의 꿈을 타인에게 명확히 심어 주며 그들이 동참하도록 가치 있는 비전을 제시한다.

비전과 전략

"비전 제시와 동참은 불가분의 관계다. 리더는 자신의 아이디
어를 구체적이고 현실적으로 구성원에게 이해시킴으로써 그들
이 자신을 따르도록 만들어야 한다."

– 워렌 베니스

그래서일까? 어렵게 취업을 하고서도 직장을 그만두려는 젊은이들을 그동안 많이 보아 왔다. 그리고 그들 가운데 다수가 '회사가 비전이 없다'는 것을 퇴직의 이유로 들었다. 그러나 어찌 보면 당연한 것을 두고

하는 말일 수도 있다. 회사는 주로 기회를 제공하는 역할을 한다. 개인은 그 기회를 성공으로 이끌어 회사를 발전시키고 그 결과로 더 크고 많은 일을 할 수 있게 된다. 그렇게 되면 자연스럽게 자신의 뜻을 펼칠 기회도 점점 많아지게 된다.

더불어 기억해야 할 것은, 비전을 가진 자에게는 항상 시련이 따른다는 사실이다. 다른 사람이 보지 못하는 것을 보기 때문에 불가피하게 마찰 혹은 충돌을 일으키게 된다. 누구나 비전을 말할 수 있지만 비전을 현실로 바꾸는 사람 혹은 기업이 흔치 않은 이유다.

한편, 비전과 관련해서 갖기 쉬운 오해는 전략과 비전을 혼동하는 것이다. 비전은 하고자 동기를 제공하고, 전략은 언제, 어떻게, 무엇으로, 누구를 통해 목표를 달성하느냐 하는 수단이다.

> "전략은 주어진 상황에서 결정적인 영향을 미치는 요소들을 찾아내고 거기에 대응하는 행동계획을 수립하는 것이다. 좋은 전략은 직면한 문제를 있는 그대로 보여 주고 그것을 극복하기 위한 해결책을 제공한다. 나쁜 전략은 성가신 세부 사항을 생략한다. 또한 나쁜 전략은 선택과 집중의 힘을 무시하고 상충하는 필요와 이해관계를 동시에 수용하려 든다."
>
> – 리차드 럼멜트

목표의 조건

아울러, 목표다운 목표가 되려면 적어도 다음의 조건을 갖추어야 한다. 첫째, 구체적이어야 한다(Specific). 애매모호한 목표는 성취될 가능성이 없다. 둘째, 측정 가능하여야 한다(Measurable). 계량할 수 없으면 관리할 수 없다. 셋째, 성취 가능한 수준이어야 한다(Achivable). 성취 가능성이 희박한 것은 꿈이라고 한다. 넷째, 목표와 관련 있는 것들을 파악하여야 한다(Relevant). 지도 없이 목적지에 갈 수 없다. 다섯째, 정해진 시간이 있어야 한다(Time Oriented). 성취는 시간의 함수이다.

어떤 사람이 관리자인지 아닌지를 알 수 있는 기준은 그 사람에게 목표가 있는지 그렇지 않은지에 달려 있다. 많은 경영자들이 목표를 의도와 혼동하곤 한다. 실패하는 이유는 대개 열심히 일하지 않기 때문이 아니라 목표에 초점을 맞추지 못하기 때문이다.

성공의 의미
재정립하기

누구나 바라기도 하고, 그만큼 사람들 사이에 자주 언급되는 말이 성공(成功)일 것이다. '성공'의 사전적 의미는 누구나 알다시피 "뜻이나 목적을 이루다"이다. 그러면 어떤 뜻이나 목적을 이루었을 때, 본인은 물론 다른 사람으로부터도 성공했다고 인정을 받게 될까? '성공'의 정의가 확실하지 않다면 '성공' 여부를 판단하기 어렵다.

성공에 합당한 뜻을 세우는 길

기억을 과거로 돌려보면, 초등학교 시절에 담임 선생님께 써냈던 장래희망, 중 · 고등학교 때 대학 진학을 앞두고 고민했던 장래의 직업, 여기까지는 '뜻'을 두었다고 말할 수도 있겠다. 그러나 막상 학업을 마치고 나면 대개 취업이 '목적'이 된다. '뜻'을 추구하기보다는 현실적인 대안을 목적으로 삼게 된다.

원하는 대학을 졸업하고 원하는 기업에 취업을 하면 성공했다고 할 수 있을까? 일찍부터 '뜻'을 묻어 두고 '목적'을 이룬 젊은이들은 막상 직장인이 된 다음에 자신의 '뜻'이 어디에 있는지를 고민하기 시작한다. 그도 그럴 것이 명문 대학을 졸업했든, 일류 기업에 취업을 했든, 신입사원이 하는 일이란 뻔하고 때로는 유치하다. 그러니만큼 목적을 달성한 기쁨은 잠시, 자신의 정체성에 대한 의문을 품게 된다.

그런데 사실 한번 직업의 세계에 발을 담그고 나면 마음대로 이리저리 직장을 옮기며 자신의 뜻을 이루기가 쉽지 않아 방황을 하게 된다. 그러는 사이에 가정이라도 이루게 되면 자신의 '뜻'과는 점점 멀어지고 오히려 '불안'을 떨쳐 버리느라 골몰하게 된다.

무엇이 문제일까? 청소년기에 너무 '성공'에 대한 강박관념을 심어준 데서 비롯된 문제라고 본다. 오히려 본인이 생각하는 '성공'이 무엇인지 스스로 정의할 수 있도록 가능한 한 다양한 경험을 쌓도록 하는 것이 바람직하다. 청소년이 자라서 사회적으로 활동할 때까지는 적어도 20~30년이라는 기간이 필요한데, 그때 가서 어떤 일을 해야 '뜻'있는 일이 될지 혹은 사회적으로 인정받는 직업이나 직종이 될지 알 수 없는 노릇이다. 그리고 20~30년 동안 줄곧 한길로 매진하기 위해서는 자신이 스스로 정의한 '성공'에 합당한 '뜻'을 세울 수 있어야 한다.

다양한 성공자들이 나오길 바라며

'성공'이란, 어느 순간에 획득한 결과나 효과에 대한 평가가 아니라, 목표를 점진적으로 성취하는 과정에 대한 평가의 의미로 이해하는 게 옳다. 개개인에게 있어서 의미 있는 목표가 모두 같으리란 법이 없다.

그러므로 다양한 의미 있는 일들을 성취한 다양한 성공자들이 나온다면 살기 좋은 세상, 좋은 나라가 될 것이다. 누구나 엄청난 부를 쌓은 사람, 한 국가를 휘어잡는 권력을 손에 잡은 사람, 세기적 재능을 가진 사람이 될 수도 없고 그럴 필요는 더욱 없다.

성공하는 인생을 살고 싶다면, 다음의 말을 기억하자.

"인생이 성공을 위해서 사는 것이 아니라,
성공이 인생의 의미를 더해 줄 뿐이다."

오늘날 전공이 갖는
실질적 의미

  몇 년 전[1] 월요일부터 목요일까지 4일간 제주도에서 직무교육을 실시하였다. 대한전기학회 설립 전기교육원에서 주관하는 직무교육 과정의 하나로서 열린 강좌였다. 전기학회가 처음 시도하는 형태의 강좌여서 어떤 분들이 개인적으로 유료 프로그램에 등록을 하고 직무교육을 받고자 할까 하는 의문이 없지 않았다. 과연 그런 분들이 몇 분이나 계실까?

  그런데 막상 프로그램을 오픈하고 나니, 예상과는 달리 조기에 등록이 마감되었다. 그뿐 아니라, 수강 신청을 해 주신 분들이 학부 학생과 대학원생을 비롯해 교수님까지도 한 분 있었고, 직장인들 가운데는 평사원에서부터 임원, 대표이사도 있었다. 수강생들이 일하고 있는 직장 역시 공기업, 연구소를 비롯하여 중소기업까지 다양하였다. 한마디로, 직무상 혹은 사업상 필요한 지식에 목말라하던 분들이 두루 등록하였다. 그리고 교육 기간 내내 집중력을 잃지 않고 열심히 수강하는 모습들을 볼 수 있었다.

---

1   발전플랜트 소내전력계통 설계, 대한전기학회 전기교육원, 2021. 12. 20~23일 제주도.

최근 대학에서는 '융합교육'과 '실무교육'이 키워드로 등장하였다. 이전까지는 학과를 세분화하여 신학문 분야를 개척하는 것이 대세였다면, 지금은 신산업 분야 직무를 주도적으로 해낼 수 있는 인재를 양성하는 데 주목하고 있다는 뜻이다. '4차 산업'이라 통칭되는 신산업 분야는 승자 독식의 특성이 있는 데다가 변화 속도가 빨라서 분야마다 칸막이가 쳐져 있는 전통적인 학과 기반의 교육을 통해서는 필요한 인재를 길러 내기가 힘들기 때문이다.

대량생산 제조업 중심의 시대에는 분업이 가장 효율적이 방법이었지만, 자동화 기기가 숙련된 인력을 대체하게 된 현대에는 반복과 훈련을 통해 만들어진 숙련기술자보다는, 과제를 정의하고 스스로 질문하며 해법을 찾아내는 주도적이고 창의적인 인재가 필요하다.

결국 몇 년 전 열린 직무교육에 많은 분들이 수강 신청을 해 주신 것은, 환경 문제 해결을 위해 신재생에너지 발전의 중요성이 강조됨에 따라 신재생에너지 발전 비중이 크게 확대될 것이 예상되는 시점에서 각자의 기대 역할에 맞는 지식과 역량을 갖추기 위해 직무교육에 관심을 갖고 참여한 것으로 보인다.

그런데 한 가지 유념해야 할 점은, 각각의 고유 영역에서 전문성을 가진 사람들이 힘을 합칠 때라야 융합 효과가 일어난다는 사실이다. 그와 같은 인재를 흔히 'T형 인재'라고 부른다. 즉, 자기 전문 분야에 대한 깊은 이해와 지식을 가지고 있으면서 인접 영역의 기술에도 폭넓은

식견을 가지고 있어서, 다른 사람들과 효율적으로 협업할 수 있는 인재가 T형 인재다. 전통적인 학과 개념의 교육이 필요 없다는 말이 아니라, 수직적 전문성을 바탕으로 하여 인접 분야를 탐구할 수 있는 능력을 갖춘 인재를 필요로 하는 시대라는 말이다.

직무가 곧 전공이 되는 시대

이제 대학에서 특정 분야 전공(專攻)을 선택하고, 재학 시절에 습득한 전공 분야 지식을 이용하여 평생 살아가는 시대는 지나갔다. 대학에서는 기초 학문을 익히고 나아가 과제를 정의하고, 요구 사항을 해석하며, 스스로 해결 방법을 모색하는 능력을 배양하는 훈련을 하여야 한다.

그리고 학업을 마친 후에는 자기에게 주어진 과제, 즉 전문 분야에 필요한 지식을 스스로 습득하여 과제를 해결해야 한다. 실질적인 전공은 대학에서 택하는 것이 아니라, 맡은 직무가 곧 전공이 되는 시대가 열린 것이다.

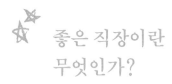

좋은 직장이란
무엇인가?

"훌륭한 일터에서는 사람이 성장하는 것이 곧 시스템의 일부이다. 스킬이 늘어나면서 직무는 확대된다. 스킬이 향상되면서 책임은 더욱 강화된다. 또한 개인이 성장하면서 충분한 보상을 받아야 한다는 정책이 있다. 훌륭한 일터의 종업원들은 직무와 역할에 대해 너무 엄격하게 규정해 놓지 않는다. 왜냐하면 사람들이 어떤 방향으로 성장할지 알 수 없기 때문이다. 성장은 교육에 대한 강조를 통해 더욱 촉진된다. 그 교육은 일터에서 이뤄지기도 하고 학교에서 실시되기도 한다."[1]

우리가 전통적인 제도라고 일컬으며, 비효율의 대명사로 치부하고 있는 연공서열제도에 의해 운영되는 일터가 어찌 보면 위에서 말하는 훌륭한 일터의 개념에 꼭 맞는 일터처럼 보인다. 근무연수가 늘어나면 직무가 확대되고 책임이 더욱 강화된다. 또한 직무에 맞추어서 보상이 상향 조정된다. 그러나 현실적으로는 연공서열제도를 굳게 지키는 일터를 훌륭한 일터라고 생각할 사람은 거의 없을 것이다.

[1] 로버트 레버링, 『훌륭한 일터』, 엘테크, 2002.

과거 VS 현재의 일터

연공서열제도가 효율적인 시스템으로 작동할 수 있던 시대가 분명히 존재하였으며, 그에 못지않게 분명한 것은 지금은 아니라는 것이다. 연공서열제도가 전제하고 있는 것은 비교적 소수의 엘리트 그룹으로 형성된 일터(판검사, 의사, 교수)이거나 직무가 한결같아서(생산직 근로자) 성과에 깊은 영향을 미치는 결정을 즉흥적으로 내릴 필요가 거의 없는 경우에 한한다.

그러나 현재의 일터와 기업의 현실은 대부분 그렇지 않다. 중소기업일지라도 외부 환경에 민감하고 신속한 결정을 내리도록 요구받고 있는 경우가 많다. 따라서 누구에게나 좋은 일터는 점차 사라지고 있는 것이 현실이다. 과거에 존재하였던 누구나 좋아하는 직장은, 일단 입사하면 평생 그 직을 유지할 수 있는 직장이었다. 예전에는 일단 입사만 하면 연공서열에 따라 진급도 하고 직책도 주어졌지만, 이제는 더 이상 그와 같은 시스템이 효율적이지 않다는 것이 정설이 되었다.

오늘날 '좋은 직장'의 의미

그렇다면 오늘날 좋은 직장이란 무엇일까? 지금도 훌륭한 일터는 엄연히 존재하지만, 누구에게나 좋은 보편적으로 훌륭한 일터는 아니라는 사실을 먼저 이해하여야 한다. 훌륭한 일터의 외적인 조건, 즉 성장과 그에 따르는 직무의 확대, 직무의 확대에 걸맞은 보상의 증대가 성취될 수 있는 일터는 직장이 아닌 개개인의 성향과 역량에 달려 있다.

결국 기업이 원하는 개인의 성향과 역량을 갖춘 사람이라면, 상기의 조건을 충족시키는 것이 과거보다 오히려 용이해진 측면이 있다. 연공과 서열에 관계없이 자신의 역량에 맞는 직무가 주어질 것이기 때문이다. 하지만 그의 역(逆)도 분명히 존재한다는 점을 잊어서는 안 된다. 연공과 서열이 자신의 부실 또는 부적합한 역량을 감춰 주지 않는다는 사실 말이다.

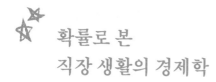

확률로 본
직장 생활의 경제학

세상에 태어나 사회에 발을 내딛기 위해 준비하는 기간은 대략 초등학교 6년, 중·고등학교 6년, 대학교 6년(병역의무 2년 또는 대학원 2년 포함) 합해서 적어도 18년이라는 기간이 소요된다. 8세에 초등학교 입학을 하였다면 빨라도 26세가 되어서야 사회생활이 시작되는 것이다. 물론 이보다 일찍 고단한 세상살이를 시작하는 사람들도 있고, 더 오랜 기간 준비하는 사람들도 있겠지만, 보편적으로는 그렇다.

그렇다면 과연 그토록 오랫동안 갈고닦은 실력을 얼마 동안이나 써먹을 수 있겠는가? 직장 생활을 하는 사람들 가운데, 관리자나 임원 등 중책을 맡게 되는 사람들을 제외한 대부분의 사람들은 대략 50대 중후반에 소위 청춘을 불사른 직장을 떠나게 된다. 즉, 직장 생활을 준비하기 위해 들인 기간을 생각하면 터무니없이 일찍 직장을 떠나야 하는 것이다.

사오정? 오륙도?

젊은 시절을 보낸 직장을 떠났다고 해서 그저 하는 일 없이 놀고만 지낼 수는 없는 일이다. 남은 인생이 족히 20~30년이나 되고 또 육체적으로도 아직 건강하기에 무엇이든 일을 해야만 한다. 이쯤 되면 의문이 생기지 않을 수 없다. 45세가 정년이라는 '사오정'이니 56세까지 다니면 도둑놈이라는 '오륙도'니 하는 이야기들을 들으며 직장을 떠난 사람들은 과연 무슨 일을 하고 살아가고 있을까?

자고 나면 생겼다 없어지는 음식점들이 많다고는 하지만 그분들이 다 음식점을 개업하는 것은 아닐 테고, 원하든 원치 않든 50대 이후에는 젊었을 때와는 또 다른 일거리를 찾아야 한다는 이야기가 된다.

우리나라에는 소위 괜찮은 일자리에 종사하는 인력이 2004년도 기준으로 약 130만 5천 명이었다고 한다. 전체 취업자 수가 대략 2,500만 명이라고 하니 약 5.8%만이 괜찮은 일자리를 차지하고 있다는 이야기다. 괜찮은 일자리에 종사하는 사람이 비율로 5.8%라고 하지만, 개인적으로 보면 그 자리가 평생을 보장하는 것도 아니니 결국 평생 적어도 40년[1]을 괜찮은 일자리서 일할 수 있는 확률은 그보다 훨씬 떨어진다.

그럼에도 불구하고 전 국민이 다들 괜찮다고 하는 일자리만을 위하여 꼬박 20여 년이라는 세월을 보낸다는 것은 오직 경제적인 측면에서만 생각한다면 매우 비효율적이고 비경제적일 수밖에 없다. "왜?"라고 한 번쯤 자문해 볼 필요가 있다고 본다. 다른 사람들이 비합리적 행동을 한다고 해서, 나도 비판 없이 따르는 것이 옳은 일인지 생각해 보아야 하지 않느냐는 뜻이다. 더욱이 길어진 인간의 수명을 생각할 때, 전통적인 관념을 벗어난 일자리 계획 혹은 전략이 필요한 때이다.

---

[1] 26세부터 시작해서 40년이면 66세이다.

질문이 있는 곳에
꿈이 있다

　사람이 컴퓨터를 만들었다면, 창조주는 사람을 만들었다. 진화론을 믿는다고 해도 자신의 의지와 상관없이 사람이 태어난다는 사실에는 아무런 변화가 없다. 인간의 번뇌의 시작이자 끝이 여기서 비롯된다. 인간이 만든 모든 창작물은 만든 사람이 의도하는 바에 따라 움직이고 성능을 발휘할 때 그 목적이 달성된다. 하지만 사람의 경우는 다르다. 존재의 의미를 스스로 정할 수 있는 권리를 누릴 수 있는 존재이다. 다시 말하면, 사람은 피조물이면서도 자신의 존재 의미를 스스로 택정할 수 있는 특권을 가졌다.

　　"누구를 또는 무엇을 위하여 살 것인가?"

　일상생활에 쫓기는 기성세대들에게는 한가한 질문일지 모르겠으나, 이렇게 질문함으로써 비로소 자신의 정체성이 드러난다. 목표가 뚜렷할수록 의지는 더욱 강렬해짐을 누구나 경험해 보았을 것이다. 개인뿐만 아니라 국가도 마찬가지다. 우리는 월드컵 4강 진출을 이루어 냈던 2002년 그 뜨거웠던 국민적 열기를 20년이 지난 지금도 생생히 기억하고 있다. 축구가 문제가 아니었다. 대한민국이 이제 더 이상 변방의 소국이 아니라는 사실을, 대한민국의 존재를 전 세계에 알리고 싶은 국민들의 열정으로 가득했었다.

스스로 질문하는 능력

아쉽게도 요즈음 젊은이들은 스스로 질문하는 능력이 많이 퇴화되었다. 가정에서 학교에서 부모님과 선생님이 가르쳐 주는 대로 정답만을 외우고 자랐기 때문이다. 고민이 없다는 이야기가 아니다. 방황하지 않는다는 이야기가 아니다. 스스로 질문하지 않고 주어진 질문에 답하는 기능만 익히는 게 문제다. 대학생들을 코칭하다 보면 한결같이 느낀다. 소위 말하는 명문대 학생들도 마찬가지다. 그들은 질문할 기회도 필요도 없는 환경에서 성장했다.

세종대왕이 '어떻게 하면 백성들의 언어생활을 편하게 할까?'라고 자문하지 않았다면 우리 민족의 자랑인 한글이 탄생되지 않았을 것이다. 이로써 세종대왕은 54세의 그리 길지 않은 생애를 살았지만 역사상 가장 존경받는 왕으로 꼽히고 있다. 1879년에 백열전구를 발명하고, 1883년에 최초의 중앙발전소를 설립하였던 토머스 에디슨은 초등학교 입학 3개월 만에 퇴학을 당했다고 한다. 그러나 그가 강조한 바, 무엇이 만들어지고 있는지 의문을 가지고 그 과정을 지켜보는 열정과 땀이 1천 종이 넘는 특허를 남기게 하였고 미국 역사상 가장 위대한 발명가로 불리게 만들었다.

청년들에게 묻고 싶다.

"그대들은 무엇에 대하여 질문하는가?"

질문이 있는 그곳에 바로 당신의 꿈이 있고 미래가 있다. 다시 한 번 말하지만, 스스로에게 질문할 수 있는 것은 세상 만물 가운데 인간만이 가진 특권이다. 맞다. 지금은 피로 시대이고 우울 시대이다. 그렇다고 역사를 거슬러 올라가 지금보다 살기에 더 완벽했던 시대를 찾으라고 하면 찾을 수 있겠는가?

실패를 무릅쓰고 도전해야 하는 이유

상위 10%만이 들어갈 수 있는 대학의 대학생일지라도, 상위 5%만이 들어갈 수 있는 직장에서 상위 1%의 연봉을 받고 있다고 할지라도 스스로의 질문을 좇아 살지 않고, 다른 사람들이 제시하는 문제에 정답을 내놓기 위해 살아가는 사람은 불안하고 목마를 수밖에 없다. 목표를 이룬다고 하더라도 나의 의지나 존재 이유와 관계가 멀기 때문에 갈증이 항상 가시지 않는다. 그런가 하면, 부여된 목표를 달성하지 못할 경우에는 대열에서 낙오할지도 모른다는 불안에 시달린다.

"실패는 성공의 어머니다."

이 말은 자신이 세운 목표를 달성하기 위해 거듭되는 실패를 무릅쓰고 계속해서 도전하는 사람에게 적용되는 말이다. 그렇다면 왜 실패를 무릅쓰고 계속해서 도전해야 하는가?

요즘 대학생들의 취업 희망 1순위 기업은 대부분 설립된 지 30년이 안 되었거나 지금의 명성을 얻게 된 지 불과 20여 년밖에 되지 않는다. 국내의 경우 NHN은 2001년에 설립되었고, 미국의 Google은 1998년, Facebook은 2004년에 설립되었으며, IT 기업들 중에 비교적 역사가 긴 Microsoft와 Apple은 각각 1975년과 1976년에 설립되었다. 반면에 인간의 평균 수명은 80을 넘어 100세 시대를 눈앞에 두고 있다.

나를 고용해 줄 회사를 찾기 위해 열심히 스펙을 쌓는 일도 중요하겠지만, 무엇보다도 사람들이 나를 찾을 수밖에 없도록 만드는 일, 나의 존재에 의미를 더해 주는 일, 아무리 힘들어도 지치지 않고 할 수 있는 일이 무엇인지 스스로에게 질문해 보라.

"나는 어떤 일을 하면서 진정으로 만족할 수 있는가?"

이 질문에 대한 답을 찾는 것은 쉽지 않을 것이다. 하지만 꿈과 비전이라는 단어는 묻어 둔 채 현실 앞에서 좌절하고 절망만 한다면 안타깝기도 하고 비겁한 일이기도 하다.

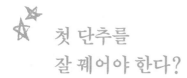

첫 단추를
잘 꿰어야 한다?

코로나 19로 인해 청년 실업률이 점점 늘고 있다고 한다. 청년들이 선호하는 직업은 예나 지금이나 헌법과 법률이 신분을 보장하는 판사, 검사, 변호사와 같은 법조인이나 자격이 곧 신분이 되는 의사 등이다. 근래 들어서는 직급을 가리지 않고 무조건 공무원이나 공공기관 직원을 선호하는 경향도 있다. 한편 기업에 취업을 하려는 사람들은 대기업만을 선호한다. 이도 저도 아니면 부모님께 신세를 지면서 마냥 취업을 미룬다. 게다가 산업설비의 자동화와 지능화로 말미암아 주로 제조업 형태인 대기업들이 필요로 하는 인력은 줄어들고 있다.

대략 이 같은 현상이 청년들의 대량 실업과 함께 중소기업의 구인난을 부르는 이유로 설명된다. 즉, 구인·구직자 간 미스매치가 우리나라의 산업경쟁력 약화와 실업 문제를 동시에 야기하고 있다. 그리고 그 배경에는 '첫 단추를 잘 꿰어야 한다.'는 생각이 있다. 즉, 한 번 기대수준을 밑도는 직업 혹은 직장을 택하면 거기서 벗어나기 힘든 만큼 처음부터 제대로 된 일자리를 구하여야 한다는 생각이 지배적이라는 것이다. 이 때문에 공무원이 되기 위해 재수·삼수를 마다 않고 청년들이 중소기업은 아예 외면하게 된다.

예전에는 맞았지만, 지금은 아니다

그렇다면 그 '첫 단추론'은 아직까지도 직업 선택의 타당한 근거가 될 수 있을까? 세태가 빠르게 변하고 있는 만큼 과거에 맞았던 논리도 지금은 맞지 않을 수 있다. 쉽게 이야기해서, 지금도 그렇고 앞으로도 중소기업에서 일을 시작하더라도 자기의 뜻을 펼칠 기회는 얼마든지 있을 수 있다.

지금 정년기에 접어든 기성세대들은 대기업에서 퇴직 후 유관 중소기업으로 옮겨 취업을 하거나 자영업을 하는 경우가 일반적이다. 한편 기업 조직이 클수록 개인의 업무 영역이 제한적이기 때문에 퇴직 후에 진로 선택의 폭이 좁을 수밖에 없다. 오늘날에는 기업 근로자의 평균 재직 기간이 점점 짧아지고 있다. 우리나라 산업이 제조업 중심에서 지식산업과 서비스산업으로 옮겨 가는 추세 때문이기도 하고, 제품이나 상품의 주기가 점차 빨라지고 있기 때문에 기업에서 필요로 하는 인력이 그때마다 다를 수밖에 없다.

근래 들어 국내 대표적인 기업들이 신입사원 일괄 채용을 중단하고 경력사원 수시 채용을 택하고 있는 사실이 이를 방증한다. 따라서 기업이 필요로 하는 전문적인 기능이나 역량을 보유한 인력일 경우에는 출신 학벌이나 전 직장의 대소를 가리지 않고 채용하는 경향이 뚜렷하다.

자신의 강점을 강화하다 보면

지금 대학에 진학하려는 학생이거나 대학을 졸업하고 취업을 준비하는 학생이라면 이런 사회 경제적 변화를 올바로 인식하고 진로를 설계할 필요가 있다. 이 말은 지금 청년들이 선호하는 직업이나 직종이 미래엔 달라질 거라는 식의 주장이 아니다. 대학 진학 시에 전공 학과보다 대학 평판을 우선하여 선택한 다음 적성이 맞지 않는다고 후회하며 시간을 낭비하는 사람들이나, 특정한 직장을 구하려다 긴 세월을 낭비한 뒤 나중에 후회하는 사람이 되지 말라는 이야기다.

스포츠나 예술 분야의 경우, 재능이 비교적 뚜렷하고 자연스럽게 드러나는 경우가 많다. 그러나 자신의 재능이나 적성이 자연스럽게 드러나지 않는 경우가 훨씬 많다. 따라서 진로 선택에 앞서 자신의 재능과 적성을 파악하기 위한 노력이 선행되어야 한다. 청소년 시기에는 다양한 경험을 쌓는 것이 좋다. 자신의 열정을 불러일으키는 일을 발견했다면 그 이상으로 다행스러운 일은 없을 것이다. 다음으로 경쟁력을 키우기만 하면 원하는 진로 선택에 큰 어려움이 없게 된다.

만일 그렇지 않다 하더라도 자신의 강점을 더욱 강화시키는 방향으로 노력하다 보면 점차 좋은 기회를 얻게 될 것이다. 더 이상 '첫 단추를 잘 꿰어야 한다.'는 말에 얽매일 필요가 없다.

상처 입을 위험을
무릅써라

사람은 사람을 통하여 큰 기쁨을 얻는다. 부모로부터 받는 사랑, 배우자 간의 사랑, 친구 또는 동료들 간의 우정 그리고 나아가 고객 혹은 팬들로부터 받는 사랑, 그 이상의 큰 기쁨이 없다. 물질만능의 시대라고 현실을 비판하는 자들이 많지만, 물질에 대한 집착도 속내를 들여다보면 사람들로부터 인정받고 사랑받으려는 데 목적이 있다.

경제적 이익을 취하기 위하여 하는 기업 경영과 직장 생활 역시 궁극적으로는 사랑과 인정이라는 보상을 얻기 위함이 목적이다. 그렇다면 기업 활동과 직장 생활 속에서 얻는 경제적 이득이 오히려 간접적인 수단이 되고, 사랑과 인정이 오히려 직접적인 기대 효과가 된다. 따라서 경제적 이득을 취하기 위하여 신의를 저버리거나 적대적 관계를 만들어 내는 행위는 소탐대실의 결과를 낳을 뿐이다.

가족 같은 기업?

오늘날의 직업 현장은 매우 소모전적이다. 대학을 졸업하고 직장 문턱에도 못 가 보는 청년실업자 문제가 국가적인 문제로 대두된 지 이미 오래지만, 이런저런 기회를 얻어 취업을 하는 사람들도 험난한 직장 생활의 길을 피해 갈 수 없다. 신입사원 면접 시에 어떤 회사에 근무하고 싶으냐고 물으면, 대부분 이렇게 답하곤 한다.

"가족 같은 회사에서 일하고 싶습니다."

대학을 졸업하는 신입 직장인들의 기대와 기업의 현실과의 간극이 점점 벌어지고 있다는 사실을, 이들은 아직 실감하지 못하고 있다. 주주 자본주의가 중심이 된 신자유주의 경제체제의 영향을 받고 있는 우리나라의 기업들, 특히 대기업들은 더 이상 '가족 같은 분위기'를 기대할 수 있는 그런 기업이 아니다. 실제로 요즘은 '가족 같은 기업'을 기업이념이나 경영방침으로 내세우는 회사는 찾아보기 힘들다.

중소기업 경력사원도 대기업에 채용된다

그런가 하면, 예전 같으면 중소기업에 근무하는 직원들을 대기업에서 경력사원으로 채용하는 경우가 극히 드물었다. 그러나 요즘은 다르다. 회사에 필요한 사람이면 그가 전에 어떤 규모의 회사에 다녔는가를 문제 삼지 않는다. 한 번 퇴사하였던 사람까지도 필요하면 다시 뽑는다. 긍정적으로 보면 고용의 유연성이 높아진 것이고, 능력 있고 노력하는 사람들에게 다양한 기회를 제공하는 셈이다.

과거 경험을 예로 들자면, 직원 30여 명 되는 중소기업에서 10년 동안 매년 3분의 1 정도의 인원이 교체되었다. 경력사원도 가끔 채용하였지만 주로 이공계 대학과 대학교를 졸업한 신입사원을 채용하였다. 이들의 평균 재직 햇수는 3년을 넘지 못하였다. 대학 졸업 후 2~3년 정도 경험을 쌓았을 때가 경력사원 채용시장에서 인기가 가장 높고 이동이 많은 시기였기 때문이다.

중소기업에서 퇴직한 인력들이 전직하는 기업들은 대체로 좀 더 규모가 큰 중견기업이다. 중견기업들이 중소기업 퇴직자들을 채용하는 이유는 대기업에서 중견기업 퇴직자들을 경력사원으로 채용하는 사례가 점차 보편화되고 있기 때문이다. 한마디로 자연계의 먹이사슬 형태가 기업 생태계에서도 그대로 적용된다.

아이러니하게도 중소기업 퇴직자들을 경력사원이라는 명분으로 채용하는 기업들은 중소기업과 협력 관계를 맺고 있는 중견기업 혹은 대기업이거나 그 언저리에 있는 회사들이다. 평소 저가 계약으로 협력회사에게 일을 맡겨 이득을 챙기고, 숙련 기술자가 필요하면 슬그머니 협력회사 직원들을 데려가곤 한다. 물론 직원들 개개인에게 직업 선택의 자유가 있기 때문에 어떠한 형태로든 전직을 막을 도리는 없다.

이 때문에 해마다 다수의 신입사원을 채용하였다. 중·고등학교에서 신입생을 뽑듯 신입사원을 채용하곤 했다. 입사할 때부터 모두들 2~3년 후 전직을 계획하고 입사하는 것은 아니겠지만, 결과적으로 신입사원을 채용하고 훈련시켜서 주기적으로 배출하는 그야말로 대기업의 인력 양성 협력업체의 역할을 하였다. 대가가 따로 있는 것은 아니었다.

그렇게 해야만 대기업의 눈 밖에 나지 않는다.

이렇게 대책 없이 반복되는 과정이 안타깝기도 하고 속상하기도 할 뿐만 아니라 그와 같은 굴레에서 벗어나고 싶은 마음이 들기도 하였다. 10여 년간 회사를 거쳐 간 130여 명의 인원들을 하나같이 직접 채용하고 짧게는 수개월에서 길게는 수년씩 함께 일하며, 때로는 어렵고 힘든 일, 가끔은 즐거운 일들을 함께 겪고, 그렇기 때문에 떠날 때는 상처를 받고 했던 일들이 중소기업 경영의 큰 애로 사항이었다.

간혹 예외적인 경우도 있지만, 이직자 대다수는 전보다 크고 이름 있는 회사들에 가서 열심히 일하고 있다는 사실이 지금에 와서는 적잖은 위안이 된다. 가슴속에 새겨진 상처들이 한 송이 한 송이 꽃으로 피어나는 때가 올 것으로 기대한다. 인정받으려고 한 일은 아니지만, 그들이 각자의 직장 생활을 통해서 가정과 사회에 기여하고 있는 만큼 중소기업 경영자로서의 숨은 공로를 무시할 수 없다. 입버릇처럼 나라와 국민들을 위해서라고 말하는 정치인들 못지않게 중소기업 경영자들이 나라와 국민들께 큰 기여를 하고 있다는 점 또한 분명하다.

우리나라 임금근로자의 99%는 중소기업에서 일하고 있다. 상처로 가득했던 가슴속에서 진주가 자라고 있었음을 어느 날 문득 깨달았다.

정말 큰 손해이자 위험은?

"위험을 감수하는 당신의 행동은 당신 주변 사람들에 의해서 매우 정확하게 관찰된다. 그리고 거기서 바로 신뢰가 싹튼다. 따라서 능동적인 신뢰란 '상처 입을 가능성을 수용하는 행위'라고 말할 수 있다. 만약 신뢰를 구축하고자 한다면 당신에게 상처를 입힐 수 있는 기회를 타인에게 능동적으로 제공하라. 하지만, 동시에 당신이 제공한 기회를 그 사람이 악용하지 않으리라는 사실도 아울러 확신하라. '비록 사기당할 가능성이 없는 것은 아니지만 그럼에도 불구하고 나는 사기당할 가능성이 거의 없다고 생각한다.'라고 스스로에게 말하라. 신뢰란 일종의 내기와도 같은 것으로 상실의 위험을 감수할 때에만 승리를 거둘 수 있다."[1]

손해와 위험을 감수하기 싫어서 아무것도 행하지 않으면 그것이 가장 큰 손해이고 가장 위험한 일이다. 만일 대학 졸업자들이 중소기업에서 일할 경우 예상되는 상대적 손해와 자신의 미래가 잘못 풀릴지도 모른다는 불안 때문에 계속해서 실업자로 남아 있다면, 그것이야말로 큰 손해이자 가장 위험한 일이다. 인간은 궁극적으로 사랑받고 인정받기 위해 사는 존재이다. 누가 서로를 인정해 주고 어디에 사랑이 머무는지를 생각해 보면 이해할 수 있다.

기업경영자들이 사람과의 관계에 지친 나머지 사람을 배제하고 돈을 벌려는 유혹에 빠지는 경우도 흔하다. 부동산이나 금융 투자 등을 통해

1 라인하르트 K, 슈프렝어 지음, 배진아 옮김, 『위대한 기업의 조건』, 더난출판사, 2004, p169.

서 돈을 벌고자 하는 쪽으로 마음이 기울어 있는 경영자들의 마음은 어렵잖게 이해할 수 있다. 상처와 실패가 모두 관계에서 시작되기 때문에 내게 이익이 되는 최소한의 관계만 유지하려는 마음을 먹기 쉽다.

그러나 사랑과 인정은 결국 사람 사이에서 생겨난다. 그리고 사랑이란 그것이 어떤 종류의 사랑이든 상처 위에서 자란다. 인정 역시 마찬가지다. 인정받으려는 마음이 앞서면 사람들이 떠나고, 다른 사람들을 인정한다면 그만큼 많은 사람들로부터 인정받게 된다.

전직의 지향점은
어디에 있나

중소기업에서 경력사원 채용 면접을 할 때 겪은 일이다. 이전 직장을
그만둔 이유 혹은 직장을 옮기려고 하는 이유를 물으면, 지원자 중 상
당수는 업무 과중을 이유로 들었다. 개인적인 시간 여유가 너무 없다는
말이다. 이어서 희망하는 급여 수준을 물으면 당연하다는 듯 전 직장에
비해서 높은 보수를 기대한다고 대답하였다. 한마디로 요약하면, 일은
더 적고 보수는 더 많은 직장을 원한다는 말이다.

"어떤 근거로 그런 일자리가 있을 거라고 생각하느냐?"

다시 질문하면 그땐 대답을 잘 하질 못하였다. 물론 짓궂은 질문이라
고도 생각할 수 있겠지만, 적어도 경력사원이라면 입사를 희망하는 회
사에 어떤 기여를 할 수 있을지에 대하여 생각하고 지원해야 하지 않을
까? 대답을 제대로 하지 못했어도, 요구하는 급여 수준이 다소 과하게
느껴질지라도 채용을 하는 경우가 없진 않았다. 회사의 인력 부족이 심
각한 경우에는 차선이라도 선택할 수밖에 없기 때문이다. 하지만 적당
한 타협을 통해 입사하거나 채용하는 경우에는 장기적으로 좋은 결과
를 기대하기 힘들다.

평생직장? 평생직업?

"어느 회사에서 일을 하든, 네가 파는 상품 가운데 가장 중요
한 것은 네 자신이라는 것을 잊지 말아라."

미국의 격언이다. 본인의 입장에서는 회사를 선택하는 것이지만, 회
사의 입장에서는 상품을 구매하는 것과 유사하다. 상품이 고가일 때는
더욱 신중하게 판단할 수밖에 없으며, 이는 결국 경력이 쌓일수록 전직
(轉職)의 기회가 점점 줄어드는 게 당연하다는 말이다.

하지만 '평생직장'이란 말은 옛날이야기 책에 나오는 말이 되었고 '평
생직업'이란 말도 설득력을 잃어 가고 있는 시대에 어떤 식으로 경력
관리를 해야 성공적으로 관리할 수 있을까? 주관적인 성공의 개념부터
정립해야 한다. 누구나 성공할 수 있다! 자기가 가진 능력을 최대한 발
휘한 사람을 성공자라고 부른다면 말이다. 실제로 신이 인간에게 부여
한 능력을 최대한 발휘하였다면 그를 성공자라고 불러도 손색이 없을
것이다.

과거적 의미의 성공, 곧 평범한 사람이 부자가 되는 길은 고학력을
취득함으로써 우월적 기회를 획득하거나, 변호사·의사·회계사 등 전
문직을 택함으로써 희소성에 의한 가치를 획득하는 것이며, 좀 더 색다
른 방향에서 안정성을 택하는 사람은 공무원을 하는 것이었다. 그러나
현실 속에서는 이러한 것들이 힘을 잃거나 퇴색되어 가고 있으며, 부동
산이나 주식 투자와 같은 투자가 부의 축적이 가장 유력한 수단이 되고

있다. 만약 부자가 되길 원한다면 어떤 선택을 해야 할지 자명하다.

아시아를 대표하는 경영 컨설턴트이자 세계적인 경영 그루의 한 사람인 오마에 겐이치는 이렇게 말한다.

"회사를 선택하는 시대는 지났다. 왜냐하면 샐러리맨에게 있어서 이 세상에서 정말 좋은 회사란 없기 때문이다. 회사는 사원을 위해서 존재하는 것이 아니고, 경영주나 주주를 위해 존재하는 것이다. 때문에 회사에서 근무할 것이 아니라, 자신의 마음에 드는 회사를 만들어야 한다. 나는 기본적으로 젊은 사람에게 샐러리맨이 되라고 권하지 않는다. 친구나 동료와 함께 창업하고, 실패하면 처음부터 다시 시작해서, 성공할 때까지 창업에 도전하는 것이 가장 좋다고 생각한다."

『메가트렌드』, 『메가챌린지』 등의 저서로 유명한 미래학자 존 나이스비트는, 개개인 모두가 창업가 정신을 배양해야 한다고 말한다. 그리고 인터넷의 부각으로 인해 그 어느 때보다 새로운 비즈니스의 기회가 많다고 말한다.

이렇게 말하면 '말이야 좋지, 창업이 쉬워? 그리고 성공할 확률이 얼마나 되기에!'라고 대꾸할 사람이 많을 줄 안다. 그러기에, 창업을 하기 이전에 본인이 몸담고 있는 회사를 성공시키는 연습을 해야 한다. 전직을 할 때도 마찬가지다. 내가 장차 창업을 하는 데 필요한 능력을 강화하고 경험 영역을 확장하는 데 적합한 회사라면 근무 조건이나 급여 조건은 차선 혹은 차차선의 선택 조건이 될 수도 있다. 성공의 필수 조건은 다름 아닌 목적에 대한 지향성이기 때문이다.

2장

성공하는
직장인

문제가 눈에 보일 때
현명한 태도

신문, 방송, 잡지 그리고 각종 인터넷 매체들이 비평과 비판을 매일 같이 쏟아 낸다. 일만 터지면 웬 전문가들이 그리도 많은지, 저마다 진단을 내리고 따끔한 충고도 빼놓지 않는다. 하지만 실질적인 처방을 내놓는 경우는 드물어 보인다. 이런 문제는 누구보다 내가 해결해야 한다고 팔을 걷어붙이는 사람은 더더욱 보기 힘들다. 그리고 시간이 지나면 잊히고 잊힐 만하면 같은 문제가 또 불거진다.

"어찌하여 형제의 눈 속에 있는 티는 보고 네 눈 속에 있는 들
보는 깨닫지 못하느냐"

— 마태복음 7:3

통신과 매체의 발달은 다른 사람의 티를 더욱 쉽게 찾도록 도와준다. 오래전에 발표된 논문이나 작품이 문제되어 공직을 떠나거나 곤경에 처하는 사람들도 심심찮게 보게 된다. 그러니 시시비비는 늘어나되 속 시원한 해결책은 보이지 않는다. 문제점을 낱낱이 밝혀내는 것이 순기능이 없는 것은 아니지만, 그래도 이건 아닌데 하는 생각이 들 때도 많다.

나의 삶에 영향을 준 많은 명언들이 많이 있지만, 그중에서도 기억에 남는 말이 하나 있다.

"문제가 눈에 띄면 그것은 내게 맡겨 준 일이라고 생각하라."

신앙적 관점에서뿐만 아니라 일상생활 속에서도 지침으로 삼는 말 중의 하나다. 항상 그런 것은 아니지만, 그렇게 살려고 노력하고 있다. 나이가 들고 직장에서 직위가 높아지고 책임이 무거워질수록 더욱 그런 마음이 든다.

직원들 가운데는 항상 문제점만 찾아서 보고하는 직원이 있다. 심지어 입만 열면 다른 사람들의 문제점과 부당함을 설파하는 사람들도 있다. 그런데 그가 그런 태도를 보이는 이유는 정작 본인이 해야 할 일을 하지 못한 이유나 책임질 수 없는 구실을 대기 위한 경우가 대부분이다.

문제가 눈에 잘 띄는 것은 어쩌면 그 사람의 능력과 지혜가 다른 사람보다 뛰어나다는 말도 될 수 있고, 회사나 조직에 그만큼 관심이 많다는 이야기일 수도 있다. 그러나 항상 문제점만을 지적하고 자신이 해야 할 일을 깨닫지 못하거나 남에게 밀쳐 버리는 습관을 가진 사람은 정작 자신이 문제라는 것을 깨닫지 못하는 경우가 많다.

타산지석의 자세로

기업이나 사회의 일원으로서 어떤 개인의 능력 부족으로 인하여 문제가 되는 경우보다 자신의 부족함을 감추기 위해 저질러지는 일들로 인하여 발생하는 문제와 손실이 훨씬 크다. '타산지석(他山之石)'이라는 말도 있듯 다른 사람의 문제가 눈에 보이거든 나의 허물을 고치고 부족한 점을 메우는 기회로 삼는 사람이 현명한 사람이다. 다른 사람의 문제점을 지적해 봐야 듣는 사람의 감정만 상하게 할 뿐이다.

또한 문제점이 눈앞에 나타나거든 문제를 해결할 기회가 나에게 돌아왔다고 긍정적으로 생각을 바꾸는 게 현명한 태도이다. 그렇게 하다 보면 틀림없이 자신의 지위가 높아지고 역할 범위가 넓어져 있음을 어느 순간 깨닫게 될 것이다.

스스로
열정의 불씨를 살려라

 월요일이 기다려지는 사람과 일요일 저녁부터 우울해지는 사람이 있다. 내일에 대한 희망이 사람을 그렇게 만든다는 것은 누구나 다 경험으로 알고 있다. 현대그룹 창업자인 고 정주영 회장은 일이 하고 싶어서 아침이 기다려지기에 누구보다도 일찌감치 회사에 나간다고 했다. 과연 그가 대기업의 회장이기 때문에 가질 수 있었던 생각일까? 아니면 그런 생각을 가지고 살았기 때문에 오늘날의 현대그룹을 일구어 낼 수 있었을까? 굳이 물을 필요도 없을 것이다.

 "청춘은 봄이요 봄은 꿈나라"

 〈청춘은 봄이요〉(김용대 작사 · 작곡)란 노래의 첫 소절이다. 청춘은 꿈이 있어 아름답다고 말한다. 꿈은 무한한 가능성을 내포하기 때문에 아름다운 것이다. 반면에 꿈이 꿈의 한계를 벗어날 수 없는 것은 유한한 인간의 삶이 꿈의 무한성을 담을 수 없기 때문이다.

 **"우리는 삶에 마땅히 의미가 있어야 한다고 말한다. 하지만
 삶에는 우리가 부여하는 만큼의 의미만 있을 뿐이다."**

 − 헤르만 헤세

의미를 부여한다는 것은 다른 말로 하면 목표를 부여한다는 말과도 같다. 꿈에서 목표를 발견할 때 비로소 꿈은 가능성을 갖고 현실의 세계로 다가선다. 목표가 꿈과 다른 것은 목표에는 자신의 부여한 의미와 시간표가 붙여져 있다는 점이다. 때문에 분명한 목표는 열정을 불사르게 하는 힘을 가지고 있다.

의미와 목표 설정

의미와 가치가 없는 것은 목표라고 할 수 없다. 즉, 목표란 자신의 가치관이 투영된 것이다. 서울의 한 대학교에서 진로 상담 프로그램을 운영하고 있는 교수님으로부터 다음과 같은 내용의 메일을 받은 적이 있다.

"우리 대학에 입학하는 학생들은 입학 시부터 패배의식을 가지고 오는 학생들이 많습니다. 그러다 보니, 자연 자신들에 대한 학대나 열등감이 극도로 높아 있는 학생들도 있답니다. 약 30%는 미래에 대한 기대나 앞날에 대한 꿈도 생각하나, 대부분은 포기하고 덤으로 삶을 사는 것이 안타까울 뿐입니다. 학교도 여러 가지 시도를 해 보지만, 가장 큰 어려움은 사회가 우리 젊은 청년들에게 희망을 가져다줄 만큼의 일자리를 보장하지 못한다는 것이지요."

그러다 보니 사회로부터 인정받을 만한 일, 즉 목표를 찾지 못하게 되고 결과적으로는 삶을 낭비하고 있다는 이야기다. 한마디로, 다른 사람들이 부여한 의미와 가치의 잣대로 자신을 매우 낮게 평가함으로써 스스로 희망의 싹을 잘라 버리는 것이다. 물론 다른 사람들이 그들의 잣대로 나를 낮게 평가할 수는 있다. 하지만 다른 사람들이 부여한 의미에 따라 자신을 평가할 필요는 없다.

실망하게 되는 이유는 목표 달성이 어려울 것이라는 생각 때문인데, 실제로 목표 달성 능력이 부족해서라기보다 자신에게 적합한 목표를 설정하는 능력이 부재하다는 게 더 큰 문제다. 자신의 가치관을 정립하고 삶의 의미를 깨닫기 위한 다양한 활동과 학습이 필요한 청소년 시기에 부모와 사회가 안겨 준 목표에 매달리다 보니 스스로 목표를 세우는 능력을 어느새 상실해 버린 탓이다.

목표 구체화하기

취업 플랫폼 캐치의 조사 결과에 따르면 직장인 10명 중 7명이 이직을 꿈꾸고 있다고 한다. 그리고 이직을 결심한 이유 중 53.5%가 '회사의 보상이 불만족스러워서'를 꼽고 있는 것으로 나타났다.[1] 대다수의 직장인들이 현재의 직장에 만족하지 못하고 있다는 것에 놀라지 않을

---

[1] 취업포털 캐치 https://www.catch.co.kr/News/RecruitNews/295210, 2021.03.09.

수 없다.

　그러나 더욱 놀라운 것은 이직하고 싶은 이유다. 자신의 뜻을 이루기에 적합한 회사를 선택하는 것이 아니라, 급여와 복리후생이 나은 직장을 우선하기 때문이다. "어디로 항해해야 할지 모르는 사람에게 순풍이란 없다."라는 세네카의 말이 떠오른다. 급여와 복리후생은 기업의 여건에 때라 비교적 변동이 심한 편이다 보니, 본인의 기대를 충족하는 직장으로 옮겼다고 하더라도 급여와 복리후생이 나빠지면 그 직장 역시 떠날 수밖에 없지 않겠는가?

　　　"계획을 세우지 않는 것은 실패를 계획하는 것과 같다."

　이러한 말이 있듯 목표를 세우지 않는 것은 실패를 두려워하기 때문이거나 이미 실패를 계획하고 있는 것이나 다름없다. 흔히 소망, 희망사항, 좋은 의도를 목표라고 혼동하는 사람도 있다. 그러나 구체적이지 않은 것은 목표가 될 수 없다.

　직장 내에서 관리자나 경영자를 가장 힘들게 하는 사람은 열심히 일하지 않는 사람이 아니라, 조직의 목표와 관계없는 일을 지나치게 열심히 하는 사람이다. 자기가 속한 조직의 목표를 명확하게 인식하지 못하거나 공감하지 못하는 사람은 목표와 관계없는 일을 하거나 오히려 역행하는 일을 하게 된다. 때문에 조직의 성과를 떨어뜨릴 뿐만 아니라 개인적으로도 불만족이 쌓이게 된다.

　목표 설정은 수많은 가능성 가운데 하나를 선택하는 작업이기 때문에 창의력과 기술을 요하는 작업이다. 가능성과 의도에 대하여 언제, 무엇을, 어느 정도까지 달성하고자 하는지를 분명하게 정해야만 비로소 하나의 목표가 될 수 있다. 때문에 훈련과 노력이 필요하고, 무엇보다도 앞서 이야기한 것처럼 실패를 두려워하여 목표를 기피하는 데서 벗어나야 한다.

간혹 상사가 목표를 제시하거나 업무를 지시하면 그것이 불가능한 일임을 조목조목 설명하느라 열을 올리는 사람이 있다. 이런 사람들은 절대로 목표를 세우지 않는다. 늘 자신을 해명하기에 급급하며 얼마 지나지 않아 불만분자가 된다.

목표 설정을 위해서는 먼저 자신이 가장 큰 의미를 부여하는 가치가 무엇인지를 결정하여야 한다. 만약에 그것이 다수일 경우에는 우선순위를 매기고 그 순위에 따라 가치를 실현시키기 위한 계획을 수립하는 것이 목표 설정이다. 다음으로 계획을 구체화하여야 한다. 목표 달성 가능성은 구체화 여부에 달려 있다. 목표를 구체화하는 방법론에는 여러 가지가 있을 수 있겠지만 어떤 방법을 사용하든 적어도 다음과 같은 요소를 포함하고 있어야 한다.

- 정성적 목표: 무엇을 달성해야 하는가?
- 정량적 목표: 얼마만큼 달성해야 하는가?
- 시간적 목표: 언제까지 달성해야 하는가?
- 목표의 합리성: 왜 그런 목표를 달성해야 하는가?

물론 목표는 도중에 수정될 수도 있다. 그러나 목표와 목표로 가는 길에 대한 계획이 없는 사람은 어떠한 결정 앞에서도 고민하고 방황하게 되며 결과적으로는 시간을 낭비하게 된다.

큰 성공을 이끄는 작은 성공들

바람과 희망, 의도만으로는 아무것도 이루어지지 않는다. 우연히 성공을 거두기를 바라는 것은 감나무의 감이 저절로 떨어져 입안으로 들어오기를 기다리는 것과 같다. 목표가 없으면 아무것도 계획할 수 없고, 계획이 없으면 방향성을 잃게 된다. 그러면 왜 목표를 세우지 못하는가?

정보 부족 때문이다. 잘못된 결정을 내릴지도 모른다는 불안감도 한몫한다. 실패에 대한 부담 때문에 변명의 여지를 남겨 두고 싶어 하기 때문이다. 실패에 대하여 관용적인 기업 분위기를 만들어야 창조적인 결과를 얻을 수 있다고 말하는 것도 같은 맥락이다. 우리나라 속설 가운데 "가만히 있으면 중간은 간다."라는 말이 있다. 우리들 속에 내재화되어 있는 견고한 의식이다. 설령 목표가 있다고 할지라도 그것을 드러내기를 꺼린다. 실패했을 때 돌아올 비난을 사전에 방지하고 싶어서다.

따라서 작은 성공이라도 많은 성공을 경험하도록 하는 것이 필요하다. 스스로 목표를 설정하고 그것을 달성하는 경험을 한 사람은 자신감을 갖고 다음 목표를 설정할 수 있는 용기가 생긴다. 목표를 작은 단위로 나누는 방법도 효과적이다. 목표를 성취하게 되면 사기가 올라간다. 계속해서 추진할 힘이 생긴다. 반면에, 성공 경험이 없으면 주저하게 되고, 일에 진척이 없으면 사기가 떨어져 결국 일을 중도에 포기하게 된다. 장기적이고 큰 목표 지점을 향해 가는 동안 작은 성공들을 이어 가면 추진력을 유지하고 사기를 올릴 수 있다.

가장 중요한 것은 '스스로' 해야 한다는 것

우리나라의 교육 시스템하에서 성장한 젊은이들은 스스로 목표를 설정하는 데 특히 취약하다. 서남표 KAIST 총장이 MIT에서 학과장을 할 때 겪은 일화를 한 신문과의 인터뷰에서 소개한 바가 있다.

"친구 아들이 대학원에 들어오고 싶어 하니 한번 만나 주라는 부탁을 받았다. 내 사무실에 어머니를 앞세우고 그 학생이 우물쭈물 따라왔다. 내가 말했다. '누가 지원하나. 어머니가 입학하시려는가. 석사를 하러 온 사람으로서 준비가 안 됐다. 내년에 아들 혼자서 다시 오라.'"[2]

---

2 조선일보, 2011.4.25., A33.

그렇게 자라고 교육받은 사람들이 직장에 들어오면 어떻게 행동할지는 자명한 일이다. 과거 본인의 경험으로도 팀장들이 일을 잔뜩 끌어안고 밤늦게까지 퇴근을 못하는 것을 볼 때마다 안타까운 마음에 "왜 아래 직원들에게 일을 분담시키지 않고 팀장이 혼자서 다하려고 하느냐?" 물었다. 그럴 때마다 돌아오는 대답은 한결같다.

"가르치는 데 더 많은 시간이 걸려서 그럽니다."

이는 알려 주기 싫다는 의미가 아니다. 스스로 알아서 하려는 의지가 없기 때문에 그야말로 하나부터 열까지 모든 것을 알려 주고 손에 쥐어 주어야 한다는 푸념 아닌 푸념이다. 그러기에 하는 말이다. 학교에서 안 가르쳤다고 푸념만 할 것이 아니라 뒤늦게라도 스스로 목표를 세우고 과정을 점검하고 결과를 확인하고 다시 새로운 목표를 설정하는 훈련을 하여야 한다. 스스로 열정을 불태울 수 있도록 불씨를 살려야 한다.

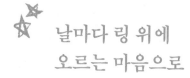

날마다 링 위에
오르는 마음으로

권투 선수가 링 위에 오르는 마음을 우리는 미루어 짐작할 수 있다. 직감적으로 시합이 끝날 때쯤 두 갈래의 길 중 하나의 길에 서 있는 자신을 상상하며 때로는 자신감에 차 있을 수도 있고, 때로는 초조해할 수도 있을 것이다. 그러면서 동시에 오랫동안 기다려 온 결전의 순간을 숙명적으로 받아들이지 않을까?

꿈이 이루어지는 링

사실 링 위에 서는 것은 권투 선수의 희망이며 꿈이다. 고된 연습과 여러 가지 난관을 헤치고 세계 챔피언이 된 복싱의 영웅들이 과거엔 국민들에게 많은 감동을 안겨 주었다. 남아프리카의 더반에서 라디오를 통해서 들려오는 "엄마! 나 챔피언 먹었어!"라는 한마디에 온 국민이 감동했던 시절을 지금 중년 이후의 사람들은 기억하고 있다. 권투 선수들은 링 위에서만 영광의 챔피언 벨트를 쟁취할 수 있다.

현대는 권투 선수들뿐만 아니라, 모든 영역에서 일하는 사람들이 프로가 되어 줄 것을 요청받고 있다. 그렇다면 나에게 있어서의 링은 어디인가? 프로에게는 무대가 중요하다. 야구 선수들은 메이저리그에서 뛰는 것이 성공의 상징이며, 골프 선수들은 PGA 또는 LPGA에서 뛰는 것을 소망한다. 영화배우들은 할리우드 스타가 되는 것을 꿈꾼다. 그뿐만 아니라, 기술, 과학 그리고 산업의 각 영역에도 꿈의 무대가 있다.

지난 토요일 서울 여의도 한강공원에서 전 세계 아미 40여만 명이 운집한 가운데 'BTS 10주년 페스타'가 열렸다. BTS의 놀라운 기록들은 헤아리기조차 힘들지만, 무엇보다 중요한 사실은 국내 가수들의 무대를 팝의 본고장인 미국 무대로 옮겨 놓은 것이다.

나의 링은 어디인가?

한국 사회 모든 문제의 근원을 찾아가다 보면 대학 입학과 교육 문제에 다다르게 된다. 강남의 집값이 오르는 것, 지방의 발전이 뒷걸음치고 농촌이 공동화되는 것, 기러기 아빠들이 양산되는 것 등등. 그러나 교육에 대한 열망을 다른 말로 환언하면, 자녀들이 남들보다 빛나는 무대에서 사회생활을 시작하기를 바라는 마음, 곧 욕망에서 비롯되었다고 할 수 있다.

그렇다면 현재 내가 서 있는 곳이 곧 링이라고 생각해 보는 것은 어떨까? 처음부터 화려한 무대에서서 기세를 올리는 선수들도 있지만, 뒷골목에서 시작하여 세계의 무대에 우뚝 선 선수들도 있다. 한국인 최초 동계 올림픽 피겨스케이팅 금메달리스트이면서 한국의 꿈나무들을 피겨스케이팅의 세계로 이끈 김연아 선수이지만, 그녀가 세계 청소년 대회에서 우승할 때까지는 그녀를 아는 사람이 별로 없었다.

꿈은 끝나지 않는다

사실 여러 가지 요인으로 인하여 원하는 무대에서 뛰지 못하는 선수들도 많이 있지만, 꿈을 가로막는 일차적인 요인은 '나 자신'이다. 내가 꿈을 포기하지 않는다면 꿈은 사라지지 않는다. 꿈으로 이어지는 링 위에 서서 최종 목적지를 향하여 달려가고 있을 뿐이다. 샐러리맨들에게는 아침마다 문을 열고 들어서는 사무실이 곧 무대이고 링이라고 생각한다. 더 큰 무대, 더 큰 세상을 향해 나가는 길이 그곳에서 시작되기 때문이다.

멀리 내다보는
시야의 중요성

자본주의 사회에서 기업이란 착각에 기반을 둔 시스템이다. 기업의 주인은 엄연히 주주이다. 그럼에도 항상 기업에 속한 직원들에게 주인 의식을 가질 것을 요구한다. 사장과 같은 마음자세로 일하면 사장이 된다고 이야기하기도 한다. 어찌 보면 모순으로 생각될 수도 있다. 그러나 한편 생각해 보면 기업 공동체에서 각자가 자기 유익만을 위해서 일하다 보면 공익은 무너지고 마침내 개인의 이익 기반이 되는 기업이 사라지게 된다.

역설적으로 누가 얼마나 더 많은 사람이 착각을 하느냐가 기업의 성공 조건이 된다. 실제로 기업의 근로자들은 퇴직금을 받고 사직을 하게 되면 그 기업과는 아무런 이해관계도 남지 않는다. 심지어는 학교나 출신 지역과 같은 평생 유대 관계도 가지기 어렵다. 그럼에도 착각을 하면서 열심히 일하는 사람들은 어떤 사람들일까? 그들이 바보이기 때문은 아닐 것이다.

한마디로, 그들은 멀리 보는 사람들이다. 당장 실현되지 않는 이익, 곧 미래의 더 큰 이익을 위해 현실의 희생을 감수하는 것이다. 미래에 대한 안목 혹은 희망이 사라지는 순간, 시야는 좁아지고 눈앞의 이익에 집착하게 된다.

정작 기업에 필요한 사람은

미국의 대표적인 제조업체 GE의 최고경영자(CEO)를 20년간 (1981~2001) 역임한 잭 웰치는 재임 기간 중 가장 많이 저지른 실수에 대해 사람을 외모나 스펙을 보고 채용한 것이라고 하였다. 여러 분야의 학위로 채워진 멋진 이력서에 매료되기도 하고, 외국 사람을 채용할 때는 영어를 잘하는 사람을 우선적으로 채용하고, 겉모습이 그럴싸하고 말솜씨가 좋은 사람을 뽑았으나 화려한 이력서는 위험부담이 큰 유혹이었다고 한다. 정작 그가 필요했던 사람은 욕망과 열정으로 가득한 사람이라는 것을 깨달았다고 고백했다.

학벌이 능력과 일치하지도 않을뿐더러, 꾀가 많은 사람은 성공할 확률이 낮거나 자신에게 돌아올 이익이 희박한 일에 대하여는 발을 빼거나, 어쩔 수 없이 동참하더라도 적극적으로 일하지 않는 경향이 있다. 하지만 그러한 판단은 자신의 안목에 의존하는 판단일 뿐이다.

주인인 것처럼 일하면 주인의 자질을 갖게 된다

성공할 확률이 높지 않음에도 그 일을 진행하는 데는 반드시 이유가 있다. 누군가가 다른 안목, 보다 멀리 내다보는 시야를 가졌기 때문이다. 설령 그 일이 실패한다고 해도 본인은 그만큼 시야를 넓히는 소득을 얻게 된다.

신입사원 때는 상사가 시키는 일만 하다가, 업무가 익숙해지면 스스로 일하는 방법을 찾아서 할 수 있게 된다. 그다음은 본인의 성과 목표를 설정할 수 있게 된다. 그리고 그다음은 조직의 목표를 설정하고 관리할 수 있게 된다. 나아가 그다음으로는 조직의 비전을 수립하고 소속 직원들에게 동기를 부여하는 일을 하게 된다.

즉, 높은 직책에 있는 사람일수록 더 멀리 내다볼 수 있는 시야를 확보해야 한다는 의미다. 이 같은 원리가 체질화된 사람은 그가 어느 조직에 몸담고 있든 혹은 본인의 사업을 가지고 독립을 하든 소위 자기경영을 넘어 기업경영 능력을 가지게 된다.

결론적으로 말하면, 자신의 소유가 아니고 자신이 주인이 아님에도 자신이 주인인 것처럼 일을 하게 되면 주인의 자질을 갖추게 되는 것이다. 그렇지 않고 시야가 개인적인 안목에 머무르게 되면 눈앞의 이익 이상의 것을 얻을 수 없다.

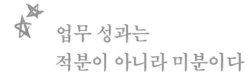

업무 성과는
적분이 아니라 미분이다

예를 들어 원석에 포함된 금(金)의 양을 정확하게 측정하기 위해서는 원석을 잘게 부숴서 순순한 금가루만 가려낸 다음 이물질은 모두 버리고 선별된 금가루의 무게를 재면 된다. 이때 먼저 해야 할 일은 동일한 성질을 보유한 단위까지 잘게 부수는 일이며, 다음은 이를 합산하는 일이다. 단, 계량의 대상이 일정할 성질(시간적 개념을 포함)을 가지고 있을 때는 총량을 측정하는 일이 매우 단순하다. 합산만 하면 된다. 즉, 적분이 아닌 대수이론으로써 충분하다.

미적분과 업무 성과

뜻밖에도 적분함수와 미분함수를 실생활과 연결 지어 생각해 보면 매우 흥미롭다. 근로자들의 시간당 업무의 양과 질이 일정하다고 가정하면 업무 성과를 예측하는 일이 어렵지 않다. 투입 인원수와 근무 시간을 곱하면 생산량이 산출된다. 하지만 개개인의 업무 성과가 다르거나, 시간대에 따라 업무 성과가 다르다면 업무 성과를 예측하는 것이 다소 복잡해진다. 동일한 성과를 내는 사람을 분류하고 동일한 업무 성과를 보이는 시간대를 분류해야 하기 때문이다.

농경사회에서는 개인별 능력과 성과의 차이가 그다지 크지 않았기 때문에 하루 품삯이 누구에게나 동일하였다. 다만 남자와 여자를 구분하기만 하면 되었다. 즉, 같은 남자라면 나이나 체격 조건 또는 성실성 등이 품삯에 반영되지 않았다.

산업화 사회에서는 농경사회와 다른 풍속이 나타났다. 근무연수, 즉 숙련도에 따라 시간당 생산량이 다르기 때문에 근무연수를 성과 측정의 중요한 변수로 적용하게 되었다. 여기에서 한 걸음 더 나아가 숙련도는 근무연수 이외에도 개인의 적성과 성품이 중요한 변수가 된다는 것을 깨달은 이후에는 근로자를 등급화하게 되었다. 이것이 산업화 시대 이후 오늘날까지 이어져 온 호봉과 진급제도의 골격이다.

하지만 탈산업화 사회에서는 이와 같은 적분적인 해석으로써 성과를 측정하는 데 한계에 도달하게 되었다. 경력이나 근무 시간 또는 직급 등의 전통적인 평가 잣대로써 근로자의 성과를 예측하거나 평가하는 일이 매우 힘들어졌기 때문이다.

오래 일하는 것보다 중요한 것은

정보화 사회에서의 업무 성과 또는 사업 성과는 미분함수적인 특성을 나타낸다. 미분함수는 입력값이 특정한 방향으로 미세하게 변할 때 출력값이 어떤 경향을 갖고 변화하는지를 보여 주는 개념이다. 예를 들면 주가(株價)는 투자 기간에 비례하는 것이 아니라, 가격에 영향을 미치는 여러 가지 변수에 대하여 미분함수적인 경향을 보인다. 다시 말해, 주식 투자는 투자한 시간이나 투자자의 경력 기간에 비례한 성과를 얻을 수 있는 성격이 아니라는 것이다.

문제는 비단 금융 투자에서뿐만 아니라, 전 산업 분야에서 변화의 속도가 빨라지고 경쟁이 심화되다 보니, 적분함수적인 사고로써는 성과를 예측할 수도 없고 높은 성과를 기대하기도 어려워졌다는 것이다. 즉, 본인이 종사하는 분야의 업무나 사업을 미분함수로 보고 해석해야만 기대하는 성과를 얻을 가능성이 높아진다는 뜻이다.

다소 어렵게 들릴지 모르지만, 자신이 하고 있는 일의 결과에 영향을 끼치는 가장 중요한 요소(Factor)가 무엇인지를 파악하는 것이 열심히 오래 일하는 것보다 중요하다는 뜻이다.

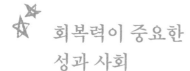

회복력이 중요한 성과 사회

"각 그룹의 성과나 인기에 따라 달라지긴 하겠지만 아이돌 평
균 수명은 5년, 아이돌 특성상 30대가 넘어서까지 활동하는 그
룹은 드문 것이 현실이다."

수년 전 방송 기사 내용이다. 현재도 큰 차이는 없을 것이다. 엊저녁
에는 여자 아이돌 그룹의 리드싱어였던 전직 가수 8명의 은퇴 후 삶을
조명하는 내용을 모 방송에서 내보냈다. 화려한 무대에서 박수갈채를
받으며 노래를 불렀던 그들이지만, 무대 밖에서는 평범한 생활을 이어
나가는 것조차 힘겨운 게 현실이다. 그럼에도 자신이 가장 잘할 수 있
는 음악 활동을 계속 이어 갈 기회를 만들기 위해 애쓰는 모습은 눈물
겹기조차 했다.

가수 활동을 할 때는 엄격한 규정과 규제하에서 고강도의 일을 해야
했지만, 지금은 어느 누구도 그들에게 강요하는 사람이 없다. 그럼에
도 오히려 그들은 심한 우울증과 드물지 않게 공황장애를 앓고 있다.
에렝베르에 따르면, 우울증은 규율사회의 명령과 금지가 자기 책임과

자기 주도로 대체될 때 확산되기 시작한다.[1]

노력 사회 VS 성과 사회

아이돌 가수들의 예는 좀 더 극적인 경우라고 할 수 있지만 아주 예외적인 경우는 아니다. '노력 사회'에서는 노력에 대한 보상을 해 주었기 때문에 윗사람 말만 잘 듣고 성실하게 이행하면 문제가 없었다. 하지만 21세기에 접어든 지금 시대에는 결과물에 따라 보상을 다르게 주는 '성과 사회'이기 때문에, 결과물을 도출하는 방법에 대한 의사결정도 스스로 해야 한다.[2] 요즘에는 취업하기도 어렵지만 취업한다고 해도 긴장을 늦출 수 없는 이유이다. 30%가 훌쩍 넘는 비정규직의 경우는 말할 것도 없다. 누구나 살면서 실패와 소외를 경험하게 될 확률이 그만큼 높아졌다는 의미다.

2010년대 후반부터 4차 산업혁명 시대라는 말이 우리 생활 속에 자리 잡기 시작했다. 인공지능(AI)이 기술과 산업을 지배할 것이라고 예측하기도 한다. 따라서 교육계에서도 4차 산업혁명과 AI가 대세로 자리 잡고 있다. 그러나 새로운 기술에 쏟아지는 관심과 투자에 비해, 새로운 환경에서 살아야 할 개개인의 삶은 주목받고 있지 못하는 것이 안

1   한병철 지음, 김태환 옮김, 『피로사회』, 문학과지성사, 2012.
2   류량도 지음, 『성과사회』, 쌤앤파커스, 2017.

타깝다.

요즘 유행처럼 번지고 있는 트로트 경연대회에 출전한 모든 사람들이 직업 가수가 되려고 하는 사람들은 아닐 것이다. 설령 입상을 하지 못하더라도 대부분은 자신의 생업으로 돌아갈 것이다. 그러나 취업 자체가 경연처럼 되어 버렸다면 어떻게 해야 하나? 직장 생활이나 자영업이 마치 경연과 같다면 어쩔 것인가? 아닌 게 아니라, 2020년에는 연초부터 불어닥친 코로나로 인해 멀쩡하게 다니던 직장에서 해고를 당하는 일이, 전력을 다해 운영하던 자영업이 멈춰 버린 일이 비일비재했다. 더구나 누구도 원망할 수 없어 더욱 안타깝다.

회복력이 필요한 이유

상황은 조금씩 다를지라도 오늘을 살아가는 사람들에게 필수적인 것은 '회복력'이다. 이미 조직은 '가족'이 아니라 '스포츠팀'이라는 사실을 인정하여야 한다. 팀 내에서 자신이 맡은 역할은 책임을 지고 해내야 한다는 뜻이다.

그러기 위해서는 자신의 역량을 스스로 잘 알고 있어야 하고, 자신의 역량에 맞는 역할을 찾아야 하며, 기회가 주어질 때 최선을 다하여 기대하는 성과를 만들어야 한다. 때로는 성공할 수 없을지도 모른다. 이때 필요한 것이 바로 회복력이다. 실패를 받아들이고 실패를 교훈 삼아 역량을 보완한 다음, 다음 기회에 도전할 수 있는 힘과 능력을 보유하여야 한다.

4차 산업혁명 시대를 특징짓는 말은 '융합과 창의'이다. 조합이 물리적인 의미라고 하면, 융합은 화학적 의미라고 할 수 있다. 조합을 위해서는 응용력과 모방이 필요하다. 융합을 위해서는 기초지식과 창의력이 필요하다. 이쯤이면 회복력을 가지기 위해서 무엇이 필요한지 알 수 있다. 아울러, 사안마다 옳고 그름의 잣대로 판단하려는 태도는 협업을 방해하므로 결국 융합과 창의를 중시하는 4차 산업혁명 시대에 고립되기 쉬운 태도라는 것도 잊지 말길 바란다.

사람을 움직이는
평가 시스템

현대는 가히 평가의 시대인 듯하다. 기세등등하던 국회의원들이 다음 선거에서 공천을 받기 위해 다소곳이 심사를 받는 광경도 낯설지 않고, 끊임없이 쏟아져 나오는 각종 오디션 프로그램들을 봐도 그렇다. 심지어 대학들도 기업의 판매 실적을 공개하듯 취업 실적에 순위를 매겨 평가를 한다. 농경사회에서는 1년 농사로 실력을 평가받았는데, 지금 세대는 매 순간 평가를 받으며 살아가고 있다고 해도 과언이 아닐 정도이다.

　　"사람을 움직이는 힘은 평가 시스템에서 나온다."

오늘날 우리 사회가 몸살을 앓고 있는 '공정'과 '평등'의 문제도 상당 부분 평가와 관련이 있다. 초등학교에서 대학 졸업 때까지 절기마다 치러지는 시험과 씨름을 하고 나면, 직장 생활이 아무리 힘들어도 학창 생활로 되돌아가고 싶은 마음이 싹 없어진다. 그러나 중간고사·기말고사가 없다고 시험이 없겠는가? 드러나지 않는 평가가 오히려 힘든 시험일 수도 있다.

능력 VS 업적

직장마다 직원을 평가하는 방법이 다르겠지만, 전통적인 방법 중의 하나는 '능력'과 '업적'으로 나누어 평가하는 방법이다. 예를 들어 신입사원이 입사하자마자 월급을 받는 이유는 '업적'이나 성과에 대한 보상이 아니라 잠재능력에 대한 보상이다. 학력, 학벌, 스펙 등이 잠재능력을 평가하는 잣대가 될 수 있다. 그에 반해 '업적'은 말 그대로 업무를 통해서 이루어 낸 성적이다.

자연스럽게 직장 생활 초기에는 '능력'에 평가의 초점이 맞춰져 있다. 그리고 직장 생활을 길어질수록 평가의 초점이 '업적'으로 기울게 마련이다. 그리고 전문 분야이거나 소위 프로페셔널의 세계에서는 오직 '업적'만으로 평가를 받기도 한다. 직장 생활을 성공적으로 혹은 즐겁게 하기 위해서는 이처럼 자신이 무엇으로 평가를 받는지에 대한 명확한 인식이 있어야 한다.

평가는 잘 받는 것도, 잘하는 것도 중요하다

대략 과장이나 팀장이 되어서까지도 성과 없이 능력만으로 좋은 평가를 받을 수는 없다. 이 말은 거꾸로 말하면, 언제부턴가는 자신이 성과를 낼 수 있는 일이나 분야에 집중을 해야 한다는 뜻이다. 경영학의 태두 피터 드러커(Peter F. Drucker)는 이를 '강점 강화' 전략으로 표현하였다. 직장을 자주 옮기는 사람들을 보면 능력은 있어서 취업은 곧잘 되는데 막상 일을 맡겨 보면 성과가 시원찮은 경우가 많다. 그럴 때 본인은 적성이 맞지 않는다거나 일할 여건이 갖춰지지 않았다고 핑계를 댈 수도 있겠지만, 그 부분 역시 본인의 능력의 일부분이라는 것을 잊어서는 안 된다.

직장 생활을 함에 있어서 평가를 잘 받는 것이 무엇보다 중요하지만, 조직의 리더가 되기 위해서는 평가를 잘하는 것도 그에 못지않게 중요하다. 본인이 피평가자일 때는 가장 저조한 실적을 올렸을 때나, 한 번 실수한 것을 기준 삼아 평가받고 싶은 사람은 없다. 그러나 다른 사람을 평가할 때는 눈에 드러나는 것만 보고 평가하는 경우가 많다. 평소에 평가 대상자를 관심 있게 지켜보고 장단점을 가려서 균형 있게 평가를 하여야 한다. 이를 통해 각자가 가지고 있는 잠재능력을 최대한 발휘할 수 있도록 해 주는 훌륭한 리더가 될 수 있을 것이다.

인정받지 못하는
네 가지 이유

성과를 올리지 못하거나 인정받지 못하는 직장인들 가운데 적어도 80% 정도는 능력 부족 때문이 아니라 태도 때문이라는 게 내 짐작이다. 여기서 말하는 태도란 예절이나 매너라기보다는 자신의 일 그리고 자신의 일과 관련된 사람들을 대하는 자세이다. 새로운 정부가 들어설 때마다 코드 논란이 일어나곤 하는데, 코드 역시 일종의 일과 사람을 대하는 태도라고 할 수 있다.

부정적이다?

직장 상사들이 가장 싫어하는 태도는 부정적인 태도이다.

"부정적인 태도를 가진 사람들은 잘라 버려야 하는 중요한 이유가 하나 더 있네. 이 사람들은 다른 직원들에게 아주 나쁜 모범이 돼. 만약 자네가 능력 때문에 부정적인 태도를 가진 직원과 타협한다면, 다른 직원들도 이 직원의 나쁜 버릇을 배우게 될 걸세. 어떤 한 사람의 나쁜 태도가 사무실 전체로 암처럼 번

져 나가는 걸 직접 본 적이 있지. 부정적인 태도를 가진 사람들
은 '항상 남의 떡이 더 크다고 생각하는' 증세를 퍼뜨리지."[1]

솔직하지 못하다?

솔직하지 못한 태도를 가진 사람과는 오랫동안 좋은 관계를 유지할
수 없다. 솔직함이 필요한 것은 일과 관련된 것뿐만 아니라 감정을 나
타내는 데서도 마찬가지다. 솔직하지 못하다는 것은 자기 자신의 본성
에도 반하는 것이기 때문에(사람은 정직할 때 마음의 평안을 얻을 수 있
다) 지속적으로 일관성을 유지하기 힘들다. 그렇기 때문에 다른 사람의
입장에서 보면 변덕스럽거나 예측이 불가한 사람으로 보일 가능성이
높다.

목표에 대한 초점이 흐리다?

목표에 대한 초점이 흐린 사람은 능력에 상관없이 인정받기 어렵다.
목표에 대한 초점이라 함은 자신에 대한 상사의 기대를 정확히 알고 있
는지 여부를 말하는 것이다. 대부분의 상사들은 자기 마음에 드는 일만

---

1   케빈 리먼, 윌리엄 팬택 지음, 김승옥 역, 『양치기 리더십』, 김영사, 2006,
    pp. 42~43.

열심히 하는 부하를 다루기 어려운 부하 중의 하나로 꼽을 것이다.

　더욱이 결과에 대한 평가를 스스로 해 버리는 부하는 가장 다루기 어려운 부하이다. 대개 이런 사람들은 내킬 때는 밤을 새워서 일을 하기도 하지만, 내키지 않으면 예고도 없이 잠적해 버리는 수가 많다. 일에 대한 목표를 스스로 정하기 때문에 상사는 자신을 이해하지 못하는 속 좁은 사람으로 인식하게 되고, 시간이 흐르면서 반발심이 쌓이게 되기 때문이다.

근시안적인 보상에 매달린다?

　결과에 대한 보상은 즉시 보상만 있는 것이 아니다. 어린아이들은 당장 눈앞에 보이는 사탕 한 알을 그 무엇보다 중요하게 여긴다. 미래에 대한 믿음이 없기 때문이다. 종종 유능하기는 하지만 너무나 근시적인 보상에 매달린 탓에 크게 성장하지 못하는 사람들이 있다.

　'대기만성(大器晚成)'이라는 말이 아둔한 사람에게 듣기 좋으라고 하는 말만은 아니다. 당장의 손해를 선택할 줄 아는 사람만이 큰 이익을 얻을 수 있다. 믿는 사람에게는 아무리 값진 것을 내주어도 아깝지 않은 게 사람의 마음이다. 중요한 것은 상사에게 믿음이 생길 때까지 자신을 희생할 수 있을 만큼 훈련된 태도를 가지고 있는가 하는 것이다.

　자신의 능력을 인정받지 못하고 있다는 생각이 들면, 먼저 자기가 어떤 사람인지 스스로 점검해 보아야 한다.

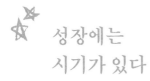

성장에는
시기가 있다

꽃에게서 배우는 전략

3월 하순 남녘에는 동백꽃, 매화, 목련꽃, 벚꽃이 줄지어 피며 화사한 봄의 제전을 열어젖힌다. 상록수인 동백나무를 제외하면 이른바 봄꽃들은 나뭇잎이 나기 전에 꽃부터 피운다. 어린 시절 향수를 자아내는 개나리, 진달래, 철쭉도 마찬가지다. 능수 매화가 늘어진 산책길을 걷다가 문득 떠오르는 생각이다. 잎이 나기 전에 꽃이 피는 봄꽃들은 대개 그다지 화려하지 않다. 특히 꽃 한 송이만 따로 떼어 놓고 보면 수수하기도 하고 더러는 허술하기도 하다. 그렇기에 주목을 받기 위해서는 다른 꽃들보다 서둘러 피어야 했을지도 모른다. 그리고 한꺼번에 군락을 지어 피는 것이 또 다른 특징이다. 역시 눈에 확 띄기 위해서 택한 전략이었으리라 생각된다.

'화무십일홍'이란 옛말이 있듯, 한바탕 꽃 잔치를 열더니만 아파트 진입로의 벚꽃들이 근 2주 만에 언제 그랬더냐 싶게 다 사라졌다. 부지런한 경비 아저씨들 덕도 있지만 길바닥에 떨어져 있는 꽃잎조차 보이지 않았다. 그런데 아쉬워할 겨를도 없이 나무들이 연초록색 잎을 피우더니 채 보름도 안 되어서 나뭇잎들이 빼꼭히 하늘을 가리고 있다.

녹색 나뭇잎들은 한 달 동안 부쩍 자라서 한 여름 열심히 나무를 위해 일을 하고 가을이 되면 스스로 떨어져 다시 나무를 위한 거름이 되려 할 것이다. 아침저녁으로 늘 지나는 길가의 벚나무들이 말없이도 많은 이야기를 들려준다. 나뭇잎이 자라는 것을 보면 잎이 나기 시작해서부터 얼마간은 놀라울 정도로 빠른 속도로 자라고 그 후부터는 더 이상 자라지 않고 강해지기만 한다.

직장 생활에서 '성장'의 때

옛말에 '배움에는 때가 있다'는 말이 있긴 하지만, 옛날하고 지금하고는 다르다는 생각을 했는데, 나뭇잎이 자라는 걸 보면서 문득 깨닫게 된다. 성장(成長)에는 시기가 있다. 신체적 성장만을 이야기하는 것이 아니다. 유명한 과학자나 예술가들은 대개 젊은 시절에 위대한 업적을 남긴다. 그리고 나이가 들면서는 성숙해지는 것이다.

직장 생활에 있어서도 이 점을 놓치지 말아야 할 것이다. 장년세대는 과거의 시행착오를 통해서 축적한 지혜를 근거해서 부정적인 것을 배척하는 데 보다 많은 에너지를 사용한다. 따라서 시작도 해 보기 전에 이미 안 되는 일이라고 단정하기 쉽다. 반면에 청년세대는 부정적인 경험보다는 긍정적 기회에 집중하는 편이다. 같은 이유에서, 집중력을 필요로 하는 일에는 청년세대가 더 어울린다고 할 수도 있다.

직장 생활을 하는 개인의 입장에서도 마찬가지다. 청년 시절에는 무슨 일이든 집중적으로 힘을 쏟아부을 수 있는 일에 도전해 볼만하다. 동시에 많은 경험을 지닌 장년세대의 코칭이 필요할 때는 적극적으로 코칭이나 멘토링을 요청하는 것도 권장하고 싶다. 시행착오를 줄일 수 있는 효과적인 방법이며, 어떤 이유로든 장년세대와 대척하는 자세는 유익하지 않다.

장년이 된 이후에는 본인이 그간 30여 년 이상 해 오던 일을 더욱 강화시키는 방향으로 힘을 모으는 게 최선의 방법이다. 무엇인가 새로운 것을 시도하는 것은 보기에는 아름답지만, 무섭게 성장하는 청년세대와 집중력과 체력 면에서 뒤떨어지기 때문에 결과가 낙관적이지만은 않다.

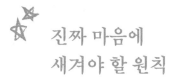

진짜 마음에
새겨야 할 원칙

생활 속에서 누구든 종종 '원칙'을 주장하거나 강조하는 경우가 생긴다. 주로 자신의 권리나 이익 혹은 자유를 침해당할 때 그것을 보호하기 위한 논리로 원칙을 강조하게 된다. 물론, 보편적인 사회 정의를 실현하기 위해서 원칙이 지켜져야 함은 당연하지만 말이다.

'어떤 행동이나 이론 따위에서 일관되게 지켜야 하는 기본적
인 규칙이나 법칙'

원칙의 사전적 의미이다. 원칙이 제대로 지켜지는지 여부는
직장 생활의 만족도와도 밀접한 관련이 있다.

청년세대의 원칙에 대한 민감도

흔한 말로 청년세대가 기성세대보다 원칙에 대한 민감도가 높다고
한다. 기성세대는, 살다 보면 원칙대로 안 되는 일도 많다는 것을 경험
하기에 때로는 묵인하기도 하고 때로는 체념하기도 한다. 하지만 청년

세대일수록 공정과 원칙이 지켜지지 않을 때 겪는 불만과 좌절감이 더 크다. 그런데 문제는 과연 기본적인 규칙이나 법칙은 무엇이며 누가 어떻게 정하느냐이다.

젊은 직원들과 함께 일하면서 종종 당혹스러움을 느낄 때가 있었다. 시간외 근무나 휴일근무 등과 관련하여 근로규칙을 철저히 지켜 줄 것을 늘 요구하던 한 직원이 어느 날 사직을 하겠다고 찾아왔다. 이유를 물어볼 겨를도 없이, 그는 당돌한 어투로 해고해 달라고 하였다. "본인이 그만두고 싶으면 사표를 내든가 하면 되지, 아니 왜 해고를 해 달라고 하지?"라고 반사적으로 쏘아붙이려다 말고 마음을 진정시킨 뒤,

"내게 원칙과 공정을 강조할 때는 언제고 나에게는 정부를 속이라는 말이냐?"

라고 질문하였다. 짐짓 속셈을 알지만 모른 척하고 되물었던 것이다. 다행히도 그는 더 이상 조르지는 않았다.

민주사회, 곧 법치주의 국가에서는 실정법이 가장 명백한 규칙이고 원칙이다. 그러나 법으로 인간사 모두를 규정하는 것은 불가능하다. 성숙한 사회는 법 이전에 도덕과 예의범절이 있어서 법의 성긴 그물망을 보완해 주는 역할을 한다. 정보화 사회 이전에는 도덕과 예의범절이 자연스럽게 연장자 중심으로 정착되어 왔다. 나이를 먹을수록 경험이 쌓이고 지식도 젊은이를 앞서기 때문이다.

그러나 정보화 사회로 진입한 이후에는 노령자들의 지혜와 지식 그

리고 경험이 원칙과 사회 규범으로서의 지위를 점차 상실하게 되었다. 우리나라가 경제적으로는 점점 발전하고 선진국 클럽의 신규 멤버가 되기는 했어도 원칙과 공정에 대한 논란과 시비는 오히려 가중되는 주요 원인일 것이다.

마음에 새겨야 할 원칙들

고루한 느낌이 들기는 하지만, 인간의 속성은 유사 이래 크게 달라진 게 없다는 점에서 옛 성현들의 말씀을 되새겨 볼 필요가 있다.

"기소불욕물시어인(己所不欲勿施於人)"

자기가 하기 싫은 일을 남에게도 하게 해서는 안 된다는 것을 이르는 말로, 공자의 가르침이다.

"그러므로 무엇이든지 남에게 대접을 받고자 하는 대로 너희
도 남을 대접하라. 이것이 율법이요. 선지자니라."

이는 신약성서 마태복음에 나오는 예수의 가르침, 즉 황금률이다.

룰(Rule)의 미학

스포츠에서는 원칙과 규정, 즉 룰을 지키는 능력이 곧 경기 실력이다. 룰에 익숙하지 못하면 경기력을 제대로 발휘할 수 없기 때문이다. 2006년 6월 24일 새벽 월드컵 16강 예선 스위스와의 경기를 지켜보던 대한민국 온 국민은 가슴을 치며 분통해하였다. 스위스의 알렉산더 프라이가 후반 32분 부심이 오프사이드 깃발을 든 상황에서 쐐기골을 넣었기 때문이었다. 그러나 주심은 오프사이드를 인정하지 않았고, 그의 판정이 룰에 따른 정당한 판정이었다고 FIFA가 인정하였다.

열정과 땀만으로는 경기에서 이길 수 없다. 룰을 잘 알아야 하고 또 익숙해져야 훌륭한 선수가 될 수 있다. 이는 사회생활이나 직장 생활이라고 해서 다르지 않다.

평생 현역을 원한다면
평생교육을

2020년도 신입생들은 학교에 발을 디뎌 보지도 못하고 1학기를 마쳤다. 가르치는 사람 입장에서도 본인의 수업을 듣는 학생들만 모니터상으로 얼굴을 마주하였을 뿐, 다른 학생들은 마주칠 기회조차 없었다. 그야말로 대학이 소비자들이 원하는 교육 내용을 플랫폼을 통해서 제공하는 유통기관이 되는 시기가 예상외로 빨라질지도 모르겠다는 생각이 든다.

불가피한 선택이기는 하지만, 어쨌든 초등학교에서부터 대학에 이르기까지 모든 교육기관이 온라인 교육으로 한 학기를 마치게 되었으며, 이미 학생들은 교육의 질에 대한 불만을 이야기하고 있다. 온라인상에서는 소비자의 이동이 너무나도 손쉬운지라 교육소비자들이 앞으로 어떤 선택을 할지는 충분히 예상되고도 남는다.

새로운 교육 방식의 등장

대학 입장에서도 전통적인 교육 방식만을 고집하고 있었던 것은 아니다. 학문 분야가 너무 세분화되다 보니 실제 현장에서 발생하고 있는 문제를 해결하는 데 어려움을 겪는다고 해서 다학제(Interdisciplinary) 교육, 프로젝트 중심 과정(Project Based Course), 문제 기반 학습(Problem Based Learning) 등 다양한 교육 방식을 시도하고 있다. 나아가 적응형 학습(Adaptive Learning) 혹은 개별화 학습(Personalized Learning)과 같이 학생 한 명 한 명에 맞춰 내용을 조정하면서 가르치는 것이 새로운 교육 방식이 될 것으로 전망하기도 한다.

과거에도 방송통신대학과 같은 비대면 형식의 교육이 없지는 않았다. 그리고 미국의 유수 대학들이 온라인 공개강좌 MOOC(Massive Open Online Course) 프로그램을 쏟아 낼 때까지만 해도 온라인 교육의 한계를 지적하는 의견이 많았지만, 코로나 19 이후부터는 확실히 이야기가 달라졌다.

인생 2모작, 3모작의 시대에 가장 필요한 것은

30년 전까지는 평생직장이라는 말들을 자연스럽게 하였지만, IMF 이후부터는 평생 직업을 강조하였었다. 그러나 기술 진보로 인해 노동자를 찾는 수요가 줄어들고, 계속 고용되려면 재교육을 받아야만 한다. 게다가 시간이 갈수록 더욱 힘들어지는 것은 교육의 효과가 점점 빠르게 소멸되는 것이다.

전에도 '평생교육'이라는 말로 계속 교육의 중요성을 강조하기는 했지만, 지금의 양상은 전과는 확실히 다르다. 자신의 능력을 계속적으로 유지 · 발전시키기 위해서가 아니라, 진보하는 기술과 새롭게 바뀌는 환경 속에서 자신의 일자리를 확보하기 위해서 끊임없이 새로운 재능을 발굴하고 새롭게 숙련 기술을 개발하여야 한다. 그러기 위해서는 정형화된 교육기관과 교육 프로그램으로서는 한계를 느낄 수밖에 없다.

　평생 현역으로 일하기 위해서는 본인의 커리어를 뒷받침해 줄 교육 프로그램을 설계하고 적절한 시기에 교육을 이수하는 등의 변화된 노력이 필요하다. 평생교육이란 말이 대중에게 회자된 지는 벌써 오래전부터이지만, 시간상 혹은 거리상 쉽게 평생교육기관에 접근하기가 어려웠다. 그러나 코로나 19로 인해 갑자기 활성화된 비대면 교육의 시대가 평생교육의 장을 활짝 열어 줄 것으로 기대한다. 인생 2모작, 3모작의 시대에 가장 필요한 것은 직업교육과 훈련이다.

3장

직장인의
마음 관리

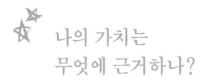

나의 가치는
무엇에 근거하나?

인간의 존재적 가치

인간은 하늘로부터 인권을 가지고 태어난다. 이것을 소위 '천부인권'이라고 표현하기도 한다. 시대와 사회 그리고 신분에 따라 차이는 있었을지언정 인간의 권리와 가치는 인간에 의해서 부여된 것이 아니라 하늘이 부여한 것이라는 주장이다.

'천부인권'은 부모를 통해서 전승된다. 즉, 부모는 자녀라는 존재를 무조건적으로 사랑하고 헌신적으로 돌본다. 따라서 천부인권을 다른 말로 표현하면 인간의 '존재적 가치'라고 말할 수 있다. 국가적 틀 안에서 국민은 교육을 받을 권리와 생명과 재산을 보호받을 권리를 가지고 있다. 이 역시 국민이라는 '존재적 가치'에 기인하는 것이다. 행위의 결과와는 관계가 없다. 존재적 가치는 절대적인 가치이기 때문에 사람에 따라 차별받지 않아야 하는 특징 또한 지니고 있다.

행위적 가치와 삶의 질

　기본적인 인간의 권리와 가치는 나면서부터 가지고 태어나지만, 삶의 질 향상을 위해서는 존재적 가치 이외에 '행위적 가치'가 요구된다. 대한민국 국민은 누구나 고등학교까지 의무교육을 받을 권리, 즉 존재적 가치를 지니고 있지만, 대학교부터는 달라진다. 성적에 따라 대학의 선택권이 주어지기 때문이다. 나아가 출신 대학에 따라 삶의 여정의 질과 선택 폭이 좌우된다. 공부를 얼마나 잘했느냐 하는 '행위적 가치'에 따라 사회 속에서 대접받는 정도가 달라지고 이는 곧 삶의 질로 연결된다.

　자연적으로, 어릴 적에는 존재적 가치에 의해 보호를 받지만, 성인이 되면 존재적 가치에 의해 보호받는 부분보다 행위적 가치에 의해 인정받는 부분이 더 큰 비중을 차지하게 되고, 결국 행위적 가치가 삶의 질을 결정하는 요인이 된다.

직장 속에서의 개인의 위상

　어떤 회사에 입사한다는 것은 대한민국 국민이라는 존재적 가치 외에 학업성취도라는 행위적 가치를 인정받은 결과이다. 그리고 이는 다시 회사의 직원이라는 신분, 즉 또 다른 존재적 가치(지위)를 획득하게 된다.

그러나 이때 유념하여야 할 것은 직장 내에서의 존재적 가치는 한 직장의 모든 사람에게 동일하게 부여된 가치이기 때문에 직장 내에서 상대적으로 인정받는 가치에는 영향을 미치지 않는다는 것이다. 즉, 같은 직장 내에서는 행위의 결과를 통해서 인정을 받는 행위적 가치가 그 사람을 평가하는 기준이 된다.

행위적 가치에 의존하는 존재적 가치

자녀로서의 특권은 성인이 될 때까지 누리는 배타적인 가치이다. 행위의 결과가 자녀의 신분에 영향을 주지 않기 때문이다. 이러한 사실을 깨닫지 못하는 사람은 없다. 그러나 직장 내에서의 존재적 가치는 행위적 가치와 결합될 때 가치를 인정받을 수 있다. 행위적 가치를 창출하지 못하는 사람은 존재적 가치의 근거, 즉 신분을 위협받을 수 있다.

근심은 계절이고
걱정은 날씨다

우연하게도 남들보다 다양한 직장 생활을 경험하면서 얻은 개인적인 결론이다. 고교를 졸업하자마자 평범한 사람들이 모두 피하고 싶어 하는 군 복무를 5년 동안이나 하고 나서야 대학을 졸업하였다. 첫 직장으로 공기업에서 직장 생활을 시작하였다. 요즘도 마찬가지지만, 삼사십 년 전에도 공기업은 비교적 선호하는 직장이었다.

안정된 직장이 답답하게 느껴질 때쯤 대기업으로 전직을 하였다. 때마침 세계화의 바람이 불던 1990년대 초였다. 1997년 말 IMF 금융 위기가 닥치자 속해 있던 사업부서가 퇴출되는 바람에 소위 명예퇴직을 하였다. 90년대 말부터 시작된 인터넷 붐을 타고 인터넷 벤처사업에 참여하였다. NAVER 창업자 이해진 씨가 당시 같은 회사 대리 신분으로 사내 분사를 하여 인터넷 사업을 막 시작하던 때였다.

그리 오래가지 않았던 인터넷 붐이 사그라진 다음에는 전직(前職) 경험을 살려 중소기업 경영자로 10여 년간 일을 하였다. 그러다 직장 생활 30여 년 만에 학창 시절 한때 꿈꾸었던 교직(敎職)에 몸담게 되었다. 생각하기에 따라서는 다양한 직장 생활을 경험하게 된 사실은 행운 혹은 복(福)이라고 할 수도 있고, 반면에 다른 사람들보다 몇 갑절이나 되는 우여곡절을 겪은 셈이기도 하다.

지금이야 대학을 졸업하면 회사에 취직하는 게 정상 코스이고 그렇지 않으면 마치 낙오자가 되는 것처럼 생각들 하지만, 불과 100년 전, 아니 60~70년 전만 해도 지금과 같은 형태의 직장은 존재하지 않았다. 당시에도 사람들은 일을 해야 했고 가정을 꾸려야만 했으며, 때론 행복하기도 때론 괴롭기도 한 삶을 살았음에 틀림없다. 그러기에 "근심은 계절과 같고 걱정은 날씨와 같다."고 말할 수 있다.

계절의 변화에는 미리미리 대비하여야 한다. 기후변화가 심할 때는 좀 더 철저하게 대비하여야 계절 변화에 따른 큰 피해를 입지 않는다. 계절 변화를 인간이 통제할 수는 없다. 공기업이든 사기업이든 또는 대기업이든 중소기업이든 업무가 대략 1년을 주기로 패턴이 반복된다. 때문에 미리미리 대비하면 좀 더 수월하게 직장 생활을 할 수 있다. 날씨는 매일매일이 다르다. 하지만 일기예보를 유심히 챙기면 대체적으로 대비가 가능하다.

재미있는 사실은 대기업에 다닌다고 해서 늘 큰 고민을 하거나 큰 보람이 있는 일을 하는 것이 아니며, 중소기업에서 일한다고 해서 항상 유치한 고민만 하거나 전혀 보람을 느낄 만한 일이 없는 것도 아니라는 점이다. 어쩌면 자기 자신이 느끼는 것보다 다른 사람들이 자신을 바라보는 눈을 부담스럽게 느끼는 게 문제일지도 모른다. 여러 가지 직종과 직장에서 일을 해 보니, 무엇이 진짜 중요한지 웬만큼 알게 되었다.

대부분의 직장인들에게 있어서 가장 큰 '근심'거리는 집을 마련한다든가 자녀 교육을 하는 데 필요한 경제적 능력이다. 근심거리는 계절성 독감처럼 찾아온다. 따라서 어떤 직장을 갖고 있느냐보다는 장기적인 계획의 유무가 더 중요하다.

날씨에 대처하는 능력

반면에 '걱정'거리는 날씨처럼 그날그날 업무 내용이나 인간관계 때문에 있다가 없어지기도 하고, 없다가 생기기도 한다. 그러니 날씨에 대비할 필요도 있다. '대비'하여야 한다는 말은 주의 깊게 살펴보고 문제가 될 만한 사항이나 사안에 대하여는 자기만의 대책을 마련하여야 한다는 뜻이다.

피터 드러커는 이런 말을 한 적이 있다.

> "상사는 자기 부서의 성과를 책임지는 사람이다. 가끔씩 상사
> 에게 다가가서 당신을 위해서 내가 무엇을 하는 게 좋을까 질문
> 하라."

사람 간의 갈등은 대체로 선입견 혹은 오해로 인해 생긴다. 날씨처럼 바꿀 수는 없지만, 피할 수 있는 방법은 얼마든지 있다. 실제로 상사이든 부하직원이든 일을 하기 전에 먼저 질문하는 것은 소나기를 피하는 데 상당히 효과적인 방법이다.

한편, 10~20년 전만 해도 회사에서 하라는 대로만 하면 무난하게 직장 생활을 할 수 있었지만, 현대의 기업들은 수익 셀(Profit Cell) 형태로 조직을 운영하는 까닭에 개개인이 성과를 내지 못하면 늘 궂은 날씨와 같은 분위기에서 일하게 된다. 따라서 하고 싶은 일을 할 때보다 자신이 잘하는 일을 선택하는 편이 직장 생활에서의 걱정거리를 덜어 준다. 자신이 잘하는 일을 하면 성과를 낼 가능성이 높아지고, 성과를 잘 내면 회사에서 인정받음과 동시에 크고 작은 갈등 없이 일할 수 있다. 한마디로, 날씨가 변하는 것을 막을 수는 없다 해도 날씨에 따라 대처할 수 있는 능력을 갖게 된다.

주인의식과
자아실현의 상관관계

자동차 업계의 전설로 일컬어지는 '리 아이아코카(Lido Anthony Iacocca)'는 2019년 7월 2일 94세의 일기로 타계하였다. 그는 30여 년 동안 포드사에 재직하면서 자동차 산업의 귀재란 소리를 들었으며, 포드사의 회장직에까지 올랐던 인물이다. 그런데 그가 대중의 화제를 모았던 것은 포드사의 회장이 되었다는 사실보다 포드사에서 물러날 때의 일화 때문이다.

그가 회장으로 있으면서 포드사가 막대한 흑자를 내고 있을 때, 포드 2세가 그를 해임하였다. 뜻밖의 해임 소식을 전해 들은 리 아이아코카는 포드 2세에게 무슨 이유로 나를 해임하느냐고 물었다고 한다. 그러자 포드 2세는, 당신도 특별한 이유 없이 사람이 싫어질 때가 있지 않느냐고 대답하였다고 한다. 그 후 리 아이아코카는 쓰러져 가는 크라이슬러사의 회장으로 취임하면서 연봉 1달러만 받겠다고 선언하였다.

주인의식, 현명할까? 어리석을까?

요즘은 그런 말을 들어 본 기억이 없지만 IMF 경제위기 이전까지만 해도 회사가 직원들에게 '주인의식을 가져라'라는 말을 자주 하였다. 뒤집어 이야기하면, 주인이 아니기 때문에 주인의식을 가지라고 하는 말이 아니겠는가? 아닌 게 아니라, '자본주의 사회에서 기업은 착각에 기반한다'라고들 말하기도 한다. 자신이 회사의 주인이 아님에도 주인인 것처럼 열심히 일함으로써 회사가 발전한다는 이야기이다. 그러면 착각은 현명한 사람이 할까? 아니면 어리석은 사람이 할까?

이명박 전 대통령이 '샐러리맨의 신화'로 불리었던 적이 있는데, 정작 본인은 『신화는 없다』라는 자서전을 출간하여 한때 베스트셀러가 되기도 하였다. 『신화는 없다』에서 저자가 전하고자 하는 메시지가 바로 자신이 기록한 성과는 주인보다 더 주인처럼 일한 결과일 뿐이라는 내용이었다. 그리고 역시 마지막에는 정주영 회장의 뜻을 따르지 않음으로써 현대를 떠나게 된다.

대학을 졸업하는 학생들의 대다수는 공기업이든 사기업이든 기업에 취업을 한다. 창업을 하는 사람도 더러 있지만 아직은 극소수다. 동기생들과 함께 취업을 하지만 한 해 두 해 세월이 흐르면서 직급과 직위에 차이가 벌어지게 되고 나중에는 떠나는 자와 남는 자로 나뉘게 된다.

드물게는 자신이 신입사원으로 취업한 회사에 남아서 마침내 임원이 되고 최고 경영자가 되기도 한다. 하지만 최고경영자가 되었다고 할지라도 기업주가 아닌 바에야 때가 되면 회사를 떠나야 한다. 그러한 사실을 너무나 잘 알기 때문에 자신이 받는 대가 이상으로 회사를 위해 일할 필요가 없다고 생각하는 사람도 있다. 그러나 그런 부류의 사람들은 어느 회사에서든 높은 지위에 올라가는 경우가 없다.

직장에서 자아실현을 이루는 길

에이브러햄 매슬로(Abraham Harold Maslow)는 근무 환경이 최상이라
는 전제하에 자신의 일을 자신의 정체성, 즉 자기와 동일시하여 그 사
람의 일이 자기의 일부가 될 때 자아실현을 이루게 되며 행복에 이른다
고 하였다.[1] 즉, 자아실현을 위해서는 최상의 근무 환경에서 일이 곧
자신이라고 할 수 있을 만한 일은 하여야 하는데, 그러한 두 가지 조건
을 모두 획득하는 것이 관건이다. 회사에서는 검증된 사람에게 일할 수
있는 기회와 함께 일할 수 있는 여건을 마련해 준다.

오래전에 SK 창업자 고 최종현 회장이 신문에 투고한 칼럼을 읽은 일
이 있다.

> "경영자는 새로운 직책을 맡길 때 그 직책에 부여된 임무를
> 수행할 수 있는 능력이 있는 사람에게 맡기길 원하나, 직원들은
> 새로운 직책을 과거의 성과에 대한 보상으로 생각한다."

필자는 중소기업을 경영할 때 직원들에게 종종 말했다.

---

[1] 에이브러햄 H. 매슬로 지음, 왕수민 옮김, 『인간 욕구를 경영하라』, (주)웅진씽
크빅, 2011, pp. 35~36.

"회사는 당신이 스스로 사업 능력을 시험해 볼 수 있는 기회를 제공하는 것입니다. 회사라는 테두리 안에서 실패로 인한 위험부담은 회사에게 지우고 자신의 사업을 하는 것이라고 생각하십시오. 대신에 성공할 경우에는 위험부담을 크게 안은 쪽으로 더 큰 보상이 돌아갈 것이며, 당신에게는 더 큰 비즈니스 기회가 제공될 것입니다. 그리고 본인이 모든 위험부담을 감당할 수 있을 때가 스스로 창업을 할 때가 된 것입니다."

손해 본다고 생각하면서 일하지 말라는 뜻이었다. 이는 비단 본인이 창업을 원하는 경우에 국한된 사항이 아니다. 주인이 아니면서도 자기가 주인인 양 최선을 다하여 일해야만 성공에 가까이 다가갈 수 있다는 뜻이다. 그럼에도 불구하고 위와 같은 이야기를 진지하게 받아들이는 직원들은 흔치 않았다. 경영자의 입장에서 늘 하는 말이겠거니 하고 들었기 때문일지도 모르겠다.

최근 대기업들이 정기적으로 신입사원을 채용하던 관행을 수시 채용으로 바꾸고 신입사원보다는 당장 현업에 투입할 수 있는 경력사원 채용에 주력한다고 한다. 대기업 취업을 희망하는 청년들에게는 취업의 관문이 더욱 줄어들 것이지만, 자아실현 관점에서 기존 직장인들에게 불리하지만은 않은 변화라고 할 수 있다. 앞서 언급한 것처럼 한 분야에서 능력을 입증하여 보이면, 중소기업·대기업 가릴 것 없이 그를 앞다퉈 채용하려고 할 것이기 때문이다.

당신은 어떠한
마음속의 저울을 가졌는가?

갓난아이의 생체 저울은 매우 간단해 보인다. 몸속의 저울이 가리키는 바에 따라 배고프다고 하면 울고 배부르다고 하면 웃는다. 졸리다고 하면 잠자고, 잘 만큼 잤으면 눈을 뜬다. 어린아이가 성장을 하면 어느 시기부터 꾀가 멀쩡해진다. 눈치가 빠르다는 이야기를 듣는다. 이제 더 이상 생체 저울에 따라서만 행동하지 않는다. 말을 배울 때쯤이면 이미 자기의 호불호를 함부로 이야기하지 않는다. "엄마가 더 좋아? 아빠가 더 좋아?" 하고 물으면 대답을 하지 않고 멈칫거린다. 어른들은 그게 재미있어서 자꾸 되묻는다. 그러나 아이의 마음속 저울은 이미 엄마와 아빠가 어느 한쪽으로 기울 수 없는 존재라는 것을 판단하고 있다.

세상을 배우면서 때로는 저울눈을 속이는 일도 배우게 된다. 좋아도 좋은 내색을 안 하고 싫어도 싫은 내색을 안 하게 된다. 내숭을 떤다고 하는데, 대개 초등학생 정도가 되면 내숭을 부릴 줄 안다. 이후로는 성장 환경과 성격에 따라 속내를 표현하는 방법이 달라지게 마련이다. 문제는 마음속의 저울이 지시하는 것을 어떻게 표현하느냐보다 마음속의 저울이 과연 정확하게 저울의 역할을 하느냐이다. 뚜렷한 이유도 없이 미운 사람이 있다. 영문도 모른 채 불안해지는 경우도 있다. 기대하는 것이 없으면서도 내가 가진 것을 주고 싶은 사람도 있다. 이런 사례는 누구나 경험하는 바이지만, 마음속의 저울이 정상 범위에서 벗어나 있을 수 있다는 신호이다.

소인과 군자의 마음속 저울의 차이

실제 삶의 질과 깊은 관계가 있는 것은 이익과 손해를 가늠하는 저울이다. 구양수(歐陽修)는 『붕당론(朋黨論)』에서 소인은 동리위붕(同利爲朋)하고 군자는 동도위붕(同道爲朋)이라고 하였다. 소인은 이해를 같이하여 친구를 삼고 군자는 동도(同道), 곧 같은 이념으로 친구를 삼는다는 말이다. 이념이라 함은 달리 말하자면 더 많은 사람에게 더 큰 이익을 가져다주는 것을 목적으로 함이니, 소인과 군자의 차이는 마음속 저울의 차이라고 할 수 있다.

사회생활을 하면서 명석하고 유능하면서도 큰 성과를 거두지 못하고 자주 직장을 옮기는 경우를 보면 늘 마음의 저울이 손해를 가리키고 있기 때문으로 간주된다. 늘 손해를 가리키는 이유는 큰 이익을 가늠하는 기능(과거에는 군자의 성품을 뜻하였다)이 없거나 손상된 저울을 마음속에 지니고 있어 작은 이익에 집착하므로 생기는 현상이다.

옛 성현들이 이상형을 군자(君子)로 표현한 것은 사람다움과 행복의 가장 높은 경지에 도달한 자를 의미하는 것이다. 세계 각처에서 끊임없이 각종 리더십 및 자기 관리 관련 서적이 쏟아지고 있다. 군자론까지는 아니라도 리더로서 가져야 할 마음의 자세가 주된 내용이라고 할 수 있다. 이익을 추구하는 마음에 앞서 올바르고 정확한 마음의 저울을 갖는 것이 무엇보다 중요하다는 의미이다.

과학적으로 밝혀진
행복을 부르는 행동

설과 추석 연휴 때마다 귀성 행렬이 꼬리를 물고 이어지는 광경에 우리들 모두 익숙해져 있다. 이때만큼은 쏟아붓는 시간과 비용과 노력에 대한 대가에 괘념치 않고 한마음으로 고향을 향해 달려간다. 그리고 며칠 후 다시 생활의 터전으로 발길을 되돌린다. '언젠가는 성공한 모습으로 고향 땅을 다시 밟으리라.' 다짐하며.

성공과 행복에의 열망

성공이란 말은 여러 가지로 정의할 수 있겠지만 "성공은 가치 있는 목표의 점진적인 달성이다."(Dexter Yager)라는 말이 '성공'을 수식하는 말 가운데 가장 마음에 와 닿는다. 저마다 성공을 꿈꾸지만 만약에 명확하고 가치 있는 목표가 없다면 성공은 환상일 수밖에 없다. 살기 위해서는 돈이 필수적이긴 하지만, 돈이 성공 그 자체는 아니며 때로는 돈이 인생의 목표를 흐리게 하는 걸림돌이 될 수도 있다.

'가치 있는 목표의 점진적인 달성'을 성공이라고 가정하면 성공을 통해서 우리가 얻을 수 있는 것은 무엇인가? '행복'이다. 궁극적으로는 행복을 위해서 성공을 꿈꾸는 것이다. 만약에 행복을 위해서 반드시 성공의 산을 오르지 않아도 된다면, 삶을 희생하면서 성공을 추구할 필요가 있을까? 이 문제에 대한 대답은 잠시 미뤄 두고 '행복'에 관한 연구 결과를 유심히 살펴보자.

행복을 결정하는 요소

『행복도 연습이 필요하다(원제 How to be happy)』라는 책을 흥분된 마음으로 읽었다. 부제가 '당신이 원하는 것을 얻기 위한 과학적 접근법'인 것에서 볼 수 있듯이 책은 행복에 대한 과학적 연구 결과라는 다소 뜻밖의 내용을 담고 있었기 때문이다. 리버사이드 캘리포니아 주립대학(UCR) 심리학과 교수인 소냐 류보머스키는 긍정심리학 분야의 주목받는 학자로서 행복의 수준을 어떻게 지속적으로 높일 수 있는지를 주된 연구 과제로 삼고 있다고 한다. 더욱 놀라운 것은 미국 국립정신보건원으로부터 5년에 걸쳐 1백만 달러 이상의 연구기금을 받으며 영구적인 행복 증진 가능성에 관한 연구를 진행하고 있다고 했다.

먼저 눈에 띄는 내용은, 행복을 결정하는 요소 가운데 사람들이 평생 동안 대부분의 시간을 쏟고 있는 '삶의 환경을 개선하고 조건을 향상시키는 것'은 그다지 큰 비중을 차지하지 않는다는 것이었다. 행복

1   소냐 류보머스키 지음, 오혜경 옮김, 지식노마드, 2008.

을 결정하는 가장 중요한 요소들을 파악한 연구 결과를 정리하면 다음과 같다.

행복을 결정하는 요소의 50퍼센트는 유전적 설정값이 차지한다. 여러 쌍둥이 연구는 사람마다 생물학적인 엄마·아빠, 또는 두 사람 모두로부터 물려받은 행복의 유전적 기질, 즉 행복의 기본 수준 또는 잠재력을 가지고 태어난다고 결론짓고 있다. 우리의 직관과는 달리, 삶의 환경이나 조건의 차이는 행복의 수준을 단 10퍼센트 정도밖에 좌우하지 못한다. 부유한가, 가난한가, 건강한가, 건강하지 못한가, 아름다운가, 수수한가, 결혼했는가, 이혼했는가 등과 같은 여건이 행복에 미치는 영향력은 10퍼센트에 불과하다.

나머지 40퍼센트를 구성하는 것은 바로 우리가 취하는 행동이다. 그렇기 때문에 행복해지는 길은 유전적인 성향을 바꾸는 것(사실 그건 불가능하다)이나 부(富)나 외적인 매력이나 뛰어난 학벌을 추구하는 것과 같은 환경을 변화시키는 데(이는 대개 비현실적이다) 있는 것이 아니라, 의도적으로 행하는 일상의 활동에 달려 있다.

목표에 헌신할 때의 유익함

성공과 목표와의 함수관계를 이미 강조하였지만 행복과 목표와의 관계는 그보다도 더 밀접하고 실제적이라는 것을 '소냐 류보머스키'의 연구가 보여 주고 있다. 평생에 걸쳐 지속할 수 있는 목표와 포부에 깊이 헌신하는 것만으로도 목표의 달성 여부에 관계없이 행복이 증진된다고 한다. 그 밖에도 저자는 목표에 헌신된 삶을 살 때의 여섯 가지 유익함을 다음과 같이 밝히고 있다.

첫 번째, 헌신적인 목표 추구가 우리에게 목적의식을 주며 자신이 삶을 장악하고 있다고 느끼게 해 주기 때문이다. 둘째로, 의미 있는 목표를 가지면 자극을 받아 자신감과 능력을 자각하게 되므로 우리의 자존감이 강화된다. 셋째, 목표의 추구는 우리의 일상생활에 틀과 의미를 정해 준다.

네 번째, 부수적인 유익함은 그것이 시간을 잘 활용할 수 있는 방법을 터득하도록 도와준다는 점이다. 다섯 번째, 시련의 시기에 목표에 헌신하면 문제를 더 잘 대처할 수 있다. 여섯 번째, 목표를 추구하다 보면 다른 사람, 즉 고객·친구·동료와 같은 사람들과 교제할 기회가 생기는데 그렇게 해서 맺어지는 사회적인 관계는 그 자체만으로도 행복을 불러올 수 있다.

삶의 불연속성을
극복하는 방법

정체성의 불연속성과 마주하다

다니던 직장을 그만둬 본 경험이 있는 사람이라면 알 것이다. 재직하는 동안 얽히고설켜 풀기 어려웠던 인간관계, 목표 달성을 위해 노심초사 고민했던 일, 언젠가는 써먹을 요량으로 차곡차곡 모아 두었던 자료들…. 그 모든 것들이 사직서를 제출하고 직장 문을 나서는 순간, 나와는 아무런 상관이 없는 것들이 되고 만다. 무엇 때문에 밤잠을 설쳐 가며 고민했던가 싶게 느껴진다. 선연(善緣)이든 악연(惡緣)이든 한순간에 정리되는 느낌이다. 모처럼 속이 후련하기도 하다. 하지만 그것이 끝이 아니다. 삶은 계속되어야 하기 때문이다.

현대인들이 삶에서 느끼는 가장 큰 고민 혹은 불안은 일 혹은 삶의 불연속성이다. 직장을 그만두거나 해고당하는 게 두렵고 불안한 이유는 그 직장을 사랑해서라기보다 전혀 새로운 환경에서 생판 모르는 사람들과 함께 익숙하지도 않은 일을 해야 될지도 모르기 때문이다.

지인 중에 국내 모 자동차 회사에서 충돌시험을 연구하던 한 연구원이 있었다. 그는 IMF 경제위기 때 회사가 외국기업에 매각되는 과정에서 회사를 그만두었다. 본인이 다니던 직장에서는 고급인력으로 인정받고 자부심도 있었지만, 회사를 그만두고 나니 자신의 경력을 인정해 줄 만한 일자리를 찾기가 매우 어려웠다. 그때까지 자신의 정체성이라고 여겼던 본인의 전문성이 삶을 살아가는 데 무용지물처럼 느껴졌다. 한마디로 정체성의 불연속성과 마주쳐야만 했다.

'통합'이 중요한 이유

근래 들어 대학들이 통합(統合)교육을 강조하고 있다. 용어도 다양해서 융합(融合)이니, 통섭(統攝)이니, 다학제(多學際)니 등등 여러 가지 말들을 사용하고 있지만 요지는 간단하다. 그동안 너무 세분되었던 교육 영역을 다시 묶어서 총체적 시각을 갖도록 교육하자는 것이다.

학문이나 기술 분야를 세분화하여 집중적으로 교육하면 효율적이기는 하겠지만, 기술적 변화가 빠른 현대에 와서는 교육이 변화를 따라가지 못하기 때문에 스스로 학습할 수 있는 능력과 본인에게 필요한 기술이나 지식을 선별할 수 있는 안목을 길러 주는 방향으로 고등교육이 변해야 한다고 믿기에 이르렀다. 한 우물만을 파면서 살면 좋겠지만, 정체성의 불연속성과 마주쳤을 때 어떻게 새로운 정체성을 발굴하여 생활을 이어 나가느냐가 관건이기 때문이다.

그러다 보니 주입식 혹은 암기식 교육의 한계성이 드러나고 창의성을 발휘할 수 있도록 만드는 교육이 강조되었다. 물론 올바른 방향이라고 생각한다. 한데 여기서 한 가지 놓치면 안 되는 것이 있다. 얼마나 많은 지식을 가졌거나 얼마나 큰 능력을 지녔더라도 그것을 사용하는 사람이 어떻게 사용하느냐에 따라서 그 결과는 정반대로 나타날 수도 있다. 때문에 교수를 가르치는 교수로 소문난 조벽 교수(고려대학교 석좌교수)는『인성이 실력이다』라는 저서를 통해서 인성의 중요성을 강조하였다.

코로나 19 사태에서 보듯 세상 변화의 속도와 그 충격은 인간의 상상을 초월하고 있다. 이에 프랑스 작가 알랭 드 보통은 이같이 말한다.

"인생은 하나의 불안을 다른 불안으로 대체하고, 하나의 욕망
을 다른 욕망으로 대체하는 과정으로 보인다."

다만 중요한 것은, 사회가 어떠한 형태로 바뀌더라도 "우리는 언젠가 친구가 될지도 모른다고 생각하며 적과 함께 살아야 하거나, 언제 원수가 될지 모른다고 생각하며 친구와 함께 살아야 한다."(톨스토이, 전쟁과 평화)는 것이다. 엘리트주의가 풍미했던 시대는 지났다. 자칫하면 엘리트를 찾는 사람들이 오히려 속물이 될 수 있다.

"속물이란 하나의 가치 척도를 지나치게 떠벌리는 모든 사람
을 가리킨다고 할 수 있다."

역시 알랭 드 보통의 말이다. 함께 어울려 살면서 어떠한 방식으로든 다른 사람에게 도움을 주는 게 정체성의 불연속성을 극복하는 방법이 아닐까 생각된다.

현대인의 질병,
불안중독과 치유

중독은 인간 욕구의 자유를 제한하는 강박적인 모든 행동을 뜻 한다. 중독의 라틴어 어원은 'addicene'(양도하거나 굴복하는 것)이며, 중독은 욕망에 집착(못 박힘)된 상태로서[1] 결국 그들 스스로 중독 대상에 노예가 된다. 그 결과 집착의 대상들은 우리가 의식적으로 원하지 않아도 우리의 삶을 지배하게 된다. 하지만 1964년 세계보건기구(WHO)에서는 '중독' 대신에 '의존(dependence)', '남용(abuse)'이라는 용어를 사용하기로 하였다. 이상은 중독에 대한 의학적 정의이다.

의학적인 중독 증상들

기분 전환을 위해 알코올을 마시기보다는 고통에 무감각하게 만들기 위해서 알코올을 섭취하는 알코올중독, 심한 과식 후에 스스로 토하거나 이뇨제·설사제 등을 복용하거나 심한 운동을 함으로써 체중 증가를 막으려는 노력을 하는 주기가 반복되는 음식중독 등 물질에 대한 집

---

1   '못 박다'란 의미의 고대 프랑스어인 아타쉬(atache)에서 파생.

착과 의존 현상.

충동적이고 강박적인 성적 욕망과 성행위 및 고독·권태·우울감과 지루함에서 벗어나기 위하여 보다 자극적인 것을 추구하는 성중독과 우울증·고립감·신뢰의 결핍과 더불어 가치 획득을 위한 방편으로 사랑과 관계를 남용하는 애정중독, 모든 크고 작은 문제의 첫 대응을 분노로 시작하거나 분노를 격분 또는 고립으로 나타내는 분노중독, 충동적인 구매와 자극을 위한 쇼핑중독 등 특정한 감정이나 행동에 무의식적으로 사로잡히는 증상.

종교적인 기물과 장소를 신앙의 대상으로 삼거나, 종교적인 황홀과 행복감을 추구하거나, 신앙을 진정한 감정을 숨기거나 회피의 도구로 사용하는 종교중독, 자존감의 근원으로서 자기 과장의 추구하기 위해 또는 돈과 부에 대한 강박관념 때문에 또는 바가지 긁는 배우자로부터의 도피처로 삼기 위해 자기의 일에 전적으로 의존하는 일중독 등 특정한 가치에 대한 지나친 의존 현상.

또 다른 중독, 불안

알랭 드 보통은 "인생은 하나의 불안을 다른 불안으로 대체하고, 하나의 욕망을 다른 욕망으로 대체하는 과정으로 보인다."라고 말했다. 사람들은 불안에서 탈피하기 위해 자주 어떤 대상을 의존하게 되는데, 현대인들이 불안으로부터의 탈피하기 위해 사용하는 가장 유효한 수단은 돈이다. 심지어 그는 이렇게 주장한다.

"돈이 곧 선(善)으로 연결되고, 돈과 행복을 연결시켜 성공의
척도로 삼기도 한다."

알랭 드 보통의 말에 따르자면 불안에 젖어 있는 현대인은 불안중독
증세를 보이고 있는 것이나 다름없다. 중독의 특성이 그렇듯, 불안으
로부터 도피하고자 불안에 집착하게 되고 그러면 오히려 불안에 지배
당하게 된다. 그리고 중독은 증세가 깊어질수록 고강도의 자극을 추구
하게 되는데, 흔히 사람들은 불안으로부터 도피하기 위해 반사적으로
돈에 더욱 집착하게 된다. 이것은 일부 계층에 국한된 것이 아니라,
문자 그대로 각계각층의 사람들을 통해서 입증된 사회학적 병리현상
이다.

불안중독이 가져온 부작용

첫째, 불안중독은 생각을 부정적으로 만든다. 참여정부가 들어선 이
래 우리나라의 언론, 특히 신문과 인터넷 댓글들은 부정적 기사와 문구
일색이다. 물론 다른 의견도 있을 수 있겠지만, 자신들의 기득권이 훼
손되고 입지가 좁아졌거나 적어도 과거에 비해 여러모로 불편해진 사
람들이 미래를 불안하게 점치기 때문으로 분석된다.

둘째, 부정적인 생각은 자연히 비판적인 언어로 표출된다. 즉, 불안 중독에 걸린 사람은 불안 심리를 비판적 언어로 표현한다. 중소기업 하면 불안정한 일자리라는 생각을 떠올리는 사람이 많다. 그러다 보니 오늘날 직장인의 지위가 불안정한 것은 비단 중소기업뿐이 아니며, 오히려 중소기업은 수적으로 많기 때문에 실직을 하더라도 재취업이 대기업에 비해 쉬운 편임에도 불구하고 대기업 직원이 그만두면 적응을 못 해서 그렇다 말하고, 중소기업 직원이 그만두면 '회사가 오죽하면?' 하고 묻는다.

셋째, 불안중독은 건전한 행동과 건강을 저해한다. 불안중독에 걸린 사람은 사소한 장애물을 만나거나 어려운 일이 발생해도 좌절하거나 포기를 잘한다. 그것은 '올 것이 왔구나!' 하는 심리 때문으로 보인다. 그뿐만 아니라 장래에 대하여 불안하게 느끼는 사람일수록 질병에 걸릴 확률이 높은 것도 경험을 통해 알게 되었다.

넷째, 불안중독의 또 다른 폐해는 지레짐작과 의심이다. 다음은 중소기업을 경영할 때 겪은 일이다. 대기업에서 20여 년을 근무한 경험이 있는 한 직원을 팀장으로 채용하였다. 그런데 막상 함께 일을 해 보니, 대기업과 근무 환경이 달라서인지 팀원들을 이끌어 나가기에는 적합지 않은 것으로 판단되어 팀장직을 면직하고 혼자서 하는 일을 맡겼다. 그랬더니 불과 보름이 채 못 되어서 사직서를 제출하였다. 그리고 "어차피 해고당할 바에야 스스로 나가겠다."라는 말을 동료에게 남겼다는 후문을 들었다. 그러나 회사의 의도는 분명히 그의 짐작과는 달랐다.

불안중독의 치유

모든 병리현상이 그렇듯 불안중독 역시 환자 자신이 스스로 환자라는 것을 인식하거나 인식하도록 돕는 것에서부터 치유가 시작된다. 그리고 우리 사회와 개인 모두가 획일화된 가치에 매몰되어 있지 않은지 되돌아봐야 한다. 베스트셀러의 수위를 차지하고 있는 성공 서적들은 하나같이 더 많은 재물을 얻는 방법을 역설한다. 더 많은 재물을 얻으면 불안이 없어질 것이라는 전제를 두고 하는 말이지만, 그 같은 전제는 사실과 다르다.

불안이 인생의 피할 수 없는 과제라면 불안을 대체할 수 있는 수단이 오직 돈뿐이어서는 곤란하다. 따라서 불안중독의 치유를 위해선 인생의 불안을 대체할 수 있는 다양한 가치가 필요하다. 유독 현대인이 물질적 가치에 점점 더 집착하는 이유는 어려서부터 획일화된 환경 아래 획일화된 교육을 받으면서 자랐기 때문이다. 교육이 바뀌어야 함은 당연한 사실이지만, 그 이전이라도 개인적으로 추구할 만한 가치 있는 목표를 만들어야 한다.

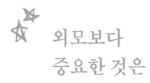

외모보다
중요한 것은

한때 삼성맨 하면 감색 양복에 말 그대로 와이셔츠(white shirt)를 받쳐 입고 단정한 머리 검은 구두를 신은 남성으로 인식되었다. 실제로 1991년 9월에 발행된 『삼성인의 표준행동지침』에 보면 사원들에게 보수적인 복장과 단정함을 권장하고 있다.

> "지나치게 화려하거나 특이하게 디자인된 복장과 콤비 차림
> 은 삼가는 게 좋습니다. 일류 회사는 일류 사원을 만듭니다. 일
> 류 사원은 일류 용모를 갖추고 있습니다."

사원의 우수성과 외모를 직접 연결 지어 강조한 것이다. 30여 년이 지난 지금은 삼성도 직원들의 복장에 대하여 많이 관대해졌으리라 생각되지만, 남자나 여자나 외모를 중시하는 경향은 더욱 심해지지 않았나 생각된다.

아닌 게 아니라, 18세 이상 성인 1,000여 명을 전화 인터뷰한 2010년 「뉴스위크」지 주관 여론조사에서 미국인의 약 3분의 2가 미모를 이점으로 여겼고, 남자보다 여자가 더 외모 차별을 받는 것으로 나타났으며, 응답자의 72%가 매력적인 여성이 취업 면접에서 유리하다고 생각

했다.[1] 영국의 사회학자 캐서린 하킴은 개인이나 집단이 외모 덕분에 축적하는 사회적 혜택과 가치를 '매력자본(erotic capital)'이라고 칭하기도 하였다.

외모란 무엇인가

첫째, 외모는 타고난 조건이다. 키와 몸매, 머리카락 색깔, 얼굴 생김 등은 타고난 것이므로 바꿀 수 없거나 바꾸기 힘들다. 사람을 판단할 때 편견이 가장 많이 개입되는 부분이 타고난 외모이다. 지금도 미국에서는 흑인들이 범죄자로 의심받기 쉽다. 동양인들도 마찬가지다. 최근에는 코로나 19에 대한 피해의식 때문에 유럽이나 미국 등에서 동양인을 무조건 기피하는 경향도 드러났다. 모르는 사람에 대한 신속한 판단을 내려야 하는 상황에 임하면 순간적 직감과 뿌리 깊은 편견에 의지한다고 한다.

둘째, 외모는 본인이 가꾸는 것이다. 복장, 헤어스타일, 장신구 등을 통해서 표현된다. 이를테면 군인이나 경찰과 같이 제복을 입은 동일 집단의 사람들을 씩씩하고 원칙적인 사람과 동일시한다. 일종의 직감일 수도 있고 편견일 수도 있는데 우리의 마음이 매순간 수없이 많은 정신작용을 수행해야 하고, 이 부담을 덜어 줄 전략, 고정 규칙, 템플

---

1 프리기야 아가왈 지음, 이재경 옮김, 『편견의 이유』, 반니, 2021.

릿을 모색하기 때문에 일어나는 현상이라고 한다.

셋째, 외모는 언어와 행동 혹은 매너를 통해서 평가되기도 한다. 그 사람의 말씨나 매너가 외모를 돋보이기도 하고 낮잡아 보이기도 한다. 예를 들어 영어를 잘하는 사람을 보면 지식이 많을 것이라고 짐작한다든가 사투리를 쓰는 사람에게는 잠재적 고정관념을 갖는다.

외모, 첫인상에만 영향을 미칠 뿐

사람은 보통 일반화와 유형화를 통해 기억을 유지한다고 한다. 기억에 항목을 달고, 얼기설기한 데이터에서 결론을 도출하고, 인지 지름길을 이용해 무의식적으로 믿고 싶은 버전의 현실을 만들어 낸다. 어른들이 흔히 하는 말 가운데 '보나마나'라는 말이 있다. 자신의 생각에 확신이 있을 때 종종 쓰는 말이지만 편견의 결과일 경우도 많다.

우리 동네 아파트 입구 길가에는 미장원이 세 곳 있다. 반면, 동네 책방이 사라진 지는 오래전이고 시내 대형 쇼핑센터 지하에 있던 책방은 얼마 전 매장 임대 재계약을 포기하고 문을 닫았다. 현대는 확실히 몸의 시대이다. 넘쳐나는 화장품 광고와 다이어트 및 패션의류에 대한 관심 등이 이를 말해 준다.

어쩌면 자연스러운 일인지도 모른다. 연구 결과가 말해 주듯 사람들은 외모를 보고 그 사람이 유능하다든가, 친절하다든가, 호감이 가는 사람이라고 판단하기 쉽기 때문이다. 외모를 잘 가꾸는 것이 능력이라는 말도 있다. 현실적으로 외면할 수만은 없는 말이다.

하지만 그게 전부는 아니다. 겉으로 드러난 외모가 첫인상에는 강력한 영향을 끼치지만, 직장 내에서 자주 상대하거나 함께 일하다 보면 첫인상과는 다른 사람이라는 것을 깨달을 수도 있다. 밀접 접촉을 하다 보면 얼굴 생김이나 몸매, 옷차림보다는 말씨나 행동, 습관 그리고 태도 등이 사람을 판단하는 더욱 중요한 판단 요소가 된다. 나아가 나이 40이면 자신의 얼굴에 책임을 져야 한다는 말도 있다. 한 길 사람의 마음을 알 수는 없다지만, 시간이 흐르다 보면 마음 씀씀이가 겉으로 드러나기 마련이다.

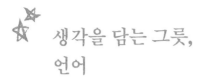

생각을 담는 그릇, 언어

다양한 말의 유형

사람들이 자주 쓰는 말의 유형에는 여러 가지가 있다. 잔소리를 많이 하는 사람은 '틀에 박힌 말' 혹은 '습관적인 말'을 하게 마련이다. 자신의 눈에 거슬리는 일을 반복해서 되뇌기 때문이다. 상대방의 호감을 사기 위해 마음에도 없는 말을 하는 사람에게는 '입에 발린 말' 좀 하지 말라고 한다. 다른 사람이 무슨 말을 하든지 간에 반대를 일삼거나 부정적인 면을 애써 들춰내는 사람은 '부정적인 말'을 하는 사람이라고 한다. 반면에, 가급적이면 좋은 쪽으로 생각하고 장점을 우선해서 말하는 사람은 '긍정적인 말'을 하게 된다.

자기 부서나 자신에게 주어진 업무를 시작도 해 보지 않고 안 될 것이라고 미리 단정하여 하는 말은 주로 '비관적인 말' 또는 '냉소적인 말'이다. 이와 반대로 어려운 환경이나 조건하에서도 쉽게 절망하거나 포기하지 않는 사람은 '낙천적인 말' 혹은 '적극적인 말'을 한다. 지인이나 동료가 어려운 일이나 힘든 일이 닥쳤을 때 상대방의 입장이 되어서 공감해 주는 말은 '위로하는 말'과 '희망적인 말'이다. 그러나 때를 놓칠세라 상대방의 실수나 잘못을 들춰내는 말은 '자극하는 말' 혹은 '비난하는 말'이다.

　자신보다 높은 자리에 있거나 힘을 가진 사람에게 잘 보이려고 아무 비판이나 분별이 없이 상대를 칭찬하는 말은 '아부하는 말'이다. 반면에, 주변에서 일어나는 일은 아랑곳하지 않고 자신이 하고 싶어 하는 사람은 '무신경한 말'을 하는 사람이다. 여러 가지 조건과 상황을 고려하는 말은 '신중한 말'이고 별생각 없이 입에서 나오는 대로 하는 말은 '즉흥적인 말'이다. 다른 사람의 입장을 생각하여 하는 말은 '배려하는 말'이기 쉽고, 자신의 입장만을 주장하는 말은 '이기적인 말'이다.

말은 그 사람의 정체성이다

　　　　"언어는 사고(思考)의 역사이기도 하다." - 니콜라스 카

　아마도 생각한 내용이 말로 표현되기 때문에 이렇게 말한 게 아닐까. 달리 표현하자면 '언어는 생각을 담는 그릇'이라고 할 수도 있다. 위에 열거한 유형 외에도 여러 가지 말하는 습관이 있을 수 있다. 그러나 그보다 중요한 사실은, 자신이 어떤 습관을 가지고 있느냐가 하는 것이다. 앞서 말했듯이 그 사람이 말하는 것을 들어 보면 어떤 식으로 생각을 하는지 알 수 있고, 그것이 습관화되면 그 사람의 정체성이 된다.

　결과적으로 말하는 방식과 습관에 따라 그 사람의 성품이 형성된다. 긍정적인 말, 낙천적인 말, 신중한 말, 적극적인 말, 희망적인 말, 위

로하는 말, 그리고 배려하는 말을 주로 사용하다 보면 자연히 긍정적인 사람으로 인식된다. 반면에 무신경한 말, 틀에 박힌 말, 습관적인 말, 부정적인 말, 비관적인 말, 입에 발린 말, 자극하는 말, 비난하는 말, 냉소적인 말, 아부하는 말, 이기적인 말을 주로 사용하는 사람은 부정적인 사람으로 인식될 수밖에 없다.

긍정적인 사람 VS 부정적인 사람

긍정적인 사람이 열정이 넘치면 자신이 맡은 업무에서 뛰어난 성과를 내게 되어 다른 사람들로부터 인정받는 사람이 된다. 반면에 부정적인 사람이 열정이 생기면 기껏해야 다른 사람이 하는 일을 비판하거나 비난하는 일에 힘을 쏟게 되고 다른 사람들로부터는 냉소적이라는 평가를 받게 된다. 또한 긍정적인 사람이라도 열정이 식으면 방관자가 된다. 그리고 부정적인 사람이 열정이 없는 경우에는 있으나 없으나 한 사람이 되고 만다.

이렇듯 말하는 습관이 중요하므로 수시로 자신이 말하는 습관을 점검해 볼 할 필요가 있다. 존경하는 사람 혹은 자신이 닮고 싶은 사람의 말하는 습관과 태도를 눈여겨 살펴보고 따라 해 보는 것도 좋은 방법이다. 그리고 더 나아가서는, 말은 생각을 담는 그릇이라고 했는바, 그릇이 정형화되면 생각이 그 틀에 구속을 받아서 고착화될 수도 있음 또한 유의하여야 한다.

불신이라는 비용과
믿음이라는 자산

대학 입시제도는 예나 지금이나 큰 사회적 관심사인 데다가 문제도 많고 탈도 많았다. 1981년 제5공화국 시절엔 대학 졸업정원제가 시작되었다. 정원의 130%를 입학시키고 졸업할 때는 정원의 10%를 초과하지 못하도록 하는 제도이다. 그런데 제도가 시작되자마자 이상한 일이 벌어졌다. 남학생들이 대거 자원해서 입대를 하였다. 졸업정원제를 피하기 위해서라고 하는데, 내가 보기엔 군대 갔다 온다고 해서 무슨 뾰족한 수라도 있을까 싶었다.

하지만 그들의 믿음이 결과적으로 옳았다. 1885년 입학정원이 대학 자율에 맡겨지면서 정부 정책이 오래가지 못할 것이라는 그들의 믿음이 현실로 나타났다. 안타깝게도 이는 단적인 예일 뿐, 국민들은 정부의 정책을 늘 미덥지 못하게 생각한다.

불신의 비용은 내게 돌아온다

우리나라만 그런 건 아니다. 2015년에 미국에서 진행된 설문 조사결과, 정부를 "늘" 혹은 "대체로" 신뢰할 수 있다고 답한 사람은 23퍼센트에 불과했고 59퍼센트가 정부에 대해 부정적인 견해를 가지고 있었다. 후진국일수록 지배층과 정부에 대한 불신은 더욱 크게 나타난다. 그럼에도 정부의 행동에 대한 뿌리 깊은 의구심이야말로 정작 도움이 가장 절실히 필요한 사람들이 도움을 받지 못하게 가로막는 최대의 제약 요인일 것이다. 아이러니하게도 정부의 도움이 가장 필요한 사람들 본인이 이러한 생각을 가지고 있기 때문이다.[1]

2018년에 불거진 인천국제공항 보안요원의 정규직화 문제 역시 제도의 문제라기보다는 믿음의 문제라고 볼 수 있다. 정부의 개입으로 인해 본인들이 손해를 본다는 생각 때문에 취업준비생 청년들이 분노하는 것이다. 하지만 정부 말고 사회적 약자들을 위해 일할 주체가 없다는 사실을 간과하고 있지는 않은지 하는 생각도 든다. 사회적 비용을 증가시키는 가장 큰 원인은 불신이다. 불신 때문에 법과 제도가 점점 복잡하고 독해진다. 그리고 그 법과 제도를 운용하는 비용과 불편함은 고스란히 국민들에게로 돌아온다.

직장 생활에서 믿음은 큰 자산이다

기업 경영과 직장 생활에 있어서 역시 믿음은 가장 큰 자산이다. 기업주는 직원들이 책임의식을 갖기를 원하고, 직원들은 자율성을 부여

---

1   아비지트 배너지, 에스테르 뒤플로 지음, 김승진 옮김,『힘든 시대를 위한 좋은 경제학』, 생각의 힘, 2020.

받기를 원한다. 그런데 책임의식과 자율성은 상대에 대한 믿음에 비례하는 만큼 증가하게 되는 것이다. 한때 직장인의 신화라고 불리었던 이명박 전 대통령이 『신화는 없다』라는 책에서 정주영 회장이 젊은 나이인 자신에게 중책을 맡긴 것은 다른 이유가 있어서가 아니라 회사에 도움이 될 것을 믿었기 때문이라고 했다. 역으로 그 역시 회사에 대한 믿음이 있었기 때문에 평생 한 번도 휴가를 가지 않을 만큼 열심히 일을 했던 것이다.

회사에 대한 믿음은 무엇에서 비롯되는 것일까? 무엇보다도 스스로에 대한 믿음이 있어야 한다. 자신감을 지속적으로 유지할 수 있는 유일한 비결은 믿음을 갖는 것이다. 자기 자신에 대한 믿음은 어디에서 오는가? 내가 회사에 필요한 존재라는 생각에서 나온다. 자기 자신에 대한 믿음의 수위는 자신의 행동거지에 나타나게 되어 있다.

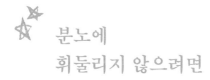

분노에
휘둘리지 않으려면

어느 해 크리스마스 이브였다. 당시 본인이 재직하고 있던 회사에서는 종교적 의미에서라기보다 가족과 함께 보낼 저녁 시간에 빈손으로 들어가는 게 허전할까 봐 직원들에게 생일 케이크를 나눠 주는 관행이 있었다. 그런데 퇴근 무렵 갑자기 사무실이 소란스러워지기에 소리 나는 쪽으로 가 보니, K 대리가 케이크를 바닥에다가 내동댕이쳐서 묵사발을 내버리고 휑하니 사무실을 빠져나간 뒤였다. 다른 직원들은 뜻밖의 상황에 놀라 어쩔 줄 몰라 하고 있었다.

대충 현장을 정리하고 남아 있는 직원들에게 자초지종을 물으니, K 대리가 오늘 저녁 여자 친구와 함께 공연을 관람하기로 약속이 되어 있었는데 퇴근 무렵 팀장이 급한 일이 생겼으니 일을 마치고 퇴근하라고 하였다는 것이다. K 대리가 고집이 좀 있는 성격이라는 사실을 평소에 알고 있었지만, 말수가 적으며 일하는 데 꾀를 부리는 사람도 아니었고 회사 내에서 문제를 일으킨 적이 전혀 없는 직원이었던 만큼 관리자 입장에서 그 같은 사단이 난처하기 짝이 없었다.

직원이 회사 내에서 비상식적인 행동으로 소란을 피우고 상사에게 반항을 했음에도 불구하고 아무 일 없었던 듯 그냥 지나칠 수도 없고, 그가 저지른 행동에 대해 책임을 지우는 방법도 마땅치 않았다. 그리고 보다 우려되는 것은 K 대리가 우발적으로 한 행동보다는 그와 같은 행동에 이르게 한 배경 혹은 원인이었다.

과연 K 대리의 격앙된 심리 상태와 파열된 대인 관계를 회복시켜 다시 정상적으로 일할 수 있도록 만들 수 있을까 하는 염려가 앞섰다. 하지만 결론부터 말하자면, 갖은 노력에도 불구하고 K 대리는 그 일이 있은 지 석 달 후에 사직을 하였다. 개인적으로는 단 한 번의 돌출 행동이었지만 본인과 동료들에게 큰 상처를 안겨 주었고 회사로서도 큰 손실이었다.

분노 유발과 제어

평소에 못마땅한 일이 있어도 참고 지내는 사람은 어떤 계기가 되었을 때 자신도 모르게 분노를 폭발시킬 가능성이 높다.

"어떤 부당한 일을 겪으면 먼저 그 위협에 분개하고 다음으로
부당한 일이라 규탄하는 과정을 거쳐서 마침내 그에 대한 복수
를 결심하게 된다." - 세네카

문제는 이러한 감정들이 우리의 의지와 무관하게 발생하고 제어할 수도 피할 수도 없을 때가 종종 있다는 것이다. 분노를 유발시키는 요인은 누구에게나 있고, 누구도 완벽하게 이성적으로 분노를 제어할 수

는 없다. 다만, 살면서 경험과 지혜가 축적됨에 따라 분노를 제어하는 능력을 키워 가는 것은 가능하다.

분노는 마음에 상처를 입었다는 믿음에서 시작된다. 그런데 그 믿음이 잘못된 믿음일 수도 있고 지나친 해석일 수도 있으므로 진실이 드러날 때까지 적당한 시간을 갖는 게 바람직하다. 분노는 상대를 처벌하려는 데서 시작되지만, 어쩌면 본인에게 더 큰 상처를 안겨 줄 수도 있기 때문이다.

분노의 진짜 얼굴을 보자

시간을 여유를 가지면서 분노가 얼마나 강한지 파악하고, 분노가 가라앉을 때까지 물러서 있을지 아니면 그냥 억눌러 버릴지 결정을 하는 게 바람직하다. 분노를 해소하는 방법과 전략은 사람마다 다를 수 있다. 다만, 반드시 염두에 두어야 할 사실은, 무분별하게 쏟아져 들어오는 정보와 자극이 분노지수를 높이도록 놓아두지 않아야 한다는 것이다. 과오를 저지르는 개개인에 대해서 일일이 분노할 필요가 없으며 내가 화를 낸다고 달라질 리도 만무하다.

분노에 휘둘리지 않으려면, 분노를 일으키는 감정의 진짜 얼굴을 보아야 한다. 그리고 분노를 자극할 만한 일을 당하지 않도록 조심하여야 한다. 그 대상이 사람일 수도 있고 업무일 수도 있으며, 자신의 심신 상태일 수도 있다. 즉, 자신의 취약한 부분을 잘 알고 있어야 한다.

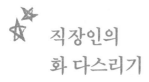

직장인의
화 다스리기

자신의 기대가 다른 사람에 의하여 가로막히거나 어긋났을 때 화가 난다고 심리학자들이 말한다. 그리고 이때 나타나는 감정은 1차적인 감정과 1차적인 감정에 대해 느끼는 2차적 감정으로 구분할 수 있으며, 화를 낼 때 나타나는 현상은 2차적 감정의 분출이라는 것이다. 배르벨 바르데츠키는 이를 진짜감정과 대체감정으로 표현한다.

> "정신적인 상처를 받아 생기는 진짜 감정은 고통, 분노, 수치심, 불안이다. 이런 감정들은 마음 상하는 상황에서 표현되기는커녕 거의 또는 전혀 감지되지도 않는다. 이런 감정들은 암시되기는 하지만, 복수심과 격분, 무력감, 실망, 반항심에 밀려 은폐된다. 이것들이 말하자면 당사자가 의식적으로 지각하지 못한 채 진짜 감정 위에 겹치는 대체감정들이다. 여기서 '진짜'란 '옳은'이나 '그른' 같은 가치판단을 뜻하는 것이 아니라 대체감정이 아니라는 뜻이다."[1]

---

1   배르벨 바르데츠키, 『마음의 전략』, 대한교과서, 2008, p.36.

현대인은 외부적 자극에 많이 노출될 수밖에 없고 그만큼 화로부터 자유롭지 못하다. 따라서 화를 잘 다스리는 것이 건강은 물론 사회적 성공을 위한 필수적인 조건이라고도 할 수 있다.

참으면 병이 되고 쏟아 내면 독이 되는 화

"우리나라 사람들은 다른 나라 사람들에 비하여 화를 잘 내는 편이다. 다혈질적인 성격이 강하다."

이런 말은 우리 스스로 하기도 하고 다른 나라 사람들로부터 듣기도 한다. 속담에 "홧김에 서방질한다."라는 말이 있을 정도다. 그렇다면 우리나라 사람들이 유독 화를 잘 내는 유전적 요인을 가지고 있을까? 쉽게 납득이 가지 않는 이야기다. 그보다는 문화적 특성상 화를 다스리는 데 서툴거나 감정을 조절하는 훈련이 부족하다는 관점에서 설명하는 것이 옳을 듯하다.

지금은 많이 달라졌다고는 하나 아직도 대부분의 사람들이 가정이나 직장 내에서 자신의 의사표현을 자유롭게 하지 못한다. 가부장적 사회 구조는 기본적으로 지배복종의 구조로서, 이러한 구조에서는 지배하는 계급과 지배당하는 계급으로 나누어지게 된다. 지배당하는 사람들이 지속적으로 경험하는 부당함과 억눌림으로부터 발생하는 억울한 감정이 한(恨)이며 한은 에너지의 흐름을 차단시킨다. 한은 나 자신으로부터도 나를 차단시키고, 다른 사람들과의 관계도 차단시킨다. 한이 쌓이면 분노, 격노, 우울, 짜증, 신경질, 인격장애 등의 심리적 장애는 물론 신체적 병도 발생한다.[2]

기업이나 관공서는 물론이거니와 각종 회의석상에서 그 자리의 수장을 제외하고는 자신의 의견을 자유롭게 말하는 사람이 거의 없다. 게다가 간혹 그런 일이 있게 되면 그것이 화근이 되어 회의가 깨지거나 뒤탈이 나는 경우를 흔히 경험한다. 그러다 보니 어지간해서는 회의석상에서 자신의 속마음을 털어놓지 못하고 마음속에 쌓아 두거나, 뒷전에서 말을 하게 된다.

이러한 환경에 오래 놓여 있으면 화가 쌓이고, 화를 오래 참으면 병이 되고 그렇지 않고 불쑥 쏟아 내게 되면 폭력적이 되어 자신과 주위 사람을 상하게 한다. 화를 내게 되면 먼저 자신의 마음을 상하게 한다. 대개는 화를 내고 나면 돌아서자마자 후회한다. 감정을 스스로 통제하지 못하여 자신의 미숙함을 드러내거나, 분노를 엉뚱한 곳에다 터트리거나, 일을 그르쳐 회복하기 어렵게 함으로써 자책하게 된다. 즉 1차적인 감정인 고통, 분노, 수치심, 불안 등이 실망과 우울 등의 2차적인 감정으로 전이될 때는 병이 된다. 반면에 타인을 향한 복수심, 반항 등으로 표출되는 경우에는 폭력적이 되어 관계를 파괴시킨다.

2   김영애 지음, 『사티어의 빙산의사소통』, 김영애가족치료연구소, 2010, p. 281.

상처받지 않고 거절 받아들이기

길을 가다가 돌부리에 채이거나 가로수를 들이받는 일을 누구나 한 번쯤은 경험하였을 것이다. 그럴 땐 부딪친 곳이 아프기도 하고 주위 사람들 보기 민망하기도 해서 기분이 언짢지만 그 때문에 화를 품지는 않는다. 상대가 사람일 때도 마찬가지다. 잘 알지 못하는 사람이 나에게 손해를 끼쳤을 때는 억울한 마음이 들다가도 결국에는 운이 나빴다고 생각하게 마련이다. 오랫동안 화를 품지는 않는다. 하지만 상대가 친한 사람 혹은 믿었던 사람일 경우에는 다르다.

친한 친구에게 어렵사리 부탁을 했다가 거절을 당하면 단순히 부탁이 받아들여지지 않은 것이 아니라 자신의 존재가 부정당한 것과 같은 느낌을 받는다. 그래서 친구와의 관계마저 위태로워질 수 있다. 옛 어른들이 '가까운 사람한테 일수록 예를 지켜야 한다.'라고 말한 이유도 그 때문이다.

하지만 냉정하게 생각해 보면 친구는 단지 제안이나 부탁을 받아들일 마음이 없었을 뿐이지, 나의 인격이나 존재를 무시한 것이 아니다. 물론, 상처를 받는 입장에서도 근거가 전혀 없는 것은 아니다.

'내가 다 말하지는 않았지만, 너한테 이런 부탁을 할 정도면
그럴 만한 충분한 이유가 있으리라고 왜 생각을 못 하는 거야?
네게 있어 내가 그 정도밖에 안 돼?'

이런 생각이 마음의 밑바닥에 깔려 있기 때문이다. 하지만 부탁이나 제안을 받은 입장에서는 그 문제에 대하여 깊이 생각해 본 적이 없고, 가까운 친구이기 때문에 자신의 생각을 솔직하게 표현해도 된다고 생각했을 수도 있다. 내가 오래 고민했고 나에게 중요한 일이라고 해서 상대방도 그만큼 고민하고 오래 생각했을 거라고 무의식적으로 짐작하는 것은 나의 착각이다.

따라서 가까운 사람의 거절로 인해 상처를 받지 않기 위해서는 사전에 상대방이 나의 문제를 충분히 인지하고 생각할 수 있도록 설명하고 정보를 전달한 다음 부탁이나 제안을 하여야 한다. 그리고 또 한 가지, 상대방이 거절할 수도 있다는 것과 내 판단이 전적으로 옳은 것이 아닐 수도 있다는 여지를 마음속에 남겨 두어야 한다.

직장 생활 중에 상사에게서 거절을 당하는 경험은 대체로 흔하기 때문에 어쩔 수 없는 것으로 받아들이기 쉽다. 오히려 경영자 혹은 관리자 입장에서 부하직원들로부터 거절을 당하였을 때 받는 마음의 상처가 더 감당하기 어려울 수 있다.

예를 들면, 평소 마음속으로 아끼고 큰 기대마저 하고 있었던 직원이 한마디 상의도 없이 회사를 그만두겠다고 하는 말을 들으면 객관적인 입장이 되기보다는 그동안 자신 갖고 있던 생각과 베풀었던 선의(善意)가 한꺼번에 무시당하고 거절당하는 것과 같은 감정을 느끼게 되며 이런 일이 반복되다 보면 불안과 불신이 쌓이게 되고 자신도 자각하지 못하는 사이에 2차 감정인 화로 나타나게 된다. 이럴 때는 대체 감정에 사로잡히기보다 진짜 감정을 이성적으로 풀어 주는 것이 현명하다.

우리나라가 비교적 짧은 기간 동안 이룩한 민주화의 성과는 경제 개발 성과와 더불어 국내·외적으로 모두 인정받고 있다. 그러나 역설적으로 직업 또는 직장을 신분과 연관 지어 생각하는 사회분위기는 더욱 심화되고 있다. 빈부 격차, 정규직과 비정규직 간의 격차, 대기업과 중소기업 간의 격차가 곧 삶의 질(質) 격차로 이어짐에 따라 새로운 신분 제도가 탄생되는 것이 아니냐는 우려를 낳고 있다.

이와 같은 문제는 단기간 혹은 일부 사람들의 노력으로 해결될 문제는 아니다. 때문에 이 문제를 사회구조적인 문제 이전에 개인의 생활태도와 마음가짐을 통해서 극복하고자 하는 노력이 필요하다. 내가 어느 입장에 있는 경우라도 마찬가지다. 분쟁이 발생하였을 때 상대방의 존재, 인격 또는 태도를 무시하거나 역으로 스스로를 비하하는 태도는 문제를 확대시킬 뿐이다. 일에 초점을 맞추면 해결 방법이 보인다.

내게도 역시 내놓고 이야기하기 부끄러운 경험이 있다. 어느 날 저녁 K 부장과 L 사원 사이에 고성이 오고가는 소리가 들렸다. 잠시 지켜보다가 안 되겠다 싶어 L 사원을 불렀다. 차라리 K 부장을 불렀으면 나을 뻔했지만, L이 신입 여직원이기는 하지만 K 부장이 감당하기 어려울 거라고 내심 생각했기에 내가 직접 나서기로 한 것이다.

L은 흔치 않게 전기공학을 전공한 여사원이며 신입 때부터 당차게 행동하는 사원이었다. 내 앞에 불려온 L은 잔뜩 상기된 얼굴로 무슨 일이 있었는지 설명하였다. 퇴근하려고 하는데 K 부장이 남아서 야근을

하라고 하더란다. 그래서 약속 때문에 야근을 할 수 없다고 하였는데도 계속해서 함께 남아 일을 하라고 하더란다. 그런 대화가 오가는 중에 L이 한마디도 지지 않고 K 부장에게 말대꾸를 하면서 점점 큰 소리가 나게 된 것이었다.

L은 내 앞에 와서도 자신이 왜 일찍 퇴근을 해야 하는지에 대하여 설명하려고 애썼다.

"자네의 약속도 중요하지만, 급한 일로 부서원이 야근을 하는
데 혼자 빠져나가는 것이 미안하지 않느냐? 그러면 좋은 소리
로 양해를 구해야지, 부장한테 대드는 식으로 이야기를 하면 되
겠느냐?"

이러한 이야기로 타일러도 영 듣지를 않고 점점 더 K 부장과 회사를 비판하는 소리를 높여 갔다. 급기야는 L의 이야기를 듣다가 어느 순간 내 감정과 혀의 통제가 풀려 버렸다. 내 입에서 "야! 너 그만둬!" 하는 소리가 나오고야 만 것이다. 문제를 해결하려다 오히려 더 큰 일을 만들고야 말았다. 처음에 해결하려던 문제는 온데간데없어지고, L의 태도와 인간성에 대해 순간적으로 격분한 것이다.

사실 여직원 한 명이 좀 일찍 퇴근을 한다고 해서 큰일 날 일은 아니었다. 별거 아닐 수도 있는 일을 가지고 결국에는 인신공격을 하게 된 것이다. 물론 L의 태도에 문제가 없는 것은 아니지만 사소한 일을 개인의 성품과 연결 지어 상대의 존재를 부정하는 발언까지 한 것은 분명

온당한 일이 아니었다.

비단 회사 내에서 만의 문제는 아니다. 더 큰 문제는 거래 관계에 있는 사람들과 만날 때다. '갑'과 '을' 사이에 맺은 계약은 요식행위에 불과하고 정말 막다른 골목 그것도 법정에 가서야 비로소 '을'은 계약을 입에 담을 수 있다. 그 전까지는 '갑'의 마음과 필요를 잘 헤아려서 행동해야 되고, 그렇지 못한 '을'은 배척당하게 된다. 일 중심의 계약이 아니라 마치 신분계약을 맺는 것과 다름없다.

이럴 땐 '을'의 입장에서 수용할 수 있는 한계를 분명하게 밝힘으로써 '갑'이 지나친 기대를 하지 않도록 하여야 한다. 그리고 때에 따라서는 타협안을 제시하는 것이다. 무리한 요구를 받아들이는 이면에는 특혜를 기대하는 마음도 없지 않다. 따라서 '갑'의 무리한 요구가 '을'이 기대하는 특혜와 어느 정도 균형을 이룰 때는 '을'이 참고 인내한다. 그러다 균형이 깨어지게 되면 서로 간의 기대가 무너져 쌍방이 모두 분노하게 되는 것이다. 정확히 말하면 내재된 분노가 표출되는 것이다.

따라서 분노가 쌓이는 것을 미리 예방하는 방법은 일과 사람을 분리하여 정당한 거래에 초점을 맞추는 것이다. 비록 '을'일지라도 자신감이 있을 때는 사람을 의지하는 것에서 벗어나 일 중심의 거래 관계를 맺을 수 있다.

"너를 상처 입힐 수 있는 것은 너를 욕하거나 때리는 자가 아
니라는 사실을 깨달아라. 그것은 오히려 그자들이 너를 상처
입힌다고 여기는 너의 의견이다. 만약 누군가 너를 자극하면
너를 자극한 것이 너 자신의 견해임을 알라. 그러므로 무엇보
다도 네가 받은 첫인상에 현혹되지 않도록 노력하라. 네가 숙
고할 시간을 가지면 사물을 더 쉽게 장악할 것이기 때문이다."[3]

나는 피해자라고 생각하는 사람도 따지고 보면 자신보다 약자에게
왕왕 화풀이를 하는 것을 본다. 부모는 자녀에게, 상급자는 하급자에
게, '갑'은 '을'에게 화를 쏟아붓는다. 자신의 기대 혹은 목적이 가로막
히거나 좌절된 것이 상대방 때문이라는 생각이 머릿속에 잠재되어 있
어서 상대가 조금만 눈에 거슬리는 행동을 해도 여지없이 "바보 같으니
라고! 너는 어떻게 하는 짓이 늘 그 모양이지?"와 같은 말을 상습적으
로 내뱉는다. 그러나 이러한 행동은 문제를 해결하기보다 상처를 더욱
깊게 만들 뿐이다.

화를 건강하게 표현하기 위해서는 자신이 화를 낼 때 느끼는 감정과
반응양식을 자각하고, 또 화를 불러일으키는 감정에 대한 규칙을 찾아
서 내가 가지고 있는 잘못된 신념을 바로잡을 필요가 있다. 예를 들면,

---

3   에픽테토스, 그리스 철학자, 서기 50~138년.

'나는 공정한 사람이다.', '아내 혹은 남편은 적어도 이러이러해야 한다.', '우리 회사 직원은 이러지 말아야 한다.', '나의 상사라면 그럴 수 없다.' 등등 자신의 잘못된 신념은 반복적으로 화를 불러일으키는 요인이 될 수 있다. 화는 내가 느끼는 감정에 대한 2차적인 감정이므로 오히려 내가 책임져야 할 문제이다. 다른 사람이 아닌 나 자신이 변화되어야 한다. 다른 사람이 아닌 내가 나 자신의 기대와 열망을 잘 알고, 그것을 만족시키는 것은 내가 할 일이기 때문이다.[4]

지금은 웃으면서 이야기할 수 있지만, 어느 연기자가 대통령과 닮았다고 해서 TV에서 퇴출당했던 시절이 그리 오래전 일이 아니다. 다른 사람은 아무렇지도 않은 일이 당시의 귀하신 분의 기분을 상하게 할 수 있다고 여겼던 것이다. 지금은 그 정도의 일로 정부나 정부 수반의 위신이 떨어진다고 생각하는 사람이 없다. 다른 사람의 의견을 말할 수 있도록 허용하되 그것에 동의하지 않을 자유가 누구에게나 있다는 인식이 널리 퍼지게 되었기 때문이다.

개인에게 있어서도 마찬가지다. 다른 사람들이 어떤 비난을 할지라도 그것에 대한 최종적인 판단은 내가 하는 것이므로 상대방의 비난에 대해 과도한 반응을 보일 필요도, 또 굴욕을 느낄 필요도 없다. 마음의 여유를 가지고 상대방이 그렇게 나오는 진의를 파악해 본 다음, 상대방의 말이 옳을 때는 솔직하게 인정하고 동시에 나의 의견을 객관적으로 말할 필요가 있다.

---

4   전게서, pp. 284~287.

다른 사람이 나와 다른 의견을 가지고 있을 수 있으며, 나 역시 그들의 말에 동의하지 않는 선택을 얼마든지 할 수 있다. 이러한 생각은 자존감에서 비롯되는 것이며, 자존감이 높은 사람일수록 화를 잘 다스리게 된다.

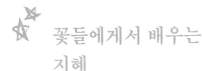

꽃들에게서 배우는 지혜

경쟁하지 않고 시기하지 않는 꽃들의 세계

겨울에 피는 꽃 동백꽃은 '나는 당신만을 사랑합니다.'라는 꽃말답게 정열적인 붉은색 꽃잎이 강력한 매력을 발산하는데, 게다가 꽃잎이 시들기 전에 송이째 떨어져 절개를 상징하기도 한다. 움츠렸던 겨울을 지나고 봄소식을 전하는 꽃들은 사실 꽃의 아름다움 때문만으로 사랑받는 것은 아니다. 매화는 옛 시인들이 노래하였듯 깨끗한 마음과 결백을 상징한다. 또한 매화는 꽃잎이 작으면서도 단아하고 기품 있는 동양 여인을 닮은 꽃이다. 우리네 조상들이 그랬듯 없는 살림, 고달픈 인생살이지만 누추하지 않고 정숙한 부인을 닮아 매화는 선비들의 총애를 받았다.

목련꽃은 나뭇잎도 없이 피어난 꽃송이만 보면 빼어난 아름다움을 지녔다고 말하기 어렵다. 하지만 겨우내 메말랐던 가지에 잎이 나기도 전에 피는 순백의 목련꽃은 자태에서 고결함을 느끼게 한다. 하물며 봄바람에 흩날리는 꽃잎은 시집간 누이가 보낸 편지처럼 애틋하다.

갖가지 꽃들이 나름대로 매력을 지녔지만, 자세히 살펴보면 볼수록 꽃들의 지혜에 놀라지 않을 수 없다. 동백꽃은 모양이 아름답고 색조가 매력적인 만큼 한꺼번에 꽃을 피우지 않고 서너 달 이어 가며 홀로 피었다가 떨어지고 나면 또 꽃이 피곤 한다. 하지만 하얀 목련꽃은 나뭇잎이 나기도 전에 울 밖으로 고개를 수줍게 고개를 내밀어 존재를 알리고는 이내 일제히 꽃잎이 떨어져 진한 아쉬움을 남긴다.

벚꽃은 목련꽃만큼이라도 주목을 받을 수 없을 만큼 수수하지만 온통 나무를 꽃으로 뒤덮어 상춘객들의 사랑을 듬뿍 받는다. 벚꽃의 경쟁력은 단연 군락을 이루어 한꺼번에 피는 데 있다. 질 때도 일제히 떨어져 한바탕 축제를 연출한다. 꽃이 작고 볼품없는 개나리는 꽃보다는 울타리 역할이 더 어울린다. 하지만 4월에 한바탕 노란 꽃을 피워 노처녀의 마음을 흔들어 놓는 재주를 지녔다.

누구나 존중받고 서로를 신뢰하는 직장을 꿈꾸며

이렇듯 각양의 꽃들은 생김새나 향이 다르지만 각기 신비로울 만큼이나 독창적인 생존 전략을 가지고 있다. 꽃들은 일률적인 아름다움을 추구하지도 않고 같은 시기에 몰려 경쟁하지도 않고 열매도 다양할뿐더러 서로 시기하지도 않으며 각기 고유한 아름다움을 지니고 있다.

하물며 만물의 영장인 사람들이 모두 한 가지 목표를 향해 몰두할 필요는 없다. 누구나 같은 외모를 추구할 이유는 더욱 없다. 한 직장에서도 마찬가지다. 각자가 가진 재능과 매력을 자유롭게 발산하는 기업이 역동적인 기업이 되고 개인의 행복도도 높아진다. 자본주의의 특성상

생산성을 무시할 수 없지만 적어도 생산성으로 인격을 재단하는 일은 없었으면 한다. 누구나 자신의 일에 충실하고 누구나 존중받고 서로를 신뢰하는 직장, 그런 사회가 우리가 꿈꾸는 사회가 아닐까?

4장

지혜로운
직장 생활

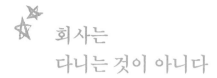

회사는
다니는 것이 아니다

"우리 회사에 입사하려고 하는 이유가 무엇입니까?"

입사 면접 시 이러한 질문에, 무엇무엇에 대하여 배우고 싶기 때문이라고 대답하는 경우가 많다. 물론, 우리나라에서는 예로부터 배우는 것을 미덕으로 삼고 배우고자 하는 사람을 겸손하게 여겼기 때문이라고 생각되기는 하나, 입사 이후에도 변함없는(?) 태도를 고수하는 사람을 보면 당혹스럽기 짝이 없다. 자신이 무엇을 하러 회사에 다니는지를 깨닫지 못하니 말이다.

'회사에 다닌다' VS 'Work for'

문제라면, 우리말의 '회사에 다닌다'는 의미가 불분명한 말부터가 문제라고 볼 수 있다. '회사에 다닌다'는 말에는 목적이 나타나 있지 않다. 때문에 사람들은 저마다 다른 뜻으로 회사에 다니는 이유를 해석한다. '자아실현을 위해서' 또는 '경력 개발을 위해서'라든가 이와는 대조적으로 단순히 '돈벌이를 위해서' 등등.

이에 비하여 영어에서는 회사에 다닌다는 뜻으로 'Work for~'라는 말을 사용한다. 회사에 다니는 이유는 그 회사를 위하여 일하는 것이라는 분명한 의미를 내포하고 있다. 그리고 그 회사가 내게 원하는 것이 무엇인지 알고 있다는 의미이기도 하다.

아니, 그러면 회사에 다니는 이유가 회사를 위해 일하는 것이지 아무려면 다른 이유가 있겠느냐고 반문하는 사람도 있을지 모른다. 하지만 언어의 모호함에서 오는 문제는 생각보다 심각하다. 실제로, 직장인들 중에는 상사로부터의 지시가 없으면 일을 하지 않고 가만히 있거나 개인적인 일을 하는 사람이 적지 않다. 내가 회사를 위하여 해야 할 일이 무엇이고 그 일을 위해 내가 어떠한 능력과 기술을 가지고 있어야 하며, 어떤 기준에 맞추어 자신의 성과가 평가되는가를 알지 못하는 사람들이 많다는 이야기이다.

회사는 대가에 상응하는 결과를 기대한다

물론, '회사에 다닌다'는 말의 모호함 이외에도 그 사람이 어떤 일을 해야 하는지 그리고 어떤 성과를 달성해야 하는지가 명확하지 않은 이유는, 우리나라 대부분의 기업에 직무기술서(Job Description)가 준비되어 있지 않기 때문이기도 하다. 한마디로 눈치껏 일해야 하는 것이다. 그래서 과거에는 퇴근시간이 따로 있는 것이 아니라 상사가 퇴근하는 시간이 자신의 퇴근시간이 되곤 했다.

회사의 입장에서 보면 근로자의 시간과 능력을 구매하는 것이다. 물건을 구매할 때와 마찬가지로 구매자는 가격에 대한 기대치를 가지고 살 물건을 고른다. 물론 가격이 싼 물건일 경우에는 기대치가 높지 않기 때문에 그다지 까다로운 조건을 달지 않는다. 그러나 구매하고자 하는 물건이 고가일 경우에는 고르는 것도 까다롭고, 설사 구매를 한 이후에도 기대했던 기능이나 효과가 발휘되지 않을 경우에는 환불을 요구하기도 한다.

기업에서 인력을 채용하는 것도 마찬가지 관점에서 보아야 한다. 과거 저임금 시대에는 문제가 되지 않았을지 모르지만, 지금은 달라졌다. 그저 회사를 다니는 사람을 원하는 회사는 없다. 반면에 회사가 기대하는 결과를 제공하는 사람에게는 과거에 비할 바 없이 높은 연봉을 제공하기도 한다. 회사는 단순한 출퇴근 장소가 아니다. 회사는 대가에 상응하는 결과를 기대한다는 점을 명심하여야 한다.

직장 생활의 첫 단계, 면접

면접은 당당하고 분명하게

직원 채용 절차는 회사마다 각기 다를 수 있지만 빼놓을 수 없는 게 면접이다. 일단 서류 전형에서 합격한 사람을 대상으로 면접시험을 치르지만, 서류 전형과 면접이 전혀 별개의 과정이라고 보기는 힘들다. 통상 실제로 채용하고자 하는 인원의 몇 배수로 면접 대상을 선정하는데, 아무래도 관심이 가는 응시자에게 더 많은 질문을 하거나 보다 구체적인 질문을 하게 된다.

여러 차례 면접에 응하다 보면 느낌이라는 게 있다. 회사 측이 구색을 갖추기 위해 하는 면접에 들러리가 되었다는 생각이 들 때가 있다. 다만 그럴 경우라도 미리 포기할 필요는 없다. 뜻밖의 결과가 빚어지는 경우도 종종 있으므로 오히려 당당하게 면접에 응할 필요가 있다.

사실 면접은 서류 전형의 연장이므로 응시원서는 사실대로 정확하게 기록하고, 면접관이 기록된 사항에 대하여 질문할 때는 우물쭈물하거나 얼버무리지 않고 분명한 목소리로 대답하여야 한다. 경험한 바에 따르면 놀랍게도 응시원서에서 풍겨지는 느낌이 응시자를 직접 대면하였을 때도 똑같이 느껴지는 경우가 대부분이다.

외모보다는 품격

요즘은 취업이 어렵다 보니 면접에 응하기 전에 전문가로부터 컨설팅을 받기도 하는가 하면, 외모에도 무척 신경을 쓴다고 한다. 그러나 면접관이 보는 것은 외모보다는 품격에 가깝다. 매력적인 몸매나 멋스러운 복장이 흠이 될 리야 없지만, 응시자에게서 느껴지는 분위기, 즉 밝고 명랑하고 긍정적인 에너지가 느껴지는지 아니면 어딘가 부자연스럽거나 불안한 느낌을 주지는 않는지가 더욱 중요하다. 어떤 경우에는 심지어 면접관의 질문에 퉁명스럽거나 불만스러운 어조로 말하는 응시자도 있다. 아마도 본인은 느끼지 못할 게 틀림없지만 말이다.

습관이나 태도는 쉽게 고쳐지지 않는다. 평소에 부정적인 말을 자주 하는 사람은 무의식중에라도 상대가 그런 낌새를 느끼게 만든다. 권위 앞에 너무 저자세를 취하여 눈살을 찌푸리게 하는 사람이 있는가 하면, 권위를 무시하는 태도가 용기 있는 자세라는 그릇된 신념을 가진 사람도 있다. 건전한 상식을 가지고 있으며 예의를 지킬 줄 아는 사람이면 족하다. 면접관이 자기가 한 말에 대하여 지적하거나 비판한다고 해서 주눅이 들거나 무조건적으로 자기 생각을 바꿀 필요도 없다.

면접 태도는 미래까지 보여 준다

항상 면접관은 갑(甲)이고 응시자는 을(乙)이라고 생각할지 모르지만, 반드시 그렇지도 않다. 회사 입장에서도 유능하고 성실한 사람을 채용하기 위해 다각도로 애쓰고 있으며, 그런 사람은 늘 찾기 어렵기 때문이다. 게다가 요즘은 필요한 사람을 수시로 채용하는 경향이 늘고 있다.

적어도 자신이 지원하는 회사가 어떤 인재를 필요로 하는지를 평소부터 관심을 가지고 조사하고 알아 두는 것은 기본이라고 하겠다. 뻔한 대답을 앵무새처럼 읊조리는 면접은 좋은 인상을 얻기 힘들다. 결론적으로, 면접 시간은 순간이지만 면접에서 보여 준 태도는 응시자의 과거와 현재와 미래를 한꺼번에 보여 준다.

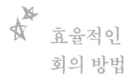

효율적인
회의 방법

'회의(會議): 여럿이 모여서 의논함.'

기억하기는 초등학교와 중학교 때 매주 학급회의 시간이 있었다. 당시에도 그렇게 크게 비중을 두는 수업 시간은 아니었지만, 그래도 회의 방법을 배운 적은 그때밖에 없다. 게다가 고등학교와 대학 과정에서도 토의나 발표 형식의 수업이 거의 없었기에 자신의 의견을 공개적으로 표현하는 데 대부분 익숙하지 않다.

한국 VS 미국의 회의 문화

직장 생활 가운데 무수하게 많은 회의에 참석을 하였으며 간혹은 주관자가 되어 회의를 진행하기도 하였다. 그 가운데는 인상 깊었거나 기억에 남는 경우도 더러 있다. 신입사원 시절 과장님 주관 회의에서 내 소신을 말씀드린 적이 있다. 그 일이 있은 후 과장님은 개인적인 자리에서,

"자네가 그런 식으로 말하면 내 입장이 뭐가 되겠나?"

라며 주의를 주셨다. 대개가 그렇듯 나 역시 그때부터 회의에 참석할 때는 상대의 입장을 생각해서 말을 하는 습성이 생겼다. 그러다 보니 말할 기회를 놓치고 나서 나중에 후회하는 일도 왕왕 있었다.

한때 미국인들과 5년여 함께 일을 한 적이 있는데, 그때 회의 문화의 차이를 확실하게 느꼈다. 여러 부서가 함께 같은 프로젝트를 수행하다 보니 부서 간 협의가 자주 필요했다. 당시 담당자들 간에 이견이 생기면 상급자에게 보고를 하게 되는데, 한국 사람들의 경우는 위로 올라갈수록 문제가 해결되기는커녕 점점 확대되는 경우가 많았다. 반면에 미국인들은 차상급자 회의에서 대부분 결론을 지어 주는 것을 경험하였다.

비효율적이고 비능률적인 회의의 특징

회의 문화가 기업 혹은 조직의 능력과 효율성과 관련 있다는 사실은 많은 분들이 동의할 것이다. 경험에 따르면, 회의가 비효율적이고 비능률적이게 되는 이유는 다음과 같다.

우선 회의 주관자가 회의 내용과 목적 그리고 회의 참석자에 대한 요청 사항과 필요한 정보 등을 명확하게 제시하지 않고, 우선 회의부터 열어 놓고 그때부터 회의 목적을 설명하기 시작하는 경우다. 참석자들은 별생각 없이 회의에 참석했다가 긴 서론을 듣느라 지쳐 버린다. 그렇게 되면 말이 회의지, 훈시나 연설이 될 수밖에 없고 좋게 보아도 공지사항 전달밖에 되지 않는다.

그런 문화에 익숙해진 회의 참석자들은 회의에 참석하면서도 회의 주제나 내용에 대한 검토 의견이나 대안 등은 생각해 보지도 않는다. 그런 태도가 습관화되다 보면, 심지어 회의 자료가 배포된 경우라 할지라도 읽어 보지 않고 회의에 참석한다. 회의장에 와서는 각자 즉흥적으로 이야기하다 보니 말이 길고 내용이 논리적이지도 않다.

결과적으로 회의는 방향을 잃고 상대방 말꼬리 잡기로 변하여 회의가 결론을 도출하기는커녕 전보다 의견 차가 더 벌어지는 결과를 낳게 된다. 그리고 마침내 회의를 기피하는 상황에까지 이르게 된다.

발전하는 조직의 회의 문화

회의의 비효율성을 걷어 내면 업무 효율이 높아질 뿐만 아니라 조직의 분위기도 밝아지고, 따라서 조직은 더욱 발전하게 된다. 그러기 위해서는 먼저, 회의를 주관자가 회의 참석자들의 시간의 귀중함을 인식하고 철저하게 회의를 준비해야 한다.

그리고 회의가 생산적이 되기 위해서는 직위에 상관없이 의논하고자 하는 문제에 대한 정확한 정보와 지식이 있는 사람을 참석시켜야 한다. 그렇게 힘으로써 회의 참석자들이 문제를 정확하게 이해하고 결론 도출에 적극 참여토록 할 수 있다. 의사결정에 적극적으로 참여하지 않으면 회의 결과를 존중하거나 책임지는 자세를 갖기 어렵다.

한마디 덧붙이자면, 기껏 장시간 회의를 해 놓고는 회의 주관자 마음대로 결론을 짓고, 회의 참석자들의 의견은 모두 무시하는 회의가 가장 나쁜 회의라고 할 수 있다.

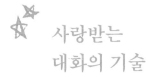

사랑받는
대화의 기술

살다 보면 많은 말을 하고 산다. 나는 누군가의 가슴에 간직할 만한 말을 몇 마디나 했을까? 아니, 다른 사람의 마음에 상처를 남긴 말을 얼마나 하고 살았을까? 허다한 말들이 허공에 사라진 것들이 오히려 다행인지도 모르겠다.

그토록 말 많던 청춘들도 일단 직장 생활을 시작하게 되면 말수가 적어진다. 신입사원의 말을 친절하고 따뜻하게 들어 줄 선임자들이 얼마나 되겠는가? 오죽하면 '가만히 있으면 중간은 간다.'는 말이 생겨났을까? 그렇지만 어떤 젊은이들은 자기 하고 싶은 말 다 하면서도 선임자들의 사랑을 받는다.

말의 3가지 유형

가정에서나 학교에서는 대화법을 따로 가르치지 않는다. 누구나 하루도 빠짐없이 말을 하고 사느니만큼 말하는 법을 따로 가르칠 필요가 없다고 생각하는 것 같다. 과연 그럴까? 개인적 생각이기는 하나, 우리가 늘 하는 말들을 대략 3가지 유형으로 나눌 수 있다.

첫째, 입술에 달린 말이다. 일상적인 상황이나 긴급한 상황에서 생각이나 여과 없이 조건반사적으로 쏟아 내는 말을 일컫는다. 둘째, 머릿속에서 나오는 말이다. 본인의 유불리·호불호 등을 고려하여 하는 논리적이고 분석적이며 이성적인 말이 주로 머릿속에서 나오는 말이다. 그리고 셋째는 가슴에 담아 두었던 말이다. 감정과 정서가 담겨 있는 말이다. 사랑하는 사람 또는 존경하는 사람에게 전하는 말이 여기에 속한다.

문제는 입술에 달린 말이다

머릿속에서 나오는 말이나, 가슴에 담아 두었던 말은 소위 심사숙고한 말이기에 대체적으로 이치에 맞게 그리고 예의를 갖춰서 하게 된다. 대화를 하는 중에 실수할 확률도 적다. 오히려 실수를 두려워해서 할 말도 하지 못하는 경우가 더 많을 수도 있다. 직장 생활을 하면서 하고 싶은 말 다 하고 사는 사람이 얼마나 있겠는가?

문제는 거의 무의식적으로 쏟아 내는 입술에 달린 말이다. 예를 들어, 상사가 다그치듯 말을 하면 앞뒤 안 가리고 우선 '예' 하고 대답을 하고 본다. 그리고 나서 뒷감당을 못하면 상사의 화만 돋우는 결과를 낳게 된다. 역으로, 부하직원이 어렵사리 말을 꺼내면 습관적으로 무시하거나 면박을 주는 상사들이 많다. 그런 식의 반응은 직원들의 입을 아예 봉해 버리는 결과를 낳기 때문에 개인적으로는 아무리 유능해도 좋은 리더가 될 수는 없다. 부하직원들의 역량을 이끌어 내지 못하기 때문이다.

대화다운 대화

대화가 대화답게 이루어지려면, 상대의 말을 끝까지 듣는 태도가 중요하다. 상대의 말을 중간에 끊는 행위는 아무리 좋게 표현해도 "말 같은 소리 하지도 말라!"는 소리로 들릴 수밖에 없다. 게다가 한발 더 나아가, "당신 이야기는 안 들어 봐도 내가 다 알아!"라는 표현을 종종 사용하는 상사들이 있는데, 안 들어 보고도 안다는 말은 상대를 인정하지 않는다는 말의 다른 표현일 뿐이다. 상대가 본인보다 높은 직위에 있든 낮은 직위에 있든 상대의 말을 끝까지 경청하는 자세는 상대에게 큰 신뢰감을 준다.

말을 할 때는 의사표현을 분명하게 하여야 한다. 여기서 분명하게 한다는 뜻은 명확하게 한다는 뜻이면서 사실대로 한다는 뜻이기도 하다. 항상 말끝을 흐리는 사람은 책임질 것을 염려하여 핑곗거리를 남겨 놓는 사람처럼 보인다. 그리고 어떠한 경우에도 부정적이거나 비관적인 언어보다는 긍정적인 언어를 사용하는 게 바람직하다. 부정적인 언어는 본인과 상대방의 의욕과 사기를 저하시키기 때문이다.

원하지 않는 일을
맡게 되었을 때

공과대학을 졸업하고 기술 분야 업무를 10여 년 넘게 맡아 오고 있던 내게, 어느 날 갑자기 다음 주부터 영업을 하라는 지시가 떨어졌다. 이런 일을 당해 보지 않은 사람은 모르겠으나 막상 당하게 되면 당황스럽기도 하고 화가 나기도 하고 분통이 터지기도 한다. 그러나 이미 30대 중반이고 두 자녀를 둔 가장으로서 그 소리에 당장 직장을 그만둘 수는 없었다. 또한 당시만 해도 IMF 경제위기 이전이었기 때문에 이직과 전직이 활발하고 자연스럽게 이루어지던 시절이 아니었기에 일단 회사의 지시에 따를 수밖에 없었다.

이십여 년이 지난 지금에 와서 그때의 일을 생각해 보면 오히려 회사 측의 리스크가 더 큰 결정이었다는 생각이 든다. 영업직은 그 회사 혹은 부서의 성과와 직결된 직무인데 전혀 경험이 없는, 신입사원도 아닌 중견사원에게 그 일을 맡긴다는 것은 적잖은 위험부담이 있는 일이다. 당시에는 회사 걱정보다 내 앞에 닥친 현실이 원망스러웠지만, 결과적으로는 내게는 귀중한 인생 경험을 쌓는 계기가 되었다. 정확히 말하면 돈을 주고도 해 볼 수 없는 경험을 하게 해 주었다. 다행히 당시는 회사가 잘나가던 시절이었기 때문에 회사 측에서 하나의 실험으로 생각했을 수도 있다.

여하튼 5년간 영업직에서 근무를 경험했고, IMF 이후 회사의 사업 조정과 결과로 대기업을 떠나 중소기업 임원직을 맡게 되었다. 다시 전에 했던 기술 업무와 회사 경영을 맡게 되었다. 중소기업을 경영하는 입장이 되고 보니 그때의 영업직 근무 경험이 없었더라면 이런 일들을 어떻게 풀어 나갈 수 있을까 하는 생각이 들 때가 많았다. 심지어 그때 내 의지와 무관하게 영업직을 맡게 함으로써 세상을 바라보는 시야를 넓혀 준 그 회사에게 고마운 생각까지 들었다. 물론 당시에는 마음고생이 적지 않았지만 말이다.

평생직장도, 평생직업도 없다

물론 자기가 하고 싶고 또 잘하는 분야의 업무를 평생토록 하고 산다면 그보다 좋은 일은 없겠지만, 다음과 같은 이유로 그 같은 일을 사실상 불가능하다.

첫째, 혹자는 과거에는 평생직장이었지만 지금은 평생직업의 시대라고 말하지만, 정확히 말하면 평생 한 가지 직업을 가지고 사는 것도 매우 힘든 세상이 되었다. 그만큼 사회적·경제적 변화가 빠르기 때문이다. TV 광고를 보면서 저게 무엇을 광고하는 내용인지 이해가 안 되는 경험을 해 본 사람이 드물지 않을 것이다.

둘째, 같은 직장에 다닌다고 해도 경력이 쌓이고 나이가 들면 업무 분야가 다양하고 넓어지는 것이 당연하며, 오히려 그렇지 않다면 매우 위험한 상황이다.

셋째, 기업의 평균 수명은 30년이라고들 하는데 사람의 수명은 점점 길어져 일을 해야만 하는 기간은 줄잡아 30대에서 70대까지 40년이며 앞으로는 점점 더 길어질 것이다.

하던 일과 거리가 먼 일을 맡긴다면

결론적으로, 자신이 하던 일과 거리가 먼 일을 회사에서 갑자기 맡길 때 우선 다음과 같이 생각해 보길 권하고 싶다. 내 의사와는 다르게 원하지도 생각해 보지도 않은 업무를 부여받게 되면 화가 나고 '나를 어떻게 생각하기에….' 하는 마음에서 섭섭한 생각이 들기도 하겠지만, 좀 더 냉정해질 필요가 있다.

우선, 회사 혹은 상사가 그와 같은 결정을 내린 배경과 상황을 잘 분석해 보고 가능하다면 상사에게 질문을 해 보는 게 좋다. 정상적인 회사라면 어떤 한 사람을 골탕 먹이기 위해 회사의 실적을 희생해 가면서 직무를 바꾸는 경우는 없을 것이기 때문이다. 그리고 분석하거나 파악해 본 결과 나름대로 불가피성이 인정된다면, 회사는 나를 현시점에서 최상의 대안으로 꼽고 있다고 생각하는 것이 바람직하다. 지금은 내 뜻과 다른 경로를 걷겠지만 단지 순서가 바뀌었을 뿐이라고 긍정적으로 생각하는 게 본인에게 유익하다.

만일, 회사 입장에서 볼 때 불가피한 선택이었다고 인정할 만한 정황이 아니라면 상사에게 상담을 요청하여 진지하게 자신의 진로를 놓고 의논해 보는 게 현명하다. 마음에 안 드는 직장에서 일하는 것만큼이나 마음에 안 드는 사람을 데리고 일하는 상사의 고충도 클 수 있다. 왜냐 하면, 상사는 부하직원의 성과에 대한 책임을 져야 하는 사람이기 때문 이다. 때문에 나의 상사는 나 못지않게 내 문제를 가지고 고민하는 사 람이라고 해도 틀린 말이 아니다.

늦지 않은 시기에 결단을

상사와 상담을 하다 보면 두 가지 중 하나의 결론에 이르게 될 것이 다. 첫째는 업무에 대한 견해차가 성과를 내는 데 걸림돌이 되는 경우 인데, 그러한 사실을 서로 인정하게 된다면 문제의 해결은 의외로 쉽 다. 견해차를 인정하는 순간 서로 간의 견해차를 좁혀 나갈 수도 있기 때문이다.

두 번째는 적성과 능력이 회사에서 기대하는 바에 크게 미치지 못할 경우인데, 그럴 경우에는 상사의 객관적인 평가와 본인 자신의 생각을 신중하게 분석하여 새로운 직장을 찾아 나서는 게 바람직하다. 물론 이 때 솔직하게 대화가 이루어진다면 대부분의 상사나 회사는 적극적으로 협조할 것이다. 만일 그렇지 못하다 해도 본인을 위해서 너무 늦지 않 은 시기에 결단을 해야 한다.

명확한 의사소통도
업무 능력이다

의사소통 능력과 연봉의 상관관계

기업들이 직원을 채용할 때는 학벌을 보고 채용하지만 채용 후에는 능력을 본다는 말을 종종 듣는다. 그렇다면 '능력'이라는 말의 실체는 무엇인가? 한국고용정보원의 한 연구 자료에 따르면 '의사소통 능력'이 뛰어난 사람이 높은 연봉을 받는 것으로 밝혀졌다.

구체적으로 보면 다른 사람의 말을 듣고 이해하는 능력과 업무 관련 문서를 읽고 이해하는 소통능력에서 고임금 근로자의 평균점수는 7점 만점에 각각 5.05점과 5.1점으로, 저임금 근로자보다 0.91점씩 높아 44종의 능력 중에서 가장 큰 점수 차가 나타났으며, 또 글쓰기 능력 0.8점, 수리력 0.7점, 문제해결 판단력 및 의사결정력에선 0.69점의 점수 차가 났다고 한다.

한국고용정보원의 연구 결과가 학벌과 의사소통 능력이 무관하다는 뜻은 아니지만, 그럼에도 주목하게 되는 것은, 비록 내세울 만한 학벌이 아닐지라도 '의사소통 능력'이 우수하다면 직장에서 좋은 대우를 받을 가능성이 그만큼 높다는 게 사실로 밝혀졌기 때문이다. 그와는 다른 관점에서, 비록 급여 수준이 낮고 그 결과 값싼 노동력처럼 보이는 직원이라도 회사가 이익을 내는 데 기여할 수 있는 능력이 없다면 그는 여전히 매우 급여가 비싼 사람이다. 실직자가 쏟아지고 있는데도 기업에서는 왜 사람이 없다고 하는지에 대해 짚어 보아야 한다.

실제로 중소기업을 경영하면서 경험한 바에 따르면, 학력이 높지 않음에도 불구하고 회사에 대한 기여도가 매우 높고 고객들의 평판도 좋은 직원이 분명히 존재한다. 하지만 문제는 그런 사람의 수에 비해 절대적으로 많은 사람들이 직무를 수행함에 있어 본인이 가지고 있는 잠재능력을 훨씬 밑도는 매우 낮은 기여를 함으로써 안타까운 마음이 들게 한다. 짐작하겠지만 그렇게 되는 이유는 위에 언급한 '의사소통 능력'의 부족이 큰 비중을 차지한다.

학력이 낮거나 학벌이 좋지 않은 사람들은 대체적으로 학력이 높고 학벌이 좋은 사람들에 비해 의사소통 훈련의 기회가 적었기 때문에 자신의 의사를 적극적으로 표현하는 데 미숙한 것이 당연하다고도 볼 수 있다.

예스 앤드 게스(yes & guess)

하지만 문제의 심각성은 다른 데 있다. 의사소통에 어려움을 겪는 사람들의 경우 대부분 스스로 '의사소통 능력'이 부족하다고 느끼기보다는 문제를 다른 데서 찾는다. 회사 혹은 상사가 자신에게 무관심하거나 불공정하게 대우한다고 믿는 경우가 많으며, 한 걸음 더 나아가 충분한 근거 없이 다른 사람들이 자신을 이용하고 해를 입히며 속이고 있다고 의심을 하는 경우도 다반사다.

아마 대부분의 관리자나 경영자들은 위와 같은 주장에 공감할 것이다. 좀처럼 해결되지 않을 것 같은 직원들과의 의사소통 문제로 고민하던 중 한국경제신문[1]에서 한국인 부하와 함께 일하는 외국인 상사들의 고충을 담은 글을 읽고 문제 해결의 실마리를 발견하였다. 외국인 상사들이 이구동성으로 하는 말이다.

"한국인 직원들이 한국식 문화에서 좀처럼 탈피하지 못하고 있다. 심각한 문제는 '예스 앤드 게스(yes & guess)', 상사의 지시를 정확히 알아듣지 못했어도 일단 '알았다(yes)'고 한 뒤 지시사항을 '추측(guess)'해 일을 처리해 상사를 난감하게 만들곤 하는 것이다."

"모호한 지시를 내리더라도 한국인 직원들은 정말 열심히 보고서를 만들어 온다. 그렇지만 보고서를 만드는 과정에서 의문이 나더라도 질문을 하지 않아 취지와 어긋나는 보고서를 만들 때도 있다."

한마디로, 한국식 상명하복 문화가 문제를 꼬이게 만든다고 지적한

---

1   국경제신문 인터넷판, 2009. 5. 12.

것이다.

말을 하고 삽시다

아닌 게 아니라 한국식 문화 속에는 윗사람이나 어른에게 질문하는 것을 실례로 여기는 문화가 있다. 그렇기 때문에 지시 사항을 정확히 이해하지 못했을지라도 질문을 하여 정확히 확인하기보다는 일단 추측으로 일을 하고 몸으로 부딪혀 보는 것이다. 말콤 글래드웰(Malcolm Gladwell)은 그의 저서 『아웃라이어』에서 1997년 8월 5일 대한항공 801편 괌 추락 사건에 대해 '완곡어법'을 사용하는 한국의 직장 내 언어문화에 기인한 것이라고 분석하였다.

명확한 것과 야박한 것을 잘 가리지 않는 문화 때문에 모호하게 지시를 내리는 상사들도 많은 게 사실이다. 고객과의 거래에서도 마찬가지이다. 세세한 내용을 계약서에 담으려고 하면 야박한 사람으로 치부하여 좋은 거래 상대로 인정해 주질 않는다. 그래서 '알았다(yes)'는 말밖에 할 말이 없다. 그러고는 자신의 '추측(guess)'이나 계산대로 일을 하기 때문에 결과적으로는 의뢰자 측인 상사나 고객도 결과에 만족할 수 없다.

해법이 그리 어려운 것은 아니다. 상사건 아랫사람이건 말로써 자기의 의사를 정확하게 표현하는 습성과 능력을 길러야 한다. 주어나 목적어가 없는 문장을 주로 사용하는 생활습관도 고치려고 노력해야 한다.

대단한 것부터가 아니라 아침에 만나면 인사하는 습관부터 시작하면 된다. 이웃이나 길에서 만난 사람과 눈인사를 하는 것도 작은 것 같지만 문화를 바꾸는 중요한 일이다. 문화가 바뀌어야 행동이 바뀐다. 몰라서 물어보는 것이 흠이 아니고 모르면서도 물어보지 않는 것이 흠이라는 사실을 어려서부터 인식시켜 주는 교육도 필요하다.

사람들이 오해하는 것이 한 가지 있다. 영어를 잘하려면 원어민과 접촉하는 것이 최선이라고 생각하는데, 그렇지 않다. 국어를 잘해야 영어도 잘할 수 있다. 국어나 영어나 언어라는 관점에서 공통점이 많다. 언어는 생각을 표현하는 수단이기 때문에 먼저 생각이 있어야 하고 그것을 조리 있게 정리하는 능력이 있어야 말을 잘할 수 있다. 문화적인 배경 때문이라고는 하지만, 말하는 데 어려움을 느끼는 사람들이 있는 한 글로벌 경쟁에서 앞서 나가기 힘들 것이다. 말 많은 세상에 '말을 하고 삽시다!'라는 역설적인 제안을 하고자 한다.

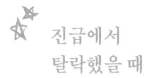

진급에서
탈락했을 때

직급의 의미가 전과 같지는 않을지라도, 직장 생활에서 진급만큼 중요한 것도 없다. 지금은 달라졌는지 모르겠지만, 20여 년 전 모 대기업에서는 신입사원부터 대리까지는 편수(片手) 책상을 지급하고 과장부터는 양수(兩手) 책상을 지급하였었다. 그리고 이사부터는 승용차를 제공하였다. 급여가 상승하는 것은 물론이거나 외적인 처우도 달라지므로 직장인들에게 있어서는 진급이 곧 성공을 의미하였다. 사람에 따라 다를 수 있겠지만, 지금도 진급을 바라는 심정은 같지 않을까 생각된다.

그런데 기대했던 진급에서 탈락했을 때의 맛이란 쓰디쓰기 짝이 없다. 자신이 진급에서 탈락하는 것도 분하고 억울하지만, 진급에 성공한 다른 동료들 얼굴 보기도 낯부끄럽다. 그럴 땐 어떻게 처신해야 할까? 물론 인생사에 정답이란 있을 수 없다. 그러나 살다 보면, 지혜가 생기기도 한다.

회사 경영 성과 부진으로 승급을 해거리했을 경우

본인이 아무리 회사에 헌신하고 객관적인 인정을 받았을지라도 회사의 경영 성과가 부진하여 승급을 해거리하거나 승급 인원을 최소화했기 때문에 본인이 탈락한 경우가 있다. 그럴 경우에는 불가피한 일이라고 치부하고 다음 기회를 기다리거나 회사가 장래성이 없으므로 그만두는 것을 선택할 수 있다.

만일 다음 기회를 기다리기로 했으면 군소리하지 않고 차분하게 자신의 성과 관리를 하는 게 바람직하다. 이참에 스트레스를 풀 수 있는 취미를 개발하는 것도 좋은 방법이다. 회사를 그만두어야 하겠다는 생각이더라도 상급자에게 분풀이를 하거나 과도하게 생색을 내는 것은 바람직하지 않다. 다른 사람에게 충격을 주려면 자신도 그에 못지않은 손실을 입기 때문이다. 마음을 가라앉히고 대안 모색에 들어가야 한다. 물론 이때는 자기 자신을 객관적인 눈으로 평가받을 수 있는 기회를 갖는 게 좋다.

불공정 · 부당한 이유로 진급에서 탈락했을 경우

본인이 생각하기에 불공정하거나 부당한 이유로 진급에서 탈락했을 때, 그럴 때야말로 스트레스가 견디기 힘들 정도로 크다. 진급을 하지 못하는 것도 분하지만, 직장 생활이 전부인 사람에게는 승급에서의 탈락이 단지 업무 성과에 대한 평가가 낮은 것이 아니라 내 인생에 대한 평가가 낮은 것으로 이해되기 때문이다. 그럴 때는 전략적인 판단이 필요하다.

   '탈락의 이유가 시스템적인 이유 때문인가 아니면 인적인 이유 때문인가?'

   시스템적인 이유 때문이라면, 제도 개선을 요청하거나 그것이 받아들여질 가능성이 없으면 개인적인 전략 수정으로 만회하는 방법을 찾아야 한다. 인적인 요인일 경우에는 그 사람을 피할 수 있으면 피하고 그렇지 않으면 자신이 바뀌는 수밖에 없다. 속된 말로 대들었다가는 본전도 못 건지기 십상이다. 상사란 원래 그런 존재이다. 부하직원을 도와주기는 어렵지만 불이익을 주는 일은 다반사이다.
   물론 이성적으로 판단하여 실익을 극대화할 수도 있고, 자신의 기분을 우선하여 자신에게 손해를 끼치거나 부당하게 처우한 사람에 대하여 분풀이를 할 수도 있다. 그러나 옛말에 '아프거나 화가 났을 때는 중요한 결정을 할지 말라.'는 말이 있듯 진급 탈락과 같이 스트레스가 높은 일을 당했을 때는 무엇보다도 마음의 평안을 구하는 것이 우선이다. 그리고 대책은 천천히 세워도 된다. 이미 엎질러진 물이 아닌가?

지각이 왜
작은 문제가 아닌가?

　2002년 월드컵은 우리에게 크나큰 영광과 희망을 가져다주었다. 16강 진출하는 것을 목표로 했던 우리나라가 4강에 오를 수 있었던 힘은 과연 어디에서 비롯되었던 것일까? 히딩크(Guus Hiddink) 감독 개인의 역량에서 비롯된 것일까? 아니면 선수들 개개인이 매우 뛰어난 선수들이었기 때문일까? 그도 아니면 나라의 힘이 강해지니까 자연스럽게 축구에 대한 투자도 늘어나고 그에 비례하여 실력도 늘어나서 그런 것일까?

　한 가지 이유만으로는 설명하기 어려울 것이다. 어쩌면 복합적이라고 말하는 것이 가장 쉬운 대답일 수도 있다. 하지만 그 원인이 어디에 있었는지를 정확히 간파하지 못하면 우리가 4강을 넘어 최정상으로 나갈 수 없다. 4강의 영예조차도 다시는 누리지 못할 수도 있다.

　개인적으로 생각하기에는 히딩크 감독이 우리나라와 우리 선수들에게 잠재되어 있던 잠재능력을 일깨워 준 것이라고 생각된다. 분명히 잠재능력이 있는데 그 능력을 현실화시키지 못하는 것이 문제점이라는 이야기다. 비단 축구뿐만 아니라 사회 각 분야를 돌아보아도 마찬가지다. 그러다가 더러 특정 분야에서는 그 능력이 돌출하기도 하지만 말이다.

국내에서는 기업을 가장 잘 경영하고 있다는 소리를 듣고 있는 삼성의 고 이건희 회장이 1993년 제2 창업을 주창하면서 내세운 슬로건은 '한 방향'이라는 아주 평범한 말이었다. 다들 잘나가고 있다고 생각하던 그때, 그는 계열사들을 평하면서 암 환자, 당뇨병 환자, 중풍 환자에 비유하였다. 우리 국민 모두가 지니고 있는 잠재능력이 병들어 쓸모없이 되어 간다고 느낀 그는 과감하게 수술을 시도하였고, 결과적으로 사원들의 잠재능력을 이끌어 내는 데 성공했다.

이건희 회장이 시도한 것은 변화였다. 변화는 그 자체가 목적은 아니지만, 변화하지 않는 것은 서서히 죽어 간다. 때문에 계속적인 변화만이 생존의 필수 조건이라는 인식을 전 임직원에게 심어 주기 위해 온갖 노력을 다 기울이는 것을 본인은 직접 목격하고 체험하였다. 주위에서는 말들도 많았지만, 결국 위기를 먼저 깨닫고 변화를 위해 몸부림친 회사는 살아났고, 괜히들 호들갑을 떤다고 비아냥거린 사람들은 무대 뒤편으로 사라져 갔다.

Back to the basic

변화를 위해서는 힘이 필요하다. 힘을 내기 위해서는 한 방양으로 힘을 모아야 하며, 모두가 동시에(Just Time) 힘을 내야 한다. 이를 위해

이건희 회장과 히딩크 감독이 공통적으로 강조한 것이, 기본을 중시 (Back to the basic)한 것이고 스타플레이어에 의존하지 않았던 것이다.

큰 성공의 가장 밑바탕에는 기본이 자리 잡고 있다. 그리고 기본 중의 기본은 시간을 지키는 것이다. 지각은 성공의 가능성을 갉아먹는 행위와 다름없다. 일류 회사일수록 출퇴근 및 업무시간 관리에 철저하다. 강요에 의해서가 아니라, 기본이 튼튼하지 못하면 언제든 무너지기 마련이기 때문이다.

스스로를 쇠창살 속에 가두는 진짜 이유

쇠창살의 비밀(The Secret of Iron Cage)

"좋든 싫든 사람들이 직장에서 몸이 부서져라 일하는 것도 나중에 돌아올 보상을 기대하기 때문이다. 이처럼 개인들이 어떤 일을 함으로써 명예나 위신을 얻게 되려면 신뢰할 만한 특정 제도와 조직이 필요하다. 미래의 보상을 보장해 줄 수 있을 만큼 조직의 안정성이 높아야 하고, 나중에라도 조직원들의 그간 업적을 제대로 평가해 줄 수 있어야 하는 것이다. 그러나 새로운 노동 패러다임은 당장의 보상을 나중으로 미루는 금욕을 부질없는 것처럼 만든다. 노동과 이후의 보상을 보장할 제도를 연계해 주는 사람도, 조직도 없어지고 있기 때문이다."[1]

사람들이 스스로를 쇠창살 속에 가둬 두는 이유가 미래에 얻게 될 보상 때문이라는 이야기다. 그런데 사회 환경의 변화로 말미암아 미래에 대한 보상을 보장해 줄 제도나 조직이 사라지고 있다. 앞으로 펼쳐질

1 리처드 세넷 지음, 유병선 옮김, 『뉴캐피털리즘』, 위즈덤하우스, 2009.

세상에서는 이를테면 국가나 기업 혹은 사회와 가정이 개인의 삶에 대해 보증해 줄 수 없을 것이라는 말이며, 지난해[2] 가을 몰아닥친 세계경제 위기 속에서 이미 뼈저리게 겪고 있는 일이기도 하다.

일과 삶의 통합

글로벌 컨설팅업체인 모니터그룹은 최근 내놓은 보고서 「21세기식 일하기: 고정관념을 버려라」를 통해서 위에서 말하는 스스로 만든 쇠창살의 폐기를 기정사실화했다. '일은 싫지만 해야만 하는 것'이라는 대전제는 지난 20년간 유효했다. 기업들도 이 같은 대전제를 고려해 직원의 '일과 삶의 균형'을 도모하는 다양한 프로그램을 운영하며 직원들을 달래 왔다.

1979년 이후 태어난 '밀레니엄 세대'는 금전적 보상이 아닌 보람과 성취를 기준으로 직장을 선택한다. "일과 삶의 균형보다 일 자체에서 즐거움을 느끼기를 희망하는 인재가 점점 늘어날 것"이며 "이 같은 트렌드에 맞춰 기업도 직원들이 일을 하면서 느낄 수 있는 보람을 극대화할 수 있는 방안을 고민해야 한다."고 했다.

단순하게 들릴지도 모를 이야기지만 기실은 기존의 생각과는 정반대되는 이야기다. 열심히 일한 대가로 안정되고 편안한 미래를 보상으로

---

2   2008년 세계 금융위기

받는 것이 아니라, 일 자체에서 보람을 느끼고 일 자체가 보상이라는 역설적인 이야기다. 다시 말하면 보상 때문에 일을 하는 것이 아니라 보상으로서 일이 주어진다는 뜻이다.

불편한 진실

위기 때마다 사람들은 변화를 이야기한다. 일부 앞서가는 기업들이 자신감을 보여 주기 위해 내걸었던 구호뿐만이 아니라 심지어는 지방 지자체 공무원들까지도 변화를 역설하는 것이 오늘날의 현실이다. 하지만 예나 지금이나 의문스러운 것은 무엇을 어떻게 변화시켜야 하느냐 하는 점이다. 우리나라 교육제도만큼 자주 변화를 겪는 것이 없지 않은가? 그래서 무엇을 얻었으며, 수시로 바뀌는 경제 관련 제도를 통해서 국가경쟁력을 얼마나 높여 놓았는가?

문제는, 진실은 항상 불편을 담고 있다는 사실이다. 필자는 신입사원 교육을 할 때마다 보상에 관한 이야기를 빼놓지 않았다.

"당신들이 신입사원으로서 받는 급여는 일에 대한 대가가 아니라 잠재능력에 대한 보상이다. 그러나 그것은 아주 작은 보상에 불과할 뿐 실제적 보상은 회사가 일을 맡겨 주고 도와줌으로써 능력 있는 인물로 성장할 수 있도록 지원해 주는 것이다."

이러한 요지의 말을 늘 하지만, 그때마다 왠지 말하는 자신도 기분이 개운치 않고 듣는 사람들의 표정도 그리 밝지가 않았다.

불편하지만 진실을 정면으로 받아들일 것이냐? 아니면 불편함을 피하기 위해 진실을 곡해할 것이냐? 이것이 모든 개인과 기업과 국가들 앞에 놓여 있는 공통된 과제다. 그리고 불편한 진실을 기꺼이 받아들이도록 하는 것은 지도자의 역할과 능력이라고 생각한다. 그것은 가정에서부터 국가에 이르기까지 조직의 규모에 관계없이 동일하다.

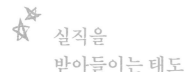

실직을
받아들이는 태도

7살 때 초등학교에 입학하던 날부터 나의 정체성은 내가 소속된 기관 혹은 기업을 통해서 인식되었다. 다른 사람들에게 자신을 소개할 때마다 항상 "어디어디에 속한 누구누구입니다."라고 하면 되었다. 심지어는 결혼 허락을 받으러 예비 장인·장모님께 가서도 다니고 있는 직장을 말씀드리자 적이 안도하셨다. 그렇게 20년 이상을 살아오면서 하루도 내가 어느 조직의 일원이 아닌 적이 없었다. 본인의 의사로 직장을 옮길 때도 다니던 회사에서 토요일까지 근무하고 다음 월요일 새로운 회사에 출근했다.

실직, 더 이상 특별한 경험이 아니다

그런데 그야말로 직장 생활의 패러다임을 바꾼 IMF 경제위기가 필자에게도 새로운 세상을 경험하게 해 주었다. 어느 가을 아침 여느 날과 다름없이 해가 뜨고, 붉게 혹은 노랗게 물든 가로수 단풍잎들이 가을바람에 아스팔트 위를 나뒹굴고, 차들은 여전히 급히 달려가고 있었다. 하지만 나는 더 이상 출근할 필요가 없었다. 정확히는 출근할 곳이 없어졌다. 말이 그럴듯해 명예퇴직이지 실직한 가장이 된 것이다.

이제 실직의 경험은 더 이상 특별한 경험이 아닐지도 모른다. 그만큼 사회 변화의 속도가 빨라져서 같은 회사에서 같은 일을 하면서 직장 생활을 마치는 것이 여간 어렵지 않기 때문이다. 그렇긴 해도 본인의 의사나 계획에 반하여 실직을 하게 되면 여러 가지 충격을 감수할 수밖에 없다. 수입원이 사라지므로 가족들은 경제적인 타격을 입는다.

정체성 상실, 자존감 저하가 더 큰 문제다

어느 중학생 딸이 아빠가 실직을 하고 거기다가 병까지 얻어 입원하게 되면서 고통받는 사연을 방송을 통해 들은 적이 있다. 처음에는 아빠가 불쌍하게 여겨졌으나 시간이 흐르면서 점차 자기 건강관리도 못해서 가족들을 힘들게 만든 아빠가 미워지기 시작했더란다. 하지만 당사자의 경우에는 경제적인 타격보다도 정체성의 상실, 자존감과 자신감의 저하가 더 큰 문제가 될 수 있다. 세상 속에서 존재감을 인정받기 위해 지금까지와는 다른 나의 모습을 보여 주어야 한다.

실직 문제와 정체성 혹은 자존감 문제를 직접 연결시키는 이유는 우리나라의 문화와 관련이 있다. 즉, 자신과 자신이 속한 조직을 동일시하는 '갑'과 '을'의 왜곡된 문화 말이다. 공기업과 대기업 직원 신분으로 일하다가 퇴직하여 중소기업에서 일을 해 보니 입장 차이와 문제의 원인을 확연하게 느낄 수 있었다. 한마디로, 본인이 입고 있는 유니폼과 본인을 혼동함으로써 다른 사람들에게 큰 상처를 주기 일쑤인데, 본인 역시 그 유니폼을 벗는 순간 후회하게 된다. 오랜 직장 생활을 통해 얻은 결론은, 인간은 다른 사람에게 봉사함으로써 그 존재를 인정받는다는 사실이다.

실직 후 선택하게 될 두 갈래 길

다시 본론으로 돌아가서, 실직을 하게 되면 흔히 두 갈래 길을 생각하게 된다. 지금까지 해 오던 일과 경험을 살려서 다음 직장을 구하거나 그와 관련된 사업을 창업하는 게 첫 번째이고, 다음은 이참에 본인이 꿈꾸어 오던 새로운 분야에 도전해 보는 것이다.

개인적인 사유가 아니라 경기 전반의 영향으로 실직하게 된 경우에는 동일 직종의 일자리를 구하기가 쉽지 않다. 설령 구할 수 있다고 할지라도 전보다 훨씬 낮은 처우를 제시받기 쉽다. 게다가 본인의 직무가 특정 전문직이 아닐 경우는 더욱 그렇다. 따라서 많은 경우, 새로운 분야로 진로를 바꾸는 생각을 해 보고 실제로 시도도 해 보는데, 본인이 과거부터 오랫동안 준비해 오지 않았다면, 단숨에 상업적 가치를 창출하기가 쉽지 않다.

특별한 묘법이 있을 리가 없다. 앞서 잠깐 언급한 바와 같이, 다른 사람들이 원하는 서비스를 높은 품질과 낮은 가격으로 제공하는 것이 답이라면 답이 될 수 있다. 평생직장을 보장해 주는 기업은 더 이상 없다고 해도 과언이 아니다. 그래서 많은 젊은이들이 공무원 시험 준비에 매달리고 있다지만, 정작 공무원이 된다고 해도 예상치 못한 고민이 생길 수밖에 없다.

실직, 다른 기회를 찾으라는 신호일 뿐

자신만의 분야를 택하여 능력과 기술을 개발하고 발전시키는 것이 평생직업화할 수 있는 비법 아닌 비법이다. 같은 취지에서 피터 드러커는 '강점 강화 전략'을 설파하였다. 이제까지 사회, 기업 혹은 다른 사람이 요구하는 기준을 맞추려고 자신의 부족한 부분을 개선하는 데 노력을 기울여 왔다면, 그보다는 자신이 잘하는 분야를 더 잘할 수 있도록 지속적으로 힘쓰고 노력함으로써 평소부터 기회를 만들라는 의미이다.

한 가지 다행스러운 점은, 대기업들이 과거처럼 순혈주의를 고집하지 않는 것이다. 기업에 필요한 인재라면, 과거에 어떤 기업에 근무했는지 가리지 않고 채용을 한다. 물론 그 기업에 필요한 인재라는 사실을 증명할 수단이 있어야 하지만 말이다.

이를 위해서는 직업 혹은 취업에 대한 생각이 달라져야 한다. 회사는 일할 수 있는 기회를 제공해 주지, 자리를 보장해 주지 않는다. 기회를 어떻게 활용할지는 본인에게 달려 있다. 그리고 명심할 일은 실직이 다른 기회를 찾으라는 신호일 뿐 존재에 대한 부정은 아니라는 점이다.

직장인이라면 지켜야 할
퇴사 매너

경제 환경과 기술의 변화 주기가 빨라진 반면에 사람의 수명이 길어지다 보니 한 직장에서 평생 일하는 것이 예전만큼 쉽지 않다. 직장을 옮길 때 어떻게 하면 순탄하게 옮길 수 있을까? 이 문제만큼은 주위 사람들과 상의하기도 힘들다. 기업이 직원을 해고할 때는 적어도 1개월 이전에 본인에게 사실을 알려 주어야 한다고 근로기준법에 규정되어 있다.

퇴사 통지는 적어도 2주 전에

직원이 퇴사를 원할 경우에도 역시 퇴사 1개월 이전에 회사에 알려야 한다고 되어 있지만, 이것은 법규가 아닌 사규 규정이다. 실제적인 면에서는 사직 2주 전에 회사에 통지하는 것이 바람직하다.

당장 내일 그만두겠다고 하고 사표를 내는 경우가 없지 않은데, 이는 매우 신중하지 못한 행동이다. 그렇게 되면 이제까지 회사를 위해 일한 공로를 한순간에 까먹기 쉽다. 반면에 그만두기로 한 회사에 1개월 이상 더 머무는 것도 그다지 좋은 방법이 아니다. 의도치 않게 남아 있는 직원들에게 부정적인 영향을 끼치게 되는 경우가 왕왕 있기 때문이다.

조용히 신변 정리를 하자

더러는 전직(轉職)을 하는 과정에 확정되지도 않은 사실을 주위 동료들에게 말하여 소문이 돌게 하고는 나중에 번복하여 스스로 신뢰를 저버리는 경우도 있다. 특히 동료들에게 전직 사유를 이야기하다 보면 현재 다니고 있는 직장을 깎아내리기 십상이기 때문에 문제가 된다.

퇴직이 확정되면 조용히 신변 정리를 하여야 한다. 본인 소유의 물건과 회사 물건 혹은 자료는 철저하게 구분하여 정리하고, 본인 소유가 아닌 것은 가급적 인계인수 목록을 만들어 제출하여야 한다. 특히 업무상 취득한 비밀을 회사의 허락 없이 공개하는 일이 발생하지 않도록 주의하여야 한다. 지금은 정보화 사회이다 보니 정보 교류가 활발한 만큼 중요한 정보가 부지불식간에 유출되어 곤란을 겪을 수도 있다.

끝까지 좋은 이미지로 남기 위해

사직서를 제출하면 통상적으로 업무상 상사나 담당 임원이 면담을 요청하게 된다. 그때는 묻는 말에 진솔하게 대답하는 게 좋다. 회사를 그만두는 입장에서 그동안 섭섭했던 일도 없지 않겠지만 일단 그만두기로 했다면 서운한 감정을 드러낼 필요가 없다. 그리고 자신이 몸담았던 회사를 위해서 건설적인 건의 사항을 한두 가지 정도 하는 것도 좋겠다. 앞으로도 회사를 옮길 기회가 더 있을지도 모르는데, 부정적인 이야기를 해서 자신에 대한 좋지 않은 평판이 나돌게 할 필요가 없다.

사직서를 제출했는데 회사에서 퇴직을 부득불 만류하는 경우에는 가급적 신속하게 결단을 내리고 확실한 답변을 내놓아야 한다. 인정에 끌리어 그만둘 듯 말 듯하다가 그만두면 회사는 오히려 대체인력 채용만 지연되어 이미지가 나빠진다.

작은 회사라면 따로 퇴직 인사를 할 필요도 없겠지만, 사내에서 업무상 관계를 맺었던 타 부서 사람들에게 가볍게 퇴직 인사와 함께 감사의 뜻을 전하는 게 좋다. 입장을 바꾸어서 생각해 보면, 함께 일하던 동료가 언제인지도 모르게 사라지고 안 보인다면 당연히 서운한 생각이 들고 내가 사람을 잘못 보았나 하는 생각마저 들 수도 있다. 다른 사람들을 위한 작은 배려가 결국에는 자신에게 돌아오지 않겠는가?

전 직장이 내게 어떤 의미인지 생각해 보기

끝으로, '전 직장이 내게 어떤 의미일까?' 생각해 보기 바란다. '그만둔 사람에게 전 직장이 무슨?' 하고 대수롭지 않게 넘길지 모르겠으나, 전 직장은 내 이력서의 한가운데 자리를 차지할 뿐만 아니라, 평생 등 뒤에 새겨진 문신과도 같다. 그리고 후일 내가 손을 뻗어 도움을 요청

할 때 손잡아 줄 사람은 같은 직장에서 함께 일했던 상사나 동료이다.
사이가 좋지 않았을지라도 전혀 모르는 사람보다는 내 손을 잡아 줄 확
률이 훨씬 높다.

5장

효과적인
상사 관리 기술

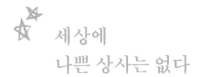

세상에
나쁜 상사는 없다

    사회생활을 하는 사람은 누구든지 누군가의 상사이기도, 누군가의 부하이기도 하다. 1인 기업을 하는 사업자이거나 프리랜서들은 예외일 수 있겠지만, 그들도 기업가가 되거나 프리랜서가 되기 전에 직장 생활을 거쳤을 수 있으며, 그들의 고객 가운데는 상사 아닌 상사처럼 구는 사람들도 흔하다. 그런데 대개는 자신이 누군가의 상사라는 자각보다는 자신의 상사가 어떻고 어떤 사람이라는 데 대한 인식이 개인의 사고(思考)에 더 큰 비중을 차지한다. 적어도 최고경영자가 되기까지는 그렇다.

    좋은 상사를 만나는 것은 복이다. 훌륭한 상사를 만나는 것은 운이다. 직장에서 어떤 자리에 오르기 위해서는 대개 일정한 경력이 있어야 하며 실력 입증을 해야만 오르게 된다. 그런데 딱하게도 그 경력이나 실력에는 상사가 되기 위한 자질이나 자격이 포함되는 경우는 거의 없다. 즉, 어떤 사람이 좋은 상사라거나 훌륭한 상사라는 객관적인 기준이나 자격은 없다는 말이다. 그러니만큼, 자신의 상사가 좋은 상사가 아니라든가 혹은 훌륭한 상사가 못된다든가 하는 생각을 하더라도 소용이 없다. 다른 사람들로부터 동정을 얻으려는 행위로 비춰질 뿐이다.

일 중심 성격의 사람 VS 사람 중심 성격의 사람

일 중심 성격의 사람들은 결단력이 있고 자신이 바라는 바를 명확하게 설명하는 상사를 좋은 상사로 여긴다. 프로젝트 진행을 위한 아이디어를 제공해 주는 한편 지시나 요구 사항에 일관성이 있으며, 게다가 공은 부하직원들에게 돌리고 실패의 원인은 자신에게 돌리는 사람이 틀림없이 훌륭한 상사라고 생각한다.

반면에 사람 중심 성격의 사람들은 한마디로 죽이 맞는 상사를 좋은 상사로 생각한다. 굳이 말하지 않아도 생각이 통하고, 프로젝트의 성패보다도 뜻이 맞는 사람들 간의 유대 관계를 더 중요하게 생각하는 상사를 추종한다. 이런 상사가 이끄는 조직에서는 상사와 통하는 직원들과 그렇지 못한 직원들로 구분되며, 종종 조직의 위계질서를 무시하면서 일을 진행하기도 한다. 따라서 그 조직에 속한 사람들의 상사에 대한 평가가 엇갈린다. 어떤 사람들에게는 말할 것 없이 좋은 상사이면서 동시에 어떤 사람들로부터는 최악의 상사로 평가된다.

상사를 보면 미래가 보인다

직장인들이 이직을 결심하는 이유는 회사가 싫어서가 아니라 상사가 싫어서라고 말하는 사람이 더 많다고 한다. 이해가 되는 말이다. 실제로 청년들의 선호도가 높고, 사회적으로도 훌륭한 기업이라고 인정받는 회사에서도 신입사원들이 1년 안에 퇴사하는 비율이 퇴직이 잦은 중소기업의 절반은 된다. 직장인들이 주로 퇴사 이유로 삼는 '적성이 맞지 않아서'라는 말은 바꿔 말하면 자신을 성장시켜 줄 가망이 없다는 말이다. 그 말은 주로 바로 직장 상사를 빗대어 하는 말이다. 아닌 게 아니라, 상사를 보면 자신의 미래가 보인다.

"나쁜 상사는 없다."는 말의 뜻은, 자신의 개인적 목표나 성격에 따라서 본인의 경력에 긍정적인 영향을 끼치거나 부정적 영향을 줄 수 있을 뿐, 다른 사람들에게 훌륭한 상사라고 해서 내게도 반드시 좋은 상사라고 할 수 없고, 다른 사람들에게 나쁜 상사라고 해서 내게도 반드시 나쁜 상사라고 할 수도 없다는 말이다.

상사와의 관계를 개선하기 위해

개인적 경험에 따르면, 인격적으로 훌륭하고 내게 인정을 베풀었던 상사들이 나의 커리어패스(career path)에서 좌절을 맛볼 때 도움을 주지 못했다. 반면에 내게 가혹하게 대했던 상사들이 내가 더욱 단단해지도록 만들었다. 스스로 돕는 힘을 키워 주신 셈이다. 함께 아파하고 위로해 줄 어머니 같은 상사도 필요하지만, 그것만으로는 목표를 성취하기 위한 의지와 힘을 키울 수 없다.

그가 어떤 성향의 상사라 할지라도, 그 자리에 있게 된 데는 그만한 이유가 있을 것이라고 생각하고 상사의 장점을 이어받는 데 집중하다 보면 그 상사와의 관계도 확실히 개선될 게 틀림없다. 좀 더 적극적으로 말하자면, 상사의 부족한 부분은 내가 채운다는 생각으로 일하다 보면 또 다른 기회가 반드시 온다.

무작정 반대하면
안 되는 이유

신입사원 때의 일이다. 평택 LNG 인수기지 현장에 파견 근무를 하고 있을 때였다. 당시 파견 팀의 책임자는 이 과장님이셨는데 이지적이고 부드러운 분이었다. 한번은 업무 회의를 하는 도중에 이 과장님의 의견에 문제 제기를 하였던 적이 있다. 회의 때는 별스럽지 않게 지나쳤는데, 며칠 후 과장님이 나를 불러 하셨던 말씀이 지금까지도 기억에 남아 있다.

  "자네의 말이 설령 옳을지라도 회의 중에 그렇게 말하면 내
   입장이 뭐가 되나?

지나가는 말처럼 하신 말씀이지만 가볍게 넘겨지지 않았다.

한번은 끼어들기 금지 차선을 넘어 갑자기 밀고 들어오는 차를 발견하고 무의식중에 경적을 울린 적이 있다. 그러자 앞지르려던 차가 뒤쫓아 와서는 차머리를 들이민 채로 항의를 하였다. 그러기에 차선 변경 금지 차선을 넘은 사람이 잘못인데 왜 거꾸로 항의를 하느냐고 했더니, "차선이 문제가 아니고 왜 경적을 울려 사람을 놀라게 하느냐?"며 더 큰 소리로 다그쳤다. 상대의 잘못을 지적할 때는 순간적인 감정을 그대

로 드러내기보다, 잠시 객관적 시각에서 바라볼 필요가 있다.

가만히 있으면 중간은 간다?

한편 연구 결과에 따르면 다수의 주장이 틀렸음에도 군중의 의견에 사람들이 동조할 확률이 무려 70퍼센트나 되었다고 한다. 직장인 가운데 70퍼센트가 문제를 발견하고도 지적하지 않는다는 것을 발견했다고도 한다.[1] 표현 방법은 다르지만, 우리나라 속담 가운데 '가만히 있으면 중간은 간다.'는 말과도 일맥상통하는 듯하다.

즉, 자신의 생각이 다른 사람 특히 다수의 생각과 다를 경우 솔직하게 말하기가 쉽지 않다는 뜻이다. 여러 가지 요인이 있을 수 있겠지만 사람들은 생리적으로 반대 의견에 부딪힐 때 굉장히 불편해하며 그 같은 상황이 지속될 때는 분노가 더해진다고 한다.

다른 사람의 행동이나 의견에 반대의 목소리를 내는 것이 힘들고 때로는 위험하기까지 하기 때문에 자신의 의견을 있는 그대로 말하기가 힘든 것이 사실이다. 특히나 다수의 의견에 반대 의사를 표현할 경우에는 사람들의 주목을 받고, 조롱과 보복을 당할 수도 있다. 그렇다고 해서 속담처럼 가만히 있으면서 중간을 차지하는 전략이 옳은 것일까?

사람들이 비록 적극적으로 의견을 말하지 않더라도 불합리하거나 부

---

[1] 샬런 네메스 지음, 신솔잎 옮김, 『반대의 놀라운 힘』, 청림출판사, 2020, pp.39~47.

당하다고 생각하는 사안에 대해서는 수동적인 공격을 한다. 이를테면 회의 중에는 묵시적으로 찬성을 해 놓고 막상 결의 사항을 실행할 때는 방임하거나 협조하지 않는 경우가 종종 있다. 그리고 그와 같은 상황이 개선되지 않고 지속되면 개인과 조직이 퇴행하게 된다.

반대의 기술을 갖춰야 하는 이유

반대의 기술이 무엇이라고 한마디로 정의하기는 어렵다. 하지만 다른 사람의 의견에 반하는 말은 상대방에게 큰 충격을 주며, 상대가 다수일 경우에는 그 충격을 소수 의견을 낸 사람이 떠안게 된다는 사실을 잘 인식하여야 한다. 이에 버클리대학교 심리학 교수인 샬런 네메스 박사는 다음과 같이 강조하였다.

"소수의 힘으로 사람들을 설득하기 위해서는 일관성과 신념이 중요하지만, 이것만으로는 충분하지 않다. 설득의 기술을 갖추는 것이 중요하며 언어적·비언어적으로 세심하게 연출해야 한다."[2]

그렇게까지 해야 하나 하는 생각이 들기도 하지만, 살아가면서 부딪

---

2   상게서, p. 93.

치는 문제가 대다수 사람 간의 의견 차인 점을 생각하면 진지하게 귀 기울여 볼 만한 말이다.

보고와 보고서 작성 시
유의 사항

보고는 보고받는 사람을 위한 것이다

퇴근시간 임박해서 과제를 던져 주는 상사만큼이나 나쁜 부하는 일이 다 어그러져 돌이킬 수 없을 때가 되어서야 보고를 하는 부하가 아닐까 생각된다. 피터 드러커는 비록 그것이 좋은 일이라고 해도 놀라게 하는 보고를 상사들은 싫어한다고 말한 바 있다.

그의 말을 좀 더 인용하자면, 상사에게 보고를 할 때는 우선 상사의 유형을 잘 파악해야 한다. 간략하게 결과 중심으로 보고받기를 좋아하는 상사가 있는가 하면, 세부적으로 자세하게 설명 듣는 것을 좋아하는 상사도 있다. 구두로 보고받는 것을 선호하는 상사가 있는가 하면, 서면으로 보고를 받기를 좋아하는 상사도 있다. 이에 대하여는 옳고 그름을 판단하려 들 필요가 없다. 사람마다 일하는 방식이 다르듯 보고 형식에 있어서도 선호하는 방식이 다를 수 있고, 보고는 보고받는 사람을 위한 것이기 때문이다.

상사가 싫어하는 보고 유형

오래전 모셨던 상사 한 분은 결재를 받으려다가 퇴짜를 받는 날은 밤잠을 이루지 못한다고 내게 말하였다. 상사로부터 결재 서류를 승인받지 못하였다는 사실은 곧 자신의 업무 능력이 부족한 탓이기 때문이라는 것이다. 실제로 일본에서는 상사에게 결재를 받는 능력을 곧 업무 능력으로 인정한다는 이야기도 전해 들은 바 있다.

같은 맥락에서, 관리자 입장에서 가장 안타까운 경우는 스스로 알아서 판단해야 할 일과 상급자에게 보고하고 상의해서 처리해야 할 일을 구분하지 못하는 부하직원과 함께 일할 때이다. 대개 상사는 목표와 방향을 제시해 주고, 부하직원은 자신의 능력을 동원하고 노력을 기울여 목표를 달성하는 것이 조직사회에서의 일하는 방식이다.

그런데 보고를 핑계로 상사에게 일하는 방법 하나하나까지 물어보고 나중에 결과가 좋지 않을 경우 상사의 지시가 잘못된 탓으로 돌리는 직원들이 더러 있다. 그런가 하면 거꾸로 업무의 목표와 주안점 등을 상사에게 명확하게 확인하지 않고 자기 멋대로 일을 처리함으로써 엉뚱한 결과를 초래하는 경우도 다반사다.

보고서 작성이 어려운 이유

정보통신 기술의 발달로 말미암아 예전에 비해 보고서 작성의 중요성이 덜해지기는 했지만, 여전히 직장인들에게 있어서 가장 힘든 과제 중의 하나는 보고서를 작성하는 일이다. 보고서를 잘 작성하려면 우선 국어를 잘하려고 노력해야 한다. 말은 늘 사용하기 때문에 실력의 차이가 덜 드러나지만, 글을 쓸 기회는 그에 비해 적기 때문에 바른 글 또는 좋은 글쓰기가 어렵다.

대부분의 사람들은 영어에 능숙해지려는 노력을 기울이며 시간과 금전을 아끼지 않는다. 그러나 국어에 대한 투자는 드물다. 하지만 영어를 잘하기 위해서라도 우리말을 정확하게 사용하는 능력이 필수적이다. 왜냐하면 우리나라 사람들이 내재한 내용을 가장 명확하고 효과적으로 표현할 수 있는 수단은 우리말과 글이기 때문이다. 국어를 통해서 지식을 실체화한 후에야 영어라는 도구가 의미 있는 수단이 될 수 있다. 즉, 국어로 표현하기 어려운 개념은 영어로 표현하기 더욱 어렵다는 말이다.

그리고 말을 할 때보다 보고서를 작성하기가 더 어려운 이유는, 말로 할 때는 설득을 위해 같은 말을 반복할 수도 있고, 다른 사람의 아이디어를 제약 없이 사용할 수도 있지만, 글에서는 그와 같은 일이 허용되지 않기 때문이다. 따라서 상사로부터 능력을 인정받기 위해서는 상사가 좋아하는 보고서 유형을 반드시 파악해 둘 필요가 있다.

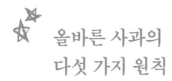

올바른 사과의
다섯 가지 원칙

"말 한마디에 천 냥 빚을 갚는다."

누구나 잘 알고 있는 속담이다. 특히 심한 경우 말 한마디가 인격적으로 그를 살리기도 하고 죽이기도 한다. 그런데 유감스럽게도 우리나라 사람들은 아마도 일본 사람 다음으로 사과를 잘 못하는 사람들인 것 같다.

사과 한마디면 끝났을 일을

한번은 직진과 좌회전 동시 신호 교차로에서 1차로로 주행하던 중에 2차로에서 주행 중이던 다른 사람의 차가 좌회전을 하는 바람에 승용차 범퍼를 살짝 긁히는 접촉 사고를 당하였다. 당시 그곳은 1차로는 좌회전과 직진 병행차로이고 2차로는 직진차로였는데, 2차로를 주행 중이던 운전자가 1차로는 당연히 좌회전 차로일 것으로 짐작하고 2차로에서 무리하게 좌회전을 하다가 1차로에서 직진을 하는 필자의 차와 부딪친 것이다.

차를 갓길에 세우고 살펴보니 흠집이 크게 드러날 정도는 아니어서 가해 차량을 그냥 보내 줄 생각을 하고 있는데, 가해 차량 운전자가 오히려 큰 소리로 사과는 물론 자기 차량의 수리비를 배상하라고 다그쳤다. 아마도 차로 표지를 잘못 보고 착각을 하였거니 생각하고, 그곳의 차로 통행 규칙에 대하여 설명하였지만 들은 체도 않고 더욱 소리를 높여 자기주장만 하였다. 급기야, 경찰이 와서 어느 쪽이 가해자인지 설명을 하고 나서야 그는 한발 물러섰다.

결국 상황이 반전되어 가해 차량 운전자가 필자 차량의 수리비를 배상하기로 하고서 상황이 종료되었다. 가해 차량 운전자가 '미안합니다.' 한마디만 했으면 진작 보내 주려고 했음에도 벌컥 소리부터 지른 탓에 손해를 자초하였던 것이다. 물론 본인도 시간적인 손해와 함께 상한 마음으로 출근할 수밖에 없었다.

직장 생활에서 잘못을 부인하면 벌어지는 일

직장 생활 가운데도 유사한 사례가 종종 발생한다. 작은 실수나 잘못을 저질러 상대방 누군가에게 피해를 주었을 때 즉시 진심 어린 사과를 하기보다는 일단 자신의 잘못을 부인한다. 그리고 한발 더 나아가 자신의 실수나 잘못을 상대방 탓으로 돌리기까지 한다. 상대방이 자기보다 약자이거나 하급자일 경우에는 더욱 빈번하게 이와 같은 일이 일어난다.

이때 피해자가 약자이거나 다툼을 싫어해 아무 소리 않고 물러날지라도 마음속으로는 가해자를 결코 용서하지 않을 것이다. 앞에서 든 예와 같이 제3자 누군가가 시시비비를 가려 주기라도 하면 다행이겠지만, 그렇지 않을 경우에는 마음속으로 언젠가 당한 만큼 갚아 주겠다는 생각을 갖게 될 수도 있다.

즉, 당장은 자신의 잘못을 덮어 버리고 체면을 지켜 냈다고 안도할지 모르지만 긴 안목에서 보면 상대방으로부터 신뢰를 잃어버리고, 그 같은 일이 반복되다 보면 관계에 금이 가게 된다. 한마디 사과만 하면 될 일을 순간적으로 위신이 깎이거나, 작은 손실을 입을지도 모른다는 우려 때문에 더 큰 인적 자산을 잃어버리는 셈이다.

사과하고 관용을 베푸는 사회를 꿈꾸며

한편 상대가 상사일 경우에는 처벌이나 질책이 두려워 실수나 잘못을 인정하지 않고 변명으로 일관하는 사례가 자주 목격된다. 하지만 부하직원보다 시야가 넓은 사람이 상사이기 때문에 대개는 변명해 봐야 소용없다. 오히려 호미로 막을 것을 가래로도 못 막는 사태로 번질 수도 있으므로 솔직하게 사과하는 편이 좋다. 올바른 사과에는 몇 가지 원칙이 있다.

첫째, 무엇을 잘못했는지 분명히 말해야 한다.

둘째, 변명을 하지 말아야 한다.

셋째, 피해자의 아픔에 공감하여야 한다.

넷째, 재발 방지를 약속하여야 한다.

다섯째, 필요한 경우 보상을 하여야 한다.

그 밖에 또 하나 중요한 사실은 쉽게 사과를 하지 못하도록 만드는 사회적 분위기와 관습 또한 고쳐져야 한다는 점이다. 잘못을 인정하는 사람에게는 관용을 베풀 줄 알아야 하며, 잘못한 사안에 대한 처벌이나 배상에 그치지 않고 인격을 송두리째 무시하고 공격하는 일은 더 이상 없어야 하겠다.

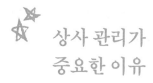

상사 관리가
중요한 이유

부하 관리보다는 상사 관리

'애덤 스미스'를 경제학의 아버지라고 하는 반면 '피터 드러커'는 경영학의 아버지로 불린다. 그의 저서는 이론 혹은 관념적이기보다는 매우 실제적이어서 많은 사람들에게 사랑을 받는 것으로 알고 있다. 필자 역시 피터 드러커의 글을 즐겨 읽곤 했는데, 그중에서도 가장 인상 깊었던 글은 '상사 관리'에 관한 짧은 글이었다.[1] 모든 사람들이 부하 관리에 관해서 이야기할 때 그는 오히려 상사 관리의 중요성을 강조하였다.

"상사를 될 수 있는 대로 유능하게 하고 공을 세우게 하는 것
이 부하의 임무이자 부하인 자신에게도 이롭다는 것을 깨달아
야 한다."

자신의 상사가 성공해야만 자신이 속한 부서가 성과를 거둘 수 있다. 나아가 자신의 상사가 성공함으로써 승진을 하게 되면 부하직원들에게

---

1   M. L. King, M. K. Gandhi, A. Solzhenitsyn 외, 『세계최고 지성 36인이 말하는 21세기의 세계(상)』, 시사영어사, 1996, pp. 32~41.

도 승진의 기회가 생기는 것이다. 반면에 부서의 상사가 실패자가 되어 부서에서 밀려날 경우에는 같은 부서에서 부서장을 승진 임명하는 경우가 거의 없다. 그 밖에도, 무능한 상사라 할지라도 그를 화나게 할 경우 부하직원을 곤경에 빠뜨릴 힘은 가지고 있다는 것 등이다.

상사 탓을 하면 안 되는 이유

전설적인 GE의 최고경영자였던 잭 웰치 또한 그의 저서『잭 웰치 · 위대한 승리』에서 상사 관리에 관한 의견을 다음과 같이 피력하였다.

"나쁜 상사를 만나게 되었더라도, 어떤 상황에서든 당신은 스스로를 불쌍한 피해자로 만들어서는 안 된다. 나쁜 상사로 인해 당신은 동료들에게 불평이나 슬픔을 늘어놓고 가족들에게 푸념을 하며 벽에 주먹을 내리치거나 아니면 음료수를 마시며 TV를 너무 많이 시청한다. 또한 나쁜 상사는 현재 다니고 있는 그 직장만 아니라면 어디든지 괜찮다는 생각으로 취업사이트를 서핑하게 만들거나 헤드헌터에게 전화를 하고 싶게 만든다.

나쁜 상사 탓에 당신은 결국 자신에 대해 연민의 감정을 느끼고 싶어질지도 모른다. 하지만 절대로 그래서는 안 된다. 어떤 비즈니스 상황에서든지 스스로를 피해자로 여기는 것은 완전히 자기 자신을 파괴하는 행위이며 자신의 경력에 있어서 선택의 기회를 전부 없애 버리는 태도이다."[2]

나는 상사에게 어떤 부하직원인가

다른 사람들과 마찬가지로, 필자 역시 직장 생활을 하면서 좋은 상사와 일할 때도 있었고 나쁜 상사와 함께 일해야만 할 때도 있었다. 오랜 세월이 흘러, 내가 책임을 져야 할 부하직원들의 숫자가 늘어나게 되니 조금씩 옛날 상사분들이 이해되면서 '나는 그분들에게 어떤 부하직원이었을까?' 하는 생각이 들었다.

필자가 생각하기에 가장 아쉬운 점은, 내가 그분들의 고충에 대개 무관심했다는 사실이다. 그분들 역시 상사를 모시고 있는 직장인으로서, 그리고 한 가정의 가장으로서 자신의 어깨에 짊어진 책임을 다하기 위해 애쓰는 한 인간이며, 누구나처럼 완벽할 수 없다. 피터 드러커의 말마따나,

> "부하가 해야 할 일은 상사의 행동을 시정하거나 상사를 재교육시키는 것이 아니며, 상사에게 경영서적에서 말하는 상사로서의 본연의 자세를 따르게 하는 것도 아니다. 그가 자신이 맡은 일을 성취하도록 해 주는 것이 부하가 해야 할 일이다."

---

2   잭 웰치(Jack Welch) 지음, 『잭 웰치·위대한 승리』, 청림출판사, 2005.

그럼에도 경영학 교과서에 나오는 리더의 자세만을 요구하였던 것이다. 그게 아니라 상사에게 어려운 일이 생겼을 때 가장 먼저 의논하고 싶거나 부탁할 수 있는 부하가 되어야 한다. 상사가 쉽게 자기 마음속의 이야기를 할 수 있는 사람이 되기 위해서는 가끔 상사의 입장이 되어 볼 필요가 있다.

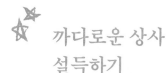

까다로운 상사
설득하기

직장 생활을 하는 가운데 가장 큰 무기(武器)는 무엇일까? 우선 진입 장벽을 뚫기 위해서는 학력 내지는 학벌이 가장 강력한 무기라고 하는 데 별 이견이 없을 듯싶다. 그다음 빠른 출세를 위해서는 인맥(人脈)이 중요하다고 말하는 사람도 있고 무엇보다 실력(實力)이라고 말하는 사람도 있을 것이다. 어떤 것이 더 중요한지는 사람에 따라서 다르게 생각하겠지만 인맥도 중요하고 실력도 성공적인 직장 생활을 위해 중요한 요소임은 틀림없다.

시대에 따라 달라지는 직장 문화

근대교육이 시작되기 이전에는 신언서판(身言書判)이라 하여 인물 좋고, 말 잘하고, 글씨 잘 쓰고, 판단이 정확한 사람을 훌륭한 인재로 인정하였다. 신언서판이라는 말은 중국 당나라 때 관리를 뽑는 네 가지 기준에서 유래했다고 한다. 물론 그렇다고 해서 신언서판이 곧바로 출세의 기준이 되었다고는 할 수 없지만, 사회적으로 인정받기 위한 기본적인 자질로 여겼음은 확실하다. 그렇다면 오늘날은 어떤가?

참여정부 이전만 해도 소위 '자리가 사람을 만든다.'라는 격언이 주효했다. 공직자 사회는 물론 기업문화 속에도 군대식 상명하복 문화가 깊이 뿌리내리고 있었기 때문이다. 상대방을 설득시킨다는 생각보다는 지위로 압도하는 방식의 일 처리가 칭송받기까지 했다. 그런 가운데 잊히지 않는 웃지 못할 풍경은, 사장이 직원들의 애로 사항을 청취하겠다고 모아 놓고는 훈계조의 이야기만 하다가 간혹 한두 사람이 자기 의견을 내놓으면 금방 분위기가 싸해지고 때론 발언자에 관한 씁쓸한 뒷이야기가 무성하곤 했다.

2000년대에 들어와서는 직장 문화도 서서히 달라졌다. 우선, 정보 기술의 발달로 인해 정보와 지식 접근성이 한결 좋아졌다. 따라서 정보를 소지하고 통제하는 것만으로는 권력을 행사하기 힘들어졌다. 통신 수단의 발달로 인해 실시간 쌍방향 의사소통이 가능해졌다. 언로를 통제하기 힘들어졌기에 사람들이 자기 생각을 숨기지 않고 드러낼 기회가 많아졌다는 뜻이다.

설득의 기술이 필요한 이유

결국은 일하기 위해서는 설득을 해야 한다. 우선 동료를 설득해서 힘을 보태야 하고, 상급자를 설득해서 추진력을 얻어야 하며, 마지막으로 고객을 설득해서 열매를 거두어야 한다. 상급자라고 해도 직원들을 설득하지 못하면 힘을 모을 수 없다.

"대립되는 입장의 사람들과 이야기할 때면 자신의 이유를 제시하려는 대신 감정에 호소하거나, 악담을 하거나, 상대를 웃음거리로 만들거나 배척하겠다고 위협한다."

– 월터시넷 암스트롱로

미국의 사회적 현상을 우려하며 한 말이다. 자칫 언론에 비춰지는 날선 토론이나 주장 그리고 SNS에 난무하는 독설이 자신에게 득이 될 거라고 생각한다면 큰 오산이다. 그와 같은 무례한 언행은 일차적으로 상대에 대한 적대감을 일으킨다. 그리고 그 적대감은 양극화를 강화할 뿐이다.

상사를 설득하기 위해서는

상대를 설득하기 위해서는 듣는 사람이 수용적이어야만 한다. 상대의 수용성을 키우기 위해서는 나부터 겸손, 공손, 예의, 인내, 너그러움과 같은 덕목을 지켜야 한다. 아직 정서적으로 받아들이지 못하는 사람들도 있겠지만, 이미 우리 사회는 수평적 사회가 되었다. 지위나 완력으로는 상대를 침묵하게 할 수 있을지언정 설득할 수는 없다. 그리고 설득하지 못한다면 직장에서도 사회에서도 점점 비슷한 생각을 가진 사람들끼리 모이는 양극화의 틀 속에 갇혀 있을 수밖에 없다.

특히나 상대가 상사일 경우에는 설득이 더욱 쉽지 않다. 설득은커녕 큰소리치거나 인상을 찌푸리는 상사 앞에서는 입 밖에 말을 꺼내기조차 힘들다. 때문에 지레 설득을 포기하는 경우가 다반사이다. 그러나 상사가 나의 가장 가까운 고객이라는 점을 잊지 말아야 한다.

상사를 설득하기 위해서는 상사가 나의 말에 수용적인 태세가 되어 있는지 살펴봐야 한다. 즉, 다른 사람의 이야기를 받아들일 마음의 여유가 있는지를 확인하여야 한다. 그런 다음 당위성이 아닌 필요성을 강조하여야 한다. 시간 압박 때문이 아니라 자신의 판단에 따라 결정을 내리도록 하여야 한다. 그리고 책임을 전가하는 게 아니라 선택권을 부여하는 것임을 인식시켜야 한다.

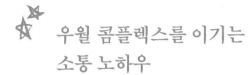

우월 콤플렉스를 이기는
소통 노하우

직장 생활이 힘든 진짜 이유

직장 생활 하면 '힘들다', '어렵다', '여유가 없다' 등과 같은 단어가 떠오르기 십상이다. 하지만 과연 그럴까? 우선 직장이 없다고 해 보자. 그보다 힘들고 어려운 경우도 없을 것이다. 시간은 많을지언정 여유가 없다. 실제로는 현대인은 직장을 통해서 모든 것을 얻는다고 해도 과언이 아니다. 경제적 보상은 물론이거니와, 사회적 지위와 유대 관계 그리고 개인적 성취 등등. 그럼에도 역시 직장 생활은 힘들고, 어렵고, 여유가 없다. 왜일까? 사람들은 흔히 말하곤 한다.

"일이 문제가 아니고 사람이 문제다."

그러면, '사람이 문제다'라는 말은 구체적으로 무슨 뜻일까? 간단히 표현하자면 서로 통하지 않는다는 말이다. 생각이 다르고 일하는 방식이 다르고 취향이 다르다고 하더라도 서로 이야기가 통하는 사이라면 타협할 수도 있고, 양보할 수도 있고, 무시할 수도 있다. 그러나 서로 이야기가 통하지 않는 사이일 경우에는 쌓이는 스트레스로 인해 직장 생활이 힘들고 매사가 어렵고 마음의 여유라곤 있을 수도 없다. 때문에 거의 모든 조직에서는 '소통'을 강조한다. 그럼에도 소통은 역시 쉬이 달성하기 어려운 목표가 되곤 한다. 그 이유를 어느 날 책을 읽는 중에 발견하였다.

> "사람은 소통을 통해서 친해지는 것이 아니라 친해지면 비로
> 소 소통이 된다."

우월 콤플렉스

다른 사람을 상대할 때, 특히 업무적인 관계에서 서로 의견이 다를 때 다음과 같은 현상이 나타난다. 지위나 직위로써 상대방의 의견을 묵살하고 일방적으로 업무를 진행한다. 상대방의 의견은 듣지 않고 상대방이 지칠 때까지 자기의 의견을 계속 주장한다. 상대방의 의견을 끝까지 듣기는 하지만 정작 행동은 자기 생각대로 한다. 상대방의 존재를 부정하거나 비하하는 말을 함으로써 늘 크고 작은 다툼을 일으킨다. 그리고 흔히 말하는 우월 콤플렉스를 가진 사람들은 소통을 위해 적극적인 것 같으면서도 오히려 정반대의 결과를 낳기 때문에 가장 친해지기 어려운 유형의 사람들이다.

심리학자 알프레드 아들러는 우월 콤플렉스를 다음과 같이 설명하였다.

"다른 사람을 평가 절하할 목적으로 고상한 이념이나 트렌드를 들먹이는 행동 등은 우월 콤플렉스를 의심케 한다. 마찬가지로 분노, 복수심, 비탄, 열광, 습관적인 박장대소, 다른 사람을 만났을 때 경청하지도 제대로 바라보지도 않는 태도, 대화 주제를 자신에게 돌리기, 별것 아닌데 습관적으로 열광하기 같은 격화된 정동은 열등감에서 시작해 우월 콤플렉스로 끝나는 사례에서 매우 자주 관찰된다."[1]

평소에 사소한 접촉을 꾸준히 늘려서 서로가 친해져야 한다. 그래야만 다른 사람이 어떤 사람이고 어떻게 하면 의사소통이 원만하게 이루어질지도 알게 된다. 그러한 노력들이 결코 사소하고 값싼 일이 아니라는 것을 알아야 한다. 물론 부하직원이 상사와의 접촉을 의도적으로 늘리는 것은 쉽지 않은 일이다. 그렇다고 하더라도 단순히 상사로서만이 아니라 한 개인으로서의 인품과 특징을 주의 깊게 관찰할 필요가 있다. 다시 말해, 평소에 가벼운 대화가 가능한 접촉 지점을 찾아서 친밀한 관계를 유지해야 한다. 논리로써 상대와의 소통을 늘리는 데는 한계가 있기 때문이다. 이 점은 고객을 상대할 때도 마찬가지다.

---

1   알프레드 아들러 지음, 최호영 옮김, 『아들러 삶의 의미』, 을유문화사, 2019, p. 121.

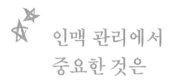

인맥 관리에서
중요한 것은

현대는 네트워킹(networking)의 시대라는 데 이의를 제기할 사람이 아무도 없을 것이다. 예부터 어느 사회에서나 네트워킹의 중요성은 늘 강조된 것이 사실이지만 오늘날에는 사회관계망(SNS) 덕택에 수십 년 전에 함께 공부했던 초등학교 친구들에서부터 한 번도 가 본 적이 없는 나라의 사람들까지 친구가 될 수도 있다. 온라인상에서 순식간에 친구를 만들기도 하고, 친구의 숫자로 그 사람의 영향력을 평가하기도 한다. 그뿐 아니라, 온라인상에서의 영향력이 곧바로 비즈니스로 연결되기도 한다. 그러나 무엇이든 지나치면 부족함만 못하다. 인적 네트워킹에 대한 개인적인 체험을 이야기해 보고자 한다.

창업 1년 만에 사라진 거품

소위 닷컴 버블이라 일컫는 인터넷 기업 창업 붐이 일었던 2000년대 초 다니던 대기업에서 나와 중소기업 사장님과 인터넷 기업 창업 준비를 할 때였다. 그분은 부친의 유산으로 주로 부동산 관련 사업을 하시던 분이었는데 회사 출근도 별로 하지 않았으며, 비즈니스 관련 행사에 초청을 받아도 참석을 잘 안 하는 성격이었다. 그 이유는 평소 "그런 모임에는 갈 필요가 없어. 모두 제 자랑하려고 모이는 사람들뿐이야." 라고 말하는 데서 짐작할 수 있었다.

여하튼 당시에는 10분짜리 창업계획서 한 장만 있으면 창업을 할 수 있다고 할 정도로 창업이 활발하였던 시절이라, 평소에 내겐 없는 줄 알았던 용기가 발동하여 새로 창업하는 회사의 대표를 맡겨 달라고 했다. 그분의 평소 행적을 보아서 기업 경영에 있어서도 크게 다르지 않은 태도를 보일 것이 염려되었기 때문이었다. 그러나 의견 일치를 보지 못해 결국 창업으로 이어지지는 않았다. 아무래도 회사 경영을 전적으로 맡길 만큼 믿음을 드리지는 못했던 것 같다.

하지만 당시만 해도 AI가 비즈니스 모델의 주된 수단으로 활용되기 한참 전이었기에 외려 잘된 결정이었다는 생각도 든다. 그분은 비즈니스를 위해 열심히 사람을 만나는 적이 없고, 회사 내에서도 많은 말을 하지 않았으며, 본인이 확실히 신뢰할 수 있는 소수의 사람들과만 교류하는 유형의 사업가였으므로 신규 시장을 개척하는 사업가는 아니었다.

그 후, 일부 투자에 참여하면서 운영책임자(COO)를 맡아 당시에 막 새롭게 선을 보이기 시작한 인터넷 포털 사업을 시작하였다. 그런데 우연하게도 이번에 함께 사업을 하게 된 사장님은 전에 경험하였던 분과는 정반대였다. 공과 사를 가리지 않고 모든 행사에 참가함은 물론 어디에 가든지 자신의 눈에 들어오는 사람과 소위 네트워크를 만들기 위해 부단히 노력하는 분이었다. 그런가 하면 필요하거나 부족하다 싶은 분야가 있으면 어떻게 해서든 그 분야의 전문가와 연줄을 만들고 영입도 쉽게 하는 그런 분이었다.

그런데 이분은 일단 내 사람을 만들어 놓고 나서 믿을 수 있는지 시험을 하고 의심도 잘하는 분이었다. 때문에 늘 주위에 많은 사람이 있지만 막상 오랫동안 함께 일을 하거나 비즈니스 관계를 이어 나가는 사람은 거의 없었다. 하기야 그때 시작했던 인터넷 기업들은 하나같이 거품처럼 사라졌다. 꿈이었는지 환상이었는지 모를 인터넷 포털 사업은 창업 1년 만에 청산하였다.

인맥만을 내세우는 건 위험하다

한때는 각종 모임이나 행사에 가면 의식적으로라도 나서서 인사를 하고 가능한 많은 명함을 받아 쥐려고 노력했었다. 인맥을 넓히는 것이 성공으로 가는 지름길이라고 생각했기 때문이다. 그러나 지금은 생각이 달라졌다. 내게 필요한 사람을 만나기 위하여 열심히 찾아다닐 것이 아니라 누가 됐건 몇 사람이 됐건, 먼저 다른 사람에게 필요한 사람이 되어야 한다는 생각을 하게 되었다. 왜냐하면 협력 혹은 협업이란 서로에게 도움 줄 내용이나 능력이 있어야만 성사 가능하기 때문이다. 특히 요즘 같은 성과 사회에서는 더욱 그렇다.

직장 내에서도 연줄 내지는 인맥이 중요한 게 사실이다. 특히 자신의 능력을 발휘할 기회를 얻는 데 도움을 줄 수 있다. 하지만 그러한 경우에도 인맥만을 내세우는 것은 위험하다. 소위 네트워크는 가로줄과 세로줄이 서로 튼튼하게 연결되어야 하므로 자신이 연약한 고리가 되어서는 안 되기 때문이다. 특히 상사 관리 측면에서는 본인이 네트워크상에서 어떤 역할을 맡아야 할지를 깊이 생각해 보아야 한다.

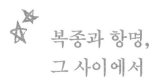

복종과 항명, 그 사이에서

민간에서 속어처럼 사용되던 '갑(甲)질'이라는 말이 몇 년 전부터 사회 전반에 유행처럼 번지고 있다. 권위에 대한 무조건적인 순종과 복종에서 탈피하고자 하는 움직임을 드러내는 말이다. 그렇기는 해도 아직까지는 가정과 직장과 사회에 권위자에게 무조건적으로 복종하는 문화가 완전히 사라졌다곤 할 수 없다.

불법임을 알면서도 그렇게 할 수밖에 없는 이유

월성 원전 1호기 영구정지의 근거가 되는 경제성 평가에 부정이 있었다는 감사원 감사 결과 발표가 있었다. 그리고 그 일과 관련하여 산업부 담당자가 징계를 받게 되었다. 불법행위인 줄 알면서도 상관의 지시를 거부할 수 없어서 비위를 저질렀거나 상관의 불법적인 지시를 감추기 위해서 공문서를 삭제하였을 것이다.

결과적으로는 본인들이 저지른 일이지만, '그러면 나보고 항명을 하란 말이냐?'라고 반문하고 싶어 할지도 모를 일이다. 상사의 지시를 거부하는 일은 단순히 개인의 뜻을 거스르는 것이 아니라 조직이 부여한 권위를 부정하고 관행을 파괴하는 항명으로 받아들여져 불이익을 당하거나 심할 경우 추방되는 것을 의미하기 때문이다.

복종하지 않으면 항명이다?

정 과장은 회사의 신사업 분야 진출 프로젝트의 실무 책임을 맡게 되었다. 여느 직장인들과 같이 정 과장은 본인이 책임 맡은 일을 성공적으로 해내기 위해 전력을 다하였다. 하지만 회사의 전략적 결정에 따른 일임에도 불구하고 정 과장의 상사인 백 이사는 무관심으로 일관했을 뿐만 아니라 오히려 업무 진행에 부정적인 태도를 보였다.

참다못한 정 과장은 회사의 공식적인 방침과 다른 태도를 취하는 이유가 무엇이냐고 백 이사에게 항의조로 질문하였다. 정 과장이 나중에 알게 된 사실이지만, 백 이사는 회사의 결정에 따르긴 했지만 성공할 확률이 낮은 일에는 애초부터 마음이 없었다.

당시에는 백 이사가 정 과장의 항의를 받고도 대꾸조차 하지 않았다. 하지만 그 프로젝트가 끝나고 얼마 지나지 않아 정 과장은 결국 다른 팀으로 보내졌다. 소극적인 항의였음에도 불구하고 백 이사는 항명으로 받아들였던 것이다. 이상은 직장인이라면 한 번쯤 겪거나 들어 봤을 만한 하나의 사례이다.

권위가 무너지면 벌어지는 일

"권위는 자발적 복종을 만들어 내는 내면화된 규범에 의해 작동한다. 권위가 무너지면 전반적인 불신이 생기고 규제 조치가 자가 증식하는 바이러스처럼 퍼진다. 권력은 외부적 통제와 강압에 의해 작동하지만 반드시 저항과 반란을 일으킨다."

– 파울 페르하에허

그래서일까? 수년 전부터 사회 전반에 전과는 다른 분위기가 감지되고 있다. 공정과 정의를 국정철학으로 내세운 정부가 탄생된 이후에 오히려 공정성 시비는 더욱 증가하였으며, 그로 인한 법률적 수요가 폭증하고 있지만 국민 누구나 수긍할 수 있는 조치나 해결이 이루어지지 않고 있다. 마침내는 같은 대통령이 임명한 법무장관과 검찰총장이 공공연하게 대립하는 전대미문의 사태가 벌어지기도 하였다. 이는 개인 간의 문제라기보다는 권위가 무너지고 있는 우리 사회의 단면이라는 점에서 의미심장하다.

상사가 옳지 않은 일을 시킨다면

직장에서 일하다 보면 본인이 생각하기에 옳지 않은 일을 시키는 상사도 있을 수 있다. 그럴 경우 대체로 두 가지 형태의 반응이 나타난다. 첫째는 드러내 놓고 거부하지는 않지만 소극적인 태도로 일함으로써 불만을 드러내는 형태이다. 두 번째는 명령을 받자마자 그 자리에서 거부 의사를 밝히고 명령에 불응하는 것이다.

무조건적인 복종이 미덕인 사회는 아니다. 그렇다고 해서 상사와 정면으로 부딪치는 것 역시 지혜로운 태도는 아니다. 생각하기에 따라서는 항명으로 비쳐질 수도 있기 때문이다. 만약 평소에 신뢰 관계가 형성되어 있다면 자신의 생각을 솔직하게 이야기할 수 있을 것이다.

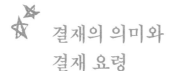

결재의 의미와
결재 요령

결재(決裁)란 결정할 권한이 있는 상관이 부하가 제출한 안건을 검토하여 허가하거나 승인함을 의미하며, 비슷한 말에는 '재가(裁可)'가 있다. 한글 전용 세대 사람들은 가끔 결재와 결제(決濟)를 혼동하는데, 결제는 경제용어로서 증권 또는 대금을 주고받아 매매 당사자 사이의 거래 관계를 끝맺는 일을 의미한다.

결재에 담긴 여러 의미

예나 지금이나 직장 생활을 함에 있어서 '결재'가 갖는 의미는 매우 크다. 다만 예전에는 손 글씨로 결재 서류를 작성하거나 타자수에게 서류 작성을 의뢰하곤 하였는데, 대략 30여 년 전부터는 개인용 컴퓨터와 워드프로세서가 발명되어 각자가 컴퓨터로 결재 서류를 작성하게 되면서 악필(惡筆) 때문에 고민할 일은 없어졌다. 나아가 1990년대 후반부터는 전자결재가 도입되기 시작하여 껄끄러운 상사를 대면하지 않고도 결재를 받을 수 있게 되었다.

이렇듯 서류 작성 방식이라든지 결재 시스템이 달라졌지만 결재가 가지고 있는 본질적 의미는 달라지지 않았다. 게다가 업무를 기획하고 그 결과를 서면으로 표현하는 능력의 중요성에는 여전히 변함이 없다. 기본적으로 결재 과정은 기업의 의사결정 과정이다. 기안자는 주로 자신의 업무에 주안점을 두고 기안을 하지만, 상급 결재자는 수평적으로 미치는 영향과 기업의 경영방침 및 형편 등을 고려하여 승인 여부를 판단함으로써 기업 차원에서 최선의 의사결정이 이루어지도록 한다.

그 밖에 결재 행위에는 권한 행사, 견제, 그리고 때로는 격려의 의미도 담겨 있다. 권한 행사라 함은 여러 가지 선택지가 있을 때 결재자에게 자신의 의지를 관철시키거나 시행 시기의 완급을 조절할 수 있는 권한이 주어짐을 의미한다. 견제는 주로 업무 협조 부서에서 동의 혹은 부동의함으로써 개인 혹은 일개 부서의 독주를 견제하는 것을 의미한다. 또한 상급자는 하급자가 기획한 안건에 대하여 단순한 승인을 넘어 적극적인 지지를 보냄으로써 격려할 수도 있다. 그러나 자칫하면 결재가 책임 회피 혹은 업무 기피 등의 부정적인 수단으로 이용될 수도 있다.

결재의 목적을 확실히 인식해야

결재를 받는 사람들이 흔히 저지르기 쉬운 실수 또는 악습의 하나는 정작 기안 담당자인 본인이 스스로 해야 할 일을 결재자에게 떠넘기는 경우다. 주로 경험이 부족하거나 잘못된 관행을 답습할 때 벌어지는 일이다. 결재 서류는 기본적으로 목적과, 시행 방법 혹은 결정 사항, 결정 근거 그리고 기대 효과가 분명하게 드러나 있어야 한다. 결재 안건에 대한 확신이 없이 아예 결정을 결재자에게 미루거나, 의사결정에 대한 명확한 근거 분석 없이 결정 사항만 달랑 제시하는 결재 서류는 결재 서류로서의 기본 요건을 갖추지 못하였기에 결재받기가 힘들다. 즉, 결재는 승인받기 위한 목적이지 결정을 요청하는 수단이 아님을 확실히 인식하여야 한다.

6장

슬기로운
리더십

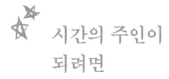

시간의 주인이
되려면

　직장인들은 흔히 '우리 회사'라는 말을 사용한다. 1997년 IMF 위기 이전까지만 해도 국내 대표적 대기업인 삼성전자의 이건희 회장이 직원들한테 가족이라는 표현을 사용했다. 일 못하는 사람 내쫓지 않을 테니 다른 사람 일하는 것 가로막지만 말라고 하였다. 이른바 "뒷다리 잡지 말라"는 표현이 한때 유행하였다. 과거에 중소기업을 경영하면서 직원 채용 면접을 할 때는 지원자들에게 어떤 회사에서 근무하고 싶으냐는 질문을 자주 했었는데, 그럴 때 마다 응시자들이 '가족 같은 회사'라고 대답하곤 했다.

　하지만 애석하게도 자본주의 국가에서 주식회사는 '착각'에 기반을 둔 제도라는 말을 듣고 나서 깨달은 바가 있다. 정확하게 말하자면, 직원은 회사의 주인이 아니다. 그럼에도 자신이 주인이라는 생각을 가지고 일하는 것이 자신에게 가장 유익한 결과를 가져다주는 제도가 주식회사라는 제도이다. 물론 주식회사 이외의 기업 형태나 심지어 공기업이나 공공기관의 직원이라고 해도 크게 다를 바는 없다.

자신이 주인인 일을 하는 사람

자신이 주인인 일을 할 때는 일하는 시간을 그렇게 중요하게 생각하지 않는다. 일의 결과를 오롯이 자신이 책임져야 하기 때문이며, 무엇보다 결과 혹은 성과가 가장 중요하기 때문이다. 최근 인터넷으로 물건을 주문하고 나서 자고 일어나 보면 문밖에 상품이 놓여 있는 것을 보고 깜짝 놀랄 때가 한두 번이 아니었다. 이러다 몸을 혹사하지 않을까 염려가 되었기 때문이다. 하지만 저녁 늦게나, 새벽에 상품을 배달하는 그분들에게는 적어도 시간 활용에 대한 권리 내지는 자유가 있다.

자신이 주인이 아닌 일을 하는 사람

자신이 주인이 아닌 일을 하는 사람들은 성과나 기여도보다는 자신이 투입한 시간에 대한 생각을 먼저 한다. 즉, 고용주를 상대로 주장하는 바가 근무시간이라면 공식적으로 자신이 일의 주인이 아니라는 사실을 드러내는 것이다.

그렇다고, 주인이 아니면서도 주인의식을 가지고 초과근무도 개의치 않고 무조건 열심히 일하라는 말은 절대 아니다. 그렇게 하다가는 얼마 버티지 못하기 때문이다. 경험에 따르면 길어 봤자 3년이다. 무리를 해 가면서까지 일을 하다가, 이러다가는 죽겠다고 말을 하면서 회사를 떠나는 모습을 많이 보았다.

시간의 주인이 되려면

시간의 주인이 되려면, 자신의 일이 무엇인지, 누구를 위해 하는 일인지 명확하게 인식해야 한다. 수요자와의 직접적인 상대 속에서 자신이 일의 주인이 되어야 한다. 예를 들어, 회사원은 상사를 내부 고객으로 볼 수 있으며 고객 만족을 위해 투입할 시간의 양은 본인의 결정에 달렸다.

그리고 자신에게 부여된 업무를 정상 근무시간 중에 마칠 수 있는 방법을 꾸준히 연구하고 개발하는 데 노력을 기울여야 한다. 한마디로 업무 생산성을 높여야 한다. 우리나라 근로자들의 업무 생산성이 선진국 근로자들에 비하면 아직도 매우 낮다고 한다. 생산성이 높은 사람은 시간당 보수가 높아지게 된다. 따라서 일하는 시간을 늘리지 않고도 더 많은 보수를 받을 수 있다.

리더가 경계해야 할 대상

경영자 혹은 관리자들이 가장 경계할 대상은, 성과 없이 자리에 오래 앉아 있는 사람이라고 말할 수 있다. 그가 맡은 일에 적성이 맞지 않거나 그 일을 해낼 만한 능력이 부족하거나 또는 시간 관리를 하지 못하는 사람일 확률이 높기 때문이다. 그리고 보다 큰 문제는 자신이 성과를 내지 못하는 이유가 다른 사람들에게 있다고 생각할 가능성이 높다는 점에 있다. 따라서 그런 사람을 오래도록 방치해 두면 주변 사람들이 영향을 받아 업무 효율이 저하되거나 아예 조직을 이탈할 수도 있다. 결과적으로 슬기로운 관리자, 곧 리더는 직원들의 시간 관리 습관을 잘 살펴보아야 한다.

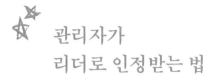

관리자가
리더로 인정받는 법

시대에 따라 달라지는 관리자의 역할

앞으로의 시대에는 관리자의 역할이 점점 더 중요해질 것이다. 이제까지는 사무실에서 관리자들이 맨 뒷자리에 앉아 앞줄의 부하직원들을 감시 아닌 감시를 하거나 아예 칸막이가 쳐진 공간에서 비밀스럽게 부하직원을 불러서 심문을 할 수 있는 권한이 주어져 있었다. 좀 더 수평적인 의사소통을 강조하는 관리자라고 해도 여전히 공간적 거리감은 피할 수 없다.

하지만 코로나 19가 갑작스럽게 확산시킨 비대면 업무 환경에서는 이야기가 달라진다. 네트워크상에서는 수직적인 위계질서가 존재하지 않는다. 누구나 하나의 노드(Node)를 차지할 뿐이다. 이제까지 몸에 밴 관행이 하루아침에 없어지지는 않겠지만, 장차 아주 빠른 속도로 업무 환경과 문화에 변화가 있을 것이다.

관리자와 직원이 한배에 타고 있다는 느낌

관리자는 보다 명확한 목표를 제시하여야 하고 동시에 결과를 정확하게 측정하고 공정하게 평가하는 방법을 가지고 있어야 한다. 그래야만 부하직원들이 의심하지 않고 관리자가 보든 보지 않든 열심히 자신의 일에 집중하게 된다. 물론 그 방법은 획일적으로 정의할 수 없다. 업무의 특성이나 기업이 놓인 환경 등에 따라 달라질 수도 있다. 그러나 한 가지 분명한 사실은 어떠한 경우에도, 직원들이 관리자가 자신들과 한배를 타고 있다는 인식을 갖도록 하여야 한다는 것이다.

모 대기업에서 일할 때 겪었던 일이다. 당시 우리 팀을 이끌었던 P 이사는 해외 유치과학자였다. 그분은 업무적으로만이 아니라 다방면에 두루 해박한 지식을 가지고 계셨던 데다가 언변이 좋아서 심지어 어려운 고객과의 미팅에서도 좌중을 압도하곤 했다. 그럼에도 우리 팀의 업무 성과는 언제나 기대에 미치지 못하였다. 업무 실적도 실적이지만 무엇보다 직원들의 사기가 좀처럼 살아나지 않았다.

뒤늦게 깨달은 사실이지만, 팀원들이 팀장과 한배에 타고 있다는 느낌을 전혀 느낄 수 없는 것이 이유였다. 팀장은 회사에서 특별 대우를 받는 유치과학자이고 팀원들은 평범한 직원일 뿐이었으며, 팀의 목표 달성을 위해 자신을 희생할 만큼의 동지 의식이 서로 간에 없었다.

"당신이 위대한 관리자라면, 부하직원들이 당신을 리더로 만들 것입니다."

— 빌, 켐벨

여기서 말하는 위대한 관리자란 자신의 팀원들과 함께 부여된 목표를 달성하는 능력을 말한다. 목표 달성을 위해서는 조직의 목표를 명확하게 정의하여야 하고, 스스로 목표 달성 방법을 숙지하고 있어야 한다. 그리고 올바른 방법으로 일이 진행될 수 있도록 인력을 배치하고, 필요에 따라 구성원 간에 서로 협력하도록 조정자 역할을 하여야 한다. 관리자와 함께 목표 달성을 경험한 팀원들은 비로소 그를 리더로 인정하게 된다는 말이다.

선한 의도와 훌륭한 인품은 훌륭한 리더가 되기 위한 필요조건은 될 수 있을지언정 충분조건이 될 수는 없다. 관리자로서 팀원들에게 선한 의도를 가지고 인격적 대우를 하였음에도 자신을 리더로 인정하지 않는 데 대하여 안타까움을 토로하는 경우가 종종 있다. 이는 관리자와 리더의 역할에 대한 이해 부족에서 비롯되는 것이다.

리더와 팔로워가
함께 지향하는 사회

리더의 힘은 축소되고 팔로워는 더 큰 힘을 갖게 되다

대학 교양과목 중에 '국민윤리'가 포함되었던 시절이 있었다. 오래전 일이긴 하지만 교수님이 하신 말씀 가운데 아직까지 기억에 남는 이야기가 있다.

> "1960년 4·19 혁명으로 대통령직에서 물러난 이승만 대통령은 본인이 우리나라에 도입한 민주주의의 힘에 의해 물러났다."

그러고 보니 박근혜 대통령 역시 2016년 10월부터 시작된 혁명에 가까울 정도로 결집된 시민들의 힘에 의해 대통령직에서 물러났다. 이번에는 아마도 역대 정부가 이룩한 정보화가 큰 역할을 하였던 것으로 생각된다. 국가 권력이 한 사람에게 집중되어 제왕적 대통령제라고 종종 이야기들 하지만, 사람들이 리더에게 항상 무조건 복종하는 것만은 아니다.

1990년대 후반에서부터 리더십에 관심과 연구가 활발해지면서 리더십 산업이라고 할 정도로 많은 책이 출판되고 강연이 인기를 끌었다. 아직까지도 리더십에 대한 관심은 꾸준히 이어지고 있으며, "21세기에 와서 권력관계가 매우 다른 양상을 띠게 됐다."라는 주장이 설득력을 얻고 있다. 정보혁명으로 말미암아 리더는 힘이 축소되고, 팔로워는 더욱 많은 힘을 갖게 됐다는 의미다.

> "한 예로 불과 얼마 전까지만 해도 학생들은 특별한 상황이
> 아니고서는 감히 교수에게 다가가지 못했다. 하지만 오늘날에
> 는 그 어떤 엄한 교수도 언제든지 손끝 자판을 치면 연락을 할
> 수 있는 존재가 되었다."[1]

기업에서도 비슷한 변화가 일어나고 있다. 더욱이 2020년 초부터 전 세계를 덮친 코로나 사태는 그와 같은 변화를 더욱 가속화시켰다. 전 같으면 시도 때도 없이 불러다 놓고 호령을 내렸겠지만 재택근무 중인 직원에게는 그런 방법이 통하지 않는다. 게다가 말 한마디 이상한 행동 하나하나가 저장되고 빠른 속도로 전파되기 때문에 말과 행동을 가려서 하지 않으면 즉시 만인의 지탄 대상이 될 수도 있다. 전 같으면 가십거리였을 수도 있는 일들 때문에 주요한 직책에 있던 공직자들이 물러나기도 하였다.

사람들이 너 나 할 것 없이 리더십에 관심을 갖고 리더가 되라고 사

---

1   바버라 켈러먼 지음, 김충선 옮김, 『팔로워십』, 더난출판, 2011.

회적 압력을 불어넣고 있지만, 리더는 점점 곤경에 처하고 있다. 심지어 국내 굴지의 그룹사 오너들 다수가 징역을 살았거나 재판을 받고 있다. 그와는 별개로 요즘 기업에서는 전에 볼 수 없었던 새로운 현상이 나타나고 있다. 굳이 진급을 위해 애쓰지 않거나 한 걸음 더 나아가 진급을 기피하는 직원들이 있다. 회사로부터 책임을 떠맡고 그 일을 해내기 위해 다른 사람들을 이끄는 일이 더 이상 매력적이지 않다는 말이다.

리더와 팔로워가 함께 지향하는 사회

민주주의의 교과서처럼 여겼던 미국에서 어젯밤 폭도로 변한 시위 군중들에 의해 국회의사당이 점검당하는 일이 벌어졌다.[2] 유교를 숭상하던 우리나라가 미국식 민주주의를 도입하고 미국식 자본주의를 통해 100여 년 만에 선진국 대열에 들어서게 되었다. 그럼에도 여전히 사회 속에 내재된 갈등은 쉽게 사라지지 않는다.

특히 종전까지는 초점이 리더에게만 집중되고 팔로워의 문제는 간과되었다. 동전의 양면이라고 할 수 있는 리더십과 팔로워십에 대하여

2　2021년 1월 6일, 2020년 미국 대통령 선거의 부정선거 음모론을 주장하는 도널드 트럼프 당시 제45대 미국 대통령을 지지하는 폭도들이 미합중국 제46대 대통령 당선인 조 바이든에 대한 연방 의회의 공식 차기 연방 대통령 인준을 막기 위해 2020년 미국 대통령 선거의 의회 인증일에 미국 국회의사당을 무력 점거했다가 진압된 사건이다.

공통된 관심을 가져야 하고 각기 그에 합당한 역할을 하여야 한다. 리더이거나 팔로워이기만 사람은 거의 없다. 대부분의 결혼한 남자들은 한 가정의 리더이다. 그리고 직장에서는 리더이면서 동시에 팔로워가 된다.

『팔로워십』이란 책에서 저자 바버라 켈러먼은 다음과 같이 지적하였다.

"좋은 팔로워로 발전시키는 것은 좋은 리더로 발전시키는 것
만큼 중요하다고 생각한다."

이에 문득 삼강오륜(三綱五倫)의 '오륜'을 현대적으로 해석해 보면 어떨까 하는 생각이 들었다. 부모와 자식 사이에는 사랑이 있어야 한다. 상사와 부하 사이에는 의로움이 있어야 한다. 남자와 여자는 서로 존중하고 예의를 지켜야 한다. 어른과 아이 사이에는 질서가 있어야 한다. 친구와 동료 간에는 믿음이 있어야 한다.

적어도 우리 선조들이 지향했던 사회가 리더와 팔로워는 물론 사회 구성원 모두가 서로를 존중하고 배려하는 사회가 아니었던가? 성공을 향해 돌진하는 것을 잠시 멈추고 리더와 팔로워가 함께 지향하고 있는 것이 무엇인지 생각해 볼 필요가 있다.

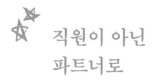

직원이 아닌
파트너로

폴 앨런이 MS를 떠난 진짜 이유

폴 앨런은 회고록에서 1982년 자신이 회사를 떠나게 된 결정적인 사건을 소개했다. 앨런은 당시 림프암 수술을 받고 투병 중이었다. 그는 우연히 회사에서 빌 게이츠와 스티브 발머 당시 MS 임원(전 CEO)이 나누는 얘기를 듣게 됐다. 발머는 빌 게이츠의 하버드 동문이었다. 두 사람은 자신들의 회사 지분을 높이고 앨런의 지분을 낮추는 방법을 논의하고 있었다.

앨런은 즉시 그 방에 들어가 "내가 아픈 사이에 어떻게 이럴 수 있느냐? 돈만 노리는 게 진짜 네 성격이냐?"고 게이츠에게 따졌다. 게이츠는 "그런 의도가 아니었다."며 6쪽짜리 사과문까지 보냈지만 앨런은 분이 풀리지 않았다. 이에 대해 앨런은 회고록에서 이같이 밝혔다.

"공평한 파트너십이라고 생각했는데 빌은 이기적으로 더 많은 파이를 가지려고 집요하게 욕심을 부렸다."

건강상의 이유로 회사를 떠난 것처럼 알려졌지만, 사실은 게이츠의 욕심에 넌덜머리가 나서 관뒀다는 것이다. 그래도 MS 주식 덕분에 130억 달러의 부자가 됐다. 앨런은 그 돈으로 투자회사를 설립하고 프로농구·미식축구팀을 사들였다. 게이츠와도 종종 만나 '우정'을 과시했다.

하지만 앨런의 마음속에 게이츠는 이미 친구가 아니었다. MS 측은 앨런의 주장에 대해 "노코멘트"라며 답변을 거부했다. 하버드대 경영대학원의 데이비드 요피 교수는 "앨런이 섭섭한 감정을 가졌을 수 있지만 MS에 기여한 바는 게이츠의 역할이 더 컸다."고 평가했다.[1]

세계 최대의 소프트웨어 제국(帝國)을 건설한 빌 게이츠와 MS의 창업동지이면서 투자회사 대표로 변신하여 미 포브스(Forbes)지의 억만장자 순위 57위에 오른바 있던 폴 앨런의 이야기가 세간의 화제가 되었던 것이다. 두 사람은 헤어진 이후까지 40여 년간 우정을 이어 온 것으로 알려졌기 때문이다. 폴 앨런은 혈액암의 재발로 2018년 10월 15일 65세의 일기로 사망했다.

이제는 '파트너십'으로 바뀌어야 할 때

더욱이 우리나라에서는 파트너십을 가지고 기업을 경영하는 경우가 드물다. 문화적 배경이 다르기 때문일 것이다. 이명박 전 대통령이 현

---

1   돈 때문에 흔들린 우정, 조선일보, A2면, 2011. 4. 1.

대를 떠나 정치에 참여하게 되었던 이유도 자신을 파트너로 인정해 주지 않는 총수의 경영 방식 때문에 한계를 느꼈기 때문이라고 책에서 밝힌 바 있다.

요즘과 같이 변화의 속도가 빠르고 최고경영자의 신속한 결단이 필요한 때는 혼자서 책임지고 기업을 경영하기가 쉽지 않을 수도 있다. 다른 것과 마찬가지로 기업경영의 문화도 필요하다면 바뀌어야 한다. 하기야 기업경영 방식에 있어서는 일본의 경우가 우리나라보다 변화가 더딘 것 같기도 하다.

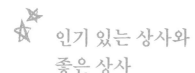

인기 있는 상사와
좋은 상사

흔히 하는 농담에 "머리 좋고 게으른 상사"는 좋은 상사, "머리 나쁘고 부지런한 상사"는 나쁜 상사라는 말이 있다. 한마디로 일은 적게 하면서도 성과를 만들어 내는 상사 밑에서 편하게 직장 생활을 하고 싶다는 말이다.

돌이켜 보면 달라지는 상사에 대한 평가

어쨌거나 직장 생활을 하다 보면 여러 부류의 상사를 만나게 된다. 기억을 거슬러 올라가 보면, 오래전에 모셨던 상사지만 지금도 만나 보고 싶은 분이 있는가 하면, 굳이 기억하고 싶지 않은 분도 없지 않다. 아닌 게 아니라 그런 기억쯤은 누구에게나 있지 않을까 싶다.

그러나 정작 중요한 사실은, 함께 일할 때는 정말 부담스럽고 힘들고 피해 가고 싶은 상사였지만 뒤돌아보면 나 자신의 인격 형성과 성장에 아주 큰 영향력을 끼친 상사가 있는 반면에, 그야말로 부담 없고 사이 좋게 지냈지만 나의 발전이나 성장에 별반 영향을 끼치지 못한 상사도 있다.

알고 보니 나를 성장시켰던 상사

한때 외국인 상사와 함께 일할 기회가 있었는데 그분은 인도계 미국인이었다. 연배가 적어도 15년은 위였고 외국인 상급자였기 때문에 그분 앞에서는 어지간히 긴장을 하지 않을 수 없었는데, 그중에서도 어려운 일은 영문으로 문서를 기안하여 결재를 받는 일이었다.

결재를 올리면 그때마다 수정을 지시하는데, 문장이 짧거나 길거나 번번이 두세 번씩 반복하였다. 내 영어 실력 탓이겠거니 하며 참고 지내다가, 한번은 꾀를 내어 미국인 동료가 같은 상사에게 작성하여 결재를 받은 문서의 문장을 차용해 결재를 올려 보았다. '이번에는 한 번에 통과할 수 있겠지.' 생각하였지만 이번에도 역시 변함없이 붉은 글씨로 여러 군데 지적사항을 적어 돌려주었다.

속으로는 부당하다고 생각하면서도 항의도 못하고 지내다가 연말 송년회 자리에서 부드러워진 분위기를 틈타 그분에게 전에 야속하게 느낀 적이 있다는 이야기를 했다. 그랬더니 오히려 그분의 대답이 나를 머쓱하게 했다.

"다 자네 영어 실력을 높여 주기 위해서네."

지금은 후배들을 대할 때 가끔 그분을 떠올려 본다. 나는 좋은 상사가 되기를 원하는가? 인기 있는 상사가 되기를 원하는가?

성공하는 조직의 동기부여 리더십

열심히 일한다고 해서 다 성공하는 것은 아니지만, 열심히 일하지 않고 성공할 수는 없는 일이다. 특별한 재능을 나타내는 사람의 특징과 배경을 연구한 『아웃라이어』, 『탤런트코드』, 『엘리먼트』 등의 책들에서 한결같이 지적하는 것은 반복적인 연습 또는 심층 연습이다. 적어도 1만 시간 이상의 연습 과정을 거친 후에야 재능이 꽃을 피운다고 한다. 이런 주장은 이젠 놀랍지도 생소하지도 않은 사실이다. 문제는 누가 어떻게 1만 시간으로 상징되는 긴 시간 동안 연습에 집중할 수 있느냐이다.

이때 필요한 것이 동기부여이다. 회사 입장에서 보면 직원들에게 동기를 부여하여 회사의 성과에 기여하도록 하는 것이 곧 리더십이고 회사의 성공과 직결되는 문제이기도 하다. 즉, 동기부여라 함은 직원의 만족도를 높여서 스스로 성과를 낼 수 있도록 하는 것이다. 그렇다면 우선적으로 직원들을 만족하게 하는 요인과 불만을 가지게 되는 요인이 무엇인지부터 파악해야 한다.

만족과 불만족 요인

일반적인 생각처럼 만족과 불만족을 유발시키는 요인이 반드시 상반(相反) 관계에 있는 것은 아니다. 만족도를 높이기 위해서는 중요하지만 실행하지 않는다고 불만이 증가되지 않는 요인이 있다. 예를 들면 인정, 칭찬, 책임감, 성취감 등이 그렇다. 반면에 불만 해소를 위해 충족시켜 줘야 하지만 그렇다고 만족도가 높아지는 것이 아닌 요인이 있다. 예를 들면 임금, 작업 조건, 고용 안정성, 인간관계, 회사 정책 등이 있다.[1]

즉, 불만요소는 모든 근로자에게 공통적으로 적용되는 요소에서 발생됨을 알 수 있다. 따라서 회사의 전략에 대하여 조직이 어떻게 받아들이고 있는지, 무엇에 대하여 만족하고 불만스러워하는지를 객관적으로 파악하여야 하며, 가능하면 외부 전문기관의 도움을 얻어 직원들의 의식 조사를 실시하고 조사 결과를 조직 운영에 반영하는 것이 좋다.

반면에 개인적인 특성에 따라 만족도를 높이는 요인은 각기 다르다. 인정이나 칭찬에 특히 민감한 사람이 있는가 하면, 중요한 책임을 맡을수록 더욱 열심히 일하는 사람이 있다. 또는 성취감이 높은 일을 해야만 만족도가 올라가는 사람도 있다. 한 가지 방법이나 제도를 통해서 모든 사람의 만족도를 높일 수는 없다는 말이다. 조직의 성과에 중요한 영향을 끼치는 직원을 우선순위로 하여 만족도를 올릴 수 있는 방법을

---

1   Fredick Herzberg, Two factor theory.

관찰하고 진정성을 가지고 이를 실천하여야 한다.

공정성

여기서 말하는 공정성이란 '공정한 보상'을 말한다.[2] 물론 '공정'을 판단하는 개관적이고 절대적인 척도는 없다. 자기가 받은 보상을 남이 받은 보상과 비교하여 직원들이 스스로 판단하는 것이다. 그렇기 때문에 공정을 기하기란 어렵다. 현실적으로 성과를 개관적으로 측정할 만한 수단이 마땅치 않기 때문이다. 게다가 기업의 규모가 작을 경우에는 성과와 보상을 전문적으로 다룰 인력조차 없고, 우리나라에서는 누군가가 자신의 성과를 측정하는 것을 기피하는 정서의 뿌리가 매우 깊다.

기업이 성장할수록 공정성이 어려운 문제로 대두된다. 사실 기업이 어려울 때는 이해관계를 다룰 만큼 여유롭지도 않고, 문제가 된다고 해봐야 누가 더 고통을 분담하여야 하느냐 하는 문제가 있을 뿐이다. 그런데 기업이 어느 정도 성장하고 성과가 발생하다 보면 권한의 분배와 경제적 보상의 공정성이 문제되기 시작한다.

경영자 입장에서는 가시적 성과가 발생했을 때, 과거로부터 이어져온 투자와 손실에 대한 보전을 먼저 생각하게 마련이지만 직원들은 당시 시점을 기준으로 자신들의 기여도에 따른 보상을 기대하는 심리가

---

2   J. Stacy Adams, Equity Theory.

있다.

그런데 만약 이와 같은 견해 차이가 회사 실정에 대한 투명한 공개와 설명을 통해 해소될 수 있다면 별로 문제가 되지 않겠지만, 그것이 불가능할 때는 회사의 보상 시스템에 대한 불만을 피하기 어렵다.

존중받고 있다는 느낌

> "직원들은 더 나은 직책이나 연봉을 제안받았을 때가 아니라 존중받고 있다는 생각이 들지 않을 때 이직을 생각한다. 넷앱은 서로 존중하는 문화를 갖고 있기 때문에 이직률이 낮다."
>
> – 톰 멘도자, 넷앱 부회장

직원들이 존중받고 있다는 느낌을 받게 하는 것이야말로 리더들에게 가장 중요하면서도 힘든 일이다. 가정에서 아내와 자녀에게조차도 하기 힘든데, 직원들 개개인을 상대로 존중받는 느낌이 들게끔 하는 일이 어디 쉽겠는가? 그렇기 때문에 어려운 일이라는 전제하에 그만큼 노력과 비용을 지불하여야 한다. 더군다나 오늘날의 비즈니스는 전쟁에 비유된다. 전쟁터에서 병사들 개개인을 존중하고 배려하는 것만큼 쉽지 않은 일이다.

이때 가장 빠지기 쉬운 함정은 어떤 제도나 정책에 의존하여 단번에 문제를 해결하려는 생각이다. 사람은 그 얼굴만큼이나 다양하게 창조

되었다. 한 가지 방법이 효과를 거두었다고 해서 모든 사람에게 통하지도 않으며, 역으로 한 번 실패하였다고 해서 그 방법이 쓸모없는 방법도 아니라는 뜻이다. 한마디로, 전문가들의 이론과 권고가 성공한 경영인을 만들어 내는 것이 아니라 오히려 성공한 경영인이 수많은 전문가를 만들어 낸다고 말하는 게 옳다고 생각한다.

한편, 존중받고 있다는 느낌은 상대가 받는 느낌이다. 따라서 주관적인 방법을 찾아 나서기에 앞서서 어떤 사람과 어떤 행위가 존중받아야 하는지 조직 구성원 모두가 공감을 갖도록 할 필요가 있다.

우리의 기억에 가장 성공한 축구 감독으로 남아 있는 히딩크는 한국인들이 생각하는 존중에 대한 상식을 깬 것으로도 유명하다. 고참 선수와 스타 선수들을 존중하는 여타의 감독과는 달리 모든 선수들을 인격적으로 동일하게 대함으로써 오히려 선수들이 존중받고 있다고 생각하게 만들었다.

하지만 더욱 중요한 사실은 선수들의 화려한 경력이나 재능 자체를 존중하기보다 팀의 승리를 위해 기여하고자 노력하는 자세를 존중하였다는 것이다. 그 결과, 선수들이 과거의 기득권이나 지위에 안주하지 않고 감독의 운영방침이나 전략에 집중함으로써 존중받는 선수가 되고자 노력하였다.

무엇이 집단 감정을
폭발시키나?

"일단 특정한 경로를 따라 생각하기 시작하면, 분석가들은 동
일한 방식으로 계속 생각하는 경향이 있으며, 그 경로는 하나의
틀이 될 수 있다. 그 경로는 명확하고 자연스러운 것처럼 보인
다. 경로 근처에 위치한 정보와 개념들은 쉽게 입수될 수 있으
므로, 동일한 이미지가 계속 떠오르게 된다. 그 외의 정보들은
마음속에 떠오를 가능성이 낮다."[1]

대부분의 사람들은 자신과 동일한 고정관념을 공유하는 사무실 동료
들과 대화하는 것이 훨씬 편하기 때문에 자신에게 이의를 제기하는 사
람들을 상대로 자신이 가지고 있는 개념적 틀을 확인하려는 노력을 그
다지 자주 하지 않는다고도 했다.

사실 리처즈 휴어 주니어의 말이 아니라도 요즘 종종 사람들의 입에
오르내리는 '확증편향'이라는 말을 들을 때마다, 주변에서 벌어지고 있
는 일들에 대하여 객관적으로 사고하고 균형 잡힌 판단을 하는 게 쉽지
않은 일임을 느끼고 있다. 그런 데다가 요즘에는 사회적·정치적 이슈

1   리처즈 휴어 주니어 지음, 양병찬 역, 『CIA 심리학 고정관념과 인식의 오류를
    극복하는 법』, 생각의 힘, 2019.

에 대하여 서로 다른 의견을 가진 사람들이 양분화되어 주장을 증폭시키고 나아가 적대감까지 드러내는 현상을 보면서 위화감을 느끼다 못해 나라 걱정까지 하게 된다.

감정의 증폭현상

어떤 사안에 대하여 사람들이 분노하고 감정이 폭발하는 것은 사안의 중요성도 작용하지만, 감정의 증폭현상도 큰 요인으로 작용한다. 감정의 증폭현상이라 함은 개인의 감정이 다른 사람들과의 상호작용과 더불어 어떤 기제로 인하여 갑작스럽게 폭발하는 것을 의미한다. 예를 들어, 강압적인 분위기의 기업이나 조직에서 어떤 리더가 민주적인 경영을 할 목적으로 꽉 막혀 있던 언로를 트고 토론을 통해서 의사결정을 하려고 시도하는 경우 대개는 실패를 경험하게 된다.

의도가 아무리 선하였다고 해도 예외가 아니다. 그 이유는 첫째, 그동안 억압되었던 에너지가 미처 조절 기능이 갖춰지지 않은 상태에서 분출하는 경우이다. 리더가 선의를 가지고 있다고 하더라도 조직의 구성원들로부터 표출되는 의견을 모두 들어주거나 조정할 수 있는 능력이 없으면 오히려 의견을 제시했던 사람 입장에서는 서운함이나 배신감을 느끼게 되고, 그러한 것들이 쌓이면 어느 순간 분노 감정으로 돌변한다.

두 번째는, 한 사람이 조심스럽게 의견을 내놓는 경우, 앞서 언급한 것처럼 자신과 동일한 고정관념을 공유하는 주변 동료들이 동조현상을 일으켜 에너지를 얻게 되고, 그 상태에서 사용자 측의 약점 혹은 위법사항과 같은 기제를 만나게 되면 폭발현상이 일어난다. 사실 리더 입장에서는 의견을 들어주고 애로 사항을 해결해 주려고 시도한 일인데 오히려 파국적인 결과를 초래할 수도 있다.

조직의 변화를 이끌 때 주의할 점

리더가 조직의 변화를 이끌고자 할 때는 기존의 제도나 질서를 함부로 깎아내리지 말아야 한다. 기존의 제도나 질서를 만들고 지키기 위해 헌신하였거나 옹호하는 사람들의 마음에 저항감을 불러일으킬 가능성이 높기 때문이다. 먼저 문제의 배경과 이해관계자들의 생각을 파악하고 나서 대안을 제시하여야 하며, 단숨에 문제를 해결하려 들지 말아야 한다.

한편, 같은 규정이나 제도를 두고서도 받아들이는 사람에 따라서 이해가 서로 다를 수 있기 때문에 평소 규정이나 제도에 대한 인식을 일치시키기 위한 노력을 꾸준히 할 필요가 있다. 오늘날 달라진 언론환경과 사회관계망(SNS)의 발달로 말미암아 개개인 모두가 행동하는 주체가 될 수 있으며, 어떠한 계기로 집단의 힘이 한 방향으로 모아지게 되면 폭발로 이어질 위험성이 높아졌기 때문에 리더는 항상 이 점에 주의를 기울일 필요가 있다.

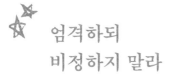

엄격하되
비정하지 말라

『좋은 기업을 넘어 위대한 기업으로(Good to Great)』의 저자 짐 콜린스는 "엄격하지만 비정하지는 않다."를 위대한 기업을 이룩하는 조건 중의 하나로 꼽았다. 그뿐 아니라 위대한 영혼(마하 트마)이라 불리는 간디의 위대함은 사티아그라하(사랑+단호함) 정신에 바탕을 두고 있다고 한다.

우리나라 사람들의 장점이기도 한 온정주의는 자칫 엄격함을 무너뜨릴 수 있고, 견디다 못해서이거나 또는 즉흥적으로 하는 본보기식 처벌은 비정함으로 비쳐질 수 있다. 이것이 우리 사회에서 다른 나라들에 비해 위대한 지도자나 존경받는 기업이 존립하기 어려운 이유인지도 모르겠다.

거대조직을 갖추고 있는 대기업과 공기업에서는 필연적으로 각종 규정과 방침들이 넘쳐나게 되어 있어서 엄격함이 비교적 잘 유지되는 반면, 종사자 수가 많다 보니 근로자들이 비정하게 느낄 수 있는 일들이 종종 발생한다. 이러한 관점에서도 국민들의 사랑과 종업원들의 신뢰를 받으며 지속적인 성장을 거두고 있는 대기업들을 눈여겨보고 본받을 필요가 있다고 본다.

가족 같은 회사의 함정

중소기업의 경우는 좀 사정이 다르다. 중소기업을 택하는 사람들의 기대심리 가운데는 대기업에 대한 상대적인 보상심리로 가족적인 분위기를 기대하는 심리가 있다. 실제로 면접을 통해서 확인된 바에 의하면, 적어도 절반 이상의 사람들이 가족적인 회사를 원한다고 한다. 문제는 가족적인 분위기에 대한 기대는 근본적인 한계를 가지고 있다는 것을 대부분 간과한다는 데 있다. 가족의 개념은 존재에 대한 사랑에서 비롯되는 것에 비하여 회사는 행위에 대한 보상이 이루어지기 때문이다.

언젠가 평소 회사를 위해 헌신적으로 일하던 직원이 사직을 하는 일이 있었다. 흔히들 말하는 창업공신 중의 하나인 그가 사직을 하게 된 것은 경영진 물론 직원들에게도 적잖은 충격을 안겨 주었다. 더군다나 그는 이직할 곳을 정해 놓지도 않은 상황이었다. 직접적인 이유는 그에게 시말서를 요구한 것에서 비롯되었다. 회사가 자신에게 시말서를 요구한 것에 대하여 배신감을 느꼈던 것 같다.

회사가 성장함에 따라 회사에서의 자신의 입지나 영향력이 상대적으로 줄어드는 것으로 인한 불만 또는 불안한 행동을 조금씩 보이던 그가 어머님이 회복할 수 없는 중병으로 입원하시게 되자 평소 회사 생활에 몰두하느라 어머님께 잘해 드리지 못했다는 회한과 함께 회사에 대한 불만과 원망의 마음을 갖게 되었고, 이에 대한 반사적인 행동으로 회사에 휴가계도 제출치 않고 출근을 하지 않는가 하면 언제쯤 출근하겠다는 이야기도 없었다.

회사와 동료들은 자연히 업무에 큰 어려움을 겪을 수밖에 없었다. 불행하게도 그의 모친은 결근이 시작된 지 약 한 달 만에 암으로 타계하시고, 그는 장례 절차를 마친 후 며칠 있다가 회사에 출근하였다. 그는 장남이었고 게다가 미혼이었기 때문에 더욱 안타깝게 느껴졌고 회사에서도 조문과 애도의 마음을 전하였음은 물론이다.

문제는 그 뒤였다. 근 한 달간 아무런 업무상 조치나 의사 통보도 없이 결근을 한 것은 경영자로서 묵과할 수 없는 일이었으므로 차후 유사한 사례 발생 방지를 위해서라도 경위를 해명하고 공식적인 유감의 뜻을 직원들에게 표하도록 할 필요가 있다 싶어 시말서 제출을 요구하였다. 굳이 처벌하려는 마음은 없었다. 하지만 그는 시말서 대신에 사직서를 제출하였다. 여러 가지로 설득하고 그에게 도움이 될 만한 조건을 제시하기도 하였으나 이미 굳어진 그의 마음을 돌이킬 수 없었다.

엄격하지만 비정하지 않은 리더

대기업과 같은 조직이라면 있을 법한 일도 아니지만, 중소기업에서는 유사한 일이 언제든지 발생할 수 있다는 것을 그 후 여러 차례의 경험을 통하여 몸소 깨달았다. 그리고 그와 같은 일이 있을 때마다 짐 콜린스의 말대로 "엄격하지만 비정하지 않은 리더"가 되고자 하는 마음이 절실해지곤 했다. 그것이 경영자로서 기업운영을 위해 감당해야 할 가장 큰 과제 중의 하나로 여겨졌다.

직원들의 우발적이고 즉흥적인 행동으로 인하여 반복되는 당혹스러움과 안타까움을 극복하기 위하여 나름대로 생각해 낸 방법은, 직원들에게 회사 운영에 있어서 규정의 필요성과 유익성을 강조 및 홍보하는 한편 다소 불편하더라도 경영자 자신이 회사의 공식적인 규정을 존중하고 지키고자 최대한 노력하였다. 회사를 운영하기 위한 규정과 기업 문화를 만들고 소프트웨어를 디버깅하듯 현실과의 충돌에서 빚어지는 문제들을 하나하나 해결해 나가는 방법을 택한 것이다.

위에 소개한 사례와 유사한 사례가 발생하는 것을 방지하기 위해서는 평소 구성원 간의 이해와 공통된 인식을 돕는 문화가 형성되어 있어야 한다. 그렇지 못할 경우 기업은 적지 않은 물적 손실과 심적 상실을 겪게 될 것이다. 그리고 그 파괴력은 기업이 작을수록 크다. 해결책은 다름 아닌 "엄격하되 비정하지 말라"는 정신을 바탕으로 한 경영철학과 기업문화를 정착시키는 것이다.

똑똑한 멍청이
VS 현명한 사람

"완벽에 대한 집착은 사람들로 하여금 자기 능력보다 더 많은 것을 원하게 만든다. 그리고 그로 인해 좋은 학점과 많은 재능을 가졌고 기꺼이 노력할 자세도 되어 있는 야심 찬 학생은 자신이 진정으로 원하는 것이 무엇인지를 알지 못하게 된다. 왜냐하면 이런 학생은 사람들이 자신에게 기대한다고 믿는 것을 외골수로 파고들기 때문이다."[1]

사람들이 개인적으로 많은 자유를 누리게 된다는 의미는 끊임없이 선택하고 결정해야 한다는 의미이기도 하다. 게다가 수입의 증가와 지위의 상승은 필연적으로 아래로 미끄러질 위험에 대한 두려움을 동반한다. 때문에 개인적인 최적화의 요구는 증가할 수밖에 없고 '20세기가 테라피의 세기였다면 21세기는 코칭의 세기'(스타 코이치 자비네 아스고돔)라는 말도 생겨나게 되었다. 개인을 위한 코치(coach)의 역할은 스포츠 선수를 위한 코치의 역할과 다르지 않다. 이를테면 똑똑한 사람을 현명한 사람으로 변화시켜 주는 것이 코치의 역할이다.

1   클라우스 베를레 지음, 박규호 옮김, 『완벽주의의 함정』, 소담출판사, 2012, p.131.

'똑똑함'의 함정

"'멍청한(stupid)'과 '어리석은'의 반의어를 종종 '똑똑한'으로 아는 사람들이 많은데, '똑똑한'에는 지능의 뜻이 내포돼 있다. '멍청함'의 의미를 지능보다 합리성에 근접시키고, '똑똑함'의 의미를 합리성보다 지능 쪽에 근접시킨다면 모순은 완전히 사라진다. 알고리즘 수준의 능력이 뛰어난 사람도 인식 활동과 의사결정을 규범화하는 지향적 수준의 심리에서는 불합리한 사고와 행위를 저지를 수 있다."[2]

효율성이 개별적으로는 경쟁력을 뒷받침해 주는 것도 사실이기는 하지만, 복잡계(複雜界)에서는 개별적인 효율성보다는 합리성이 더 큰 효력을 발휘한다. 그리고 합리성은 현명함에서 나온다는 점에 주목하여야 한다. 즉, 경제위기가 사회 불안으로 이어지는 파괴적인 현상을 막기 위해서는 효율성보다는 합리성에 중점을 두어야 하고, 개인적으로는 똑똑한 사람이기보다는 현명한 사람이 많은 사회여야 한다. 가정이나 기업도 이 점에서는 마찬가지다.

똑똑한 사람이 자기보다 똑똑한 사람과 경쟁하게 되면 좌절감을 맛볼 수밖에 없다. 왜냐하면 효율성의 관점에서는 최고만이 인정받기 때문이다. 실제로 성적 때문에 자살을 택하는 청소년들은 대부분 성적이

2   로버트 스턴버그 지음, 이영진, 방영호 옮김, 『왜 똑똑한 사람이 멍청한 짓을 할까?』, 21세기북스, 2009, p. 269.

상위그룹에서 나온다. 그리고 크게 실패하는 기업들은 주로 급속하게 성장한 기업들이다. 하지만 현명한 사람은 현명한 사람을 만나면 자신을 더욱 발전시키는 계기로 만든다.

세기적 경제위기의 역사를 돌이켜 보면 경제위기 속에는 반드시 어리석음이 구조화되어 가는 과정이 나타난다. 심각한 경제위기가 똑똑한 사람들이 저지르는 멍청한 행동에서 비롯되었다는 것은 아이러니 중의 아이러니다. 버블의 효시이자 대명사처럼 불리는 17세기 초중반의 튤립 버블에 불길을 지핀 것은 다름 아닌 '영농과학화'에 의한 튤립 변종 개발 기술과 당시 전성기를 구가하던 네덜란드의 발달된 '금융기법'이었다고 한다.

미국발 세계경제위기를 몰고 온 서브프라임 버블 역시 이전에 있었던 버블과 같은 길을 걸어왔음이 확연히 드러났다. '금융공학'의 실체라는 것이 신용도가 낮은 채권들을 모아서 그중에서 상대적으로 신용이 높은 상위그룹 채권을 우량 채권으로 팔아넘긴 것이다. 매우 많은 채권들 가운데 상대적으로 신용이 높은 것들을 모아 놓았으므로 확률적으로 더욱 안전하다는 이론인데, 이들 모두는 원초적으로 비우량채권이라는 사실을 간과하도록 교묘히 조작한 것에 불과하다.

똑똑함보다는 현명함이

우리는 너 나 할 것 없이 똑똑하지 못해 안달이다. 그리고 똑똑한 사람이 잘 사는 것처럼 보이기도 한다. 그렇지만 똑똑함보다는 현명함이 기업의 발전과 개인의 행복에 더욱 크게 기여한다. 아무리 똑똑한 지능을 가졌다고 할지라도 합리성이 결여되거나 그릇된 신념에 빠지게 되면 그 똑똑함이 더욱 많은 사람들에게 불행한 결과를 초래할 수도 있다. 때문에 특히 경영자나 관리자는 거래 관계를 맺거나 직원을 채용함에 있어서 '똑똑함'에 매료되어 그가 '멍청이'일 수도 있음을 간과해서는 안 된다.

리더의 한마디가
때론 상처가 될 수 있다

열심히 일하지 않는 사람 있나?

벌써 20여 년이 훌쩍 지난 일이지만 신규 사업 팀에서 일할 때의 일이다. 회사에서는 발전·환경·교통 3가지 분야를 신규 사업 분야로 정하고 TF(Task Force)를 만들어 미래 사업으로 육성하고자 사내 응모를 통해서 팀을 구성했다. 그런데 막상 일을 시작하고 보니 사업 추진 방식이 본인의 예상과는 좀 달랐다.

자체적 연구 혹은 제품 개발을 하거나 아니면 국내 중소기업을 인수하여 사업을 확장하는 방식이 아니라 해외 기업들로부터 제품이나 기술을 도입하여 대기업의 이름을 붙여 국내시장을 공략해 나가는 방법이었다. 비록 유명 대기업이라도 그런 식으로 착수하는 신규 사업들 중에서 끝까지 살아남아 회사의 주력 사업으로 성장하는 경우는 매우 드물었지만, 당시에 신규 사업을 시작하는 한 가지 방법이었다.

소비자들이 보기에는 늘 같은 회사처럼 보이지만, 일부 사업을 제외하고는 기술의 부침에 따라 사업 품목이 끊임없이 바뀌게 마련이고, 사람의 직장 생활 주기보다 사업의 순환 주기가 훨씬 빠르기 때문에 그에 따른 인적 구성도 늘 변하게 된다. 장기적인 투자와 개발에 집중하지 못하고 단기 승부에 목을 맬 수밖에 없는 것도 같은 이유에서라고 할 수 있다.

당시에도 예외 없이 신규 사업이라는 깃발을 꽂아 놓고 다음 날부터 수주를 해 오라는 명령이 떨어졌다. 멋모른 채 기대감만 안고 뛰어든 처지에다 영업 활동 경험도 없었지만 회사와 제품을 알리기 위해 이리저리 열심히 쫓아다녔다. 당시 건설 중이던 인천공항에 가기 위해 월미나루에서 배를 기다리던 기억은 지금까지도 생생하다. 그렇게 찾아간 고객들은 대개 명함을 손에 받아 들고 "아니, 이 회사가 이런 일도 합니까?" 하고 의아해하는 경우가 대부분이었다.

회사가 유명하다고 해서 소비자들이 생소한 제품을 선뜻 받아들이지는 않는다. 더군다나 산업용 제품이나 설비일 경우에는 전에 사용해 본 실적을 매우 중요하게 여긴다. 어쨌든 신규 사업을 맡겨 준 회사에 충성심을 보이기 위해서라도 발에 땀이 나도록 고객을 찾아다녔지만 실적은 좀처럼 오르지 않았다.

하루는 실적을 묻는 팀장의 말에 멋쩍게 대답하며 말끝을 흐렸다.

"열심히 일했습니다만 아직 실적이 없습니다."

그러자 당시 팀장이었던 P 이사가 내게 영원히 잊을 수 없는 명언을 던졌다.

"자네는 우리 회사에 열심히 일 안 하는 사람이 있다고 생각하나?"

그렇다. 말이야 옳은 말씀이다. 하지만 담당자의 입장에서 할 말이 없지도 않았다. 이때다 싶어 그동안 입 밖에 내지 못하던 이야기를 용기 내어 말씀드렸다. "우리 회사의 제품이 경쟁사의 제품에 비해 브랜드도 잘 알려지지 않은 데다 가격도 비싸고 어려운 점이 적지 않습니다." 내심 '닦달만 하시지 마시고 좀 도와주시기라도 하면 안 됩니까?' 하는 생각에서 한 말이었는데, 이번에는 다시 회심의 한마디를 날리셨다.

"제품이 그렇게 좋으면 영업이 왜 필요하지?"

두 가지 교훈

일이 잘 안 풀릴 때면 당시 생각이 떠오른다. 내가 열심히 일 한 것을 누구한테 알아 달라고 한들 무슨 소용이 있겠는가?

"옳은 일을 올바른 방법으로 하여야 한다."

그때 얻은 교훈이다. 그리고 또 한 가지.

"열심히 일하지 않는 사람이 있나?"

　말이야 옳은 말이다. 하지만 말만 옳게 하는 사람은 신뢰를 주지 못한다. 하급 직원이었을 때는 잘못된 언행이 본인의 피해를 낳는 데 그칠 수도 있겠지만, 리더가 되었을 때는 본인을 믿고 따르는 사람들에게 크나큰 피해와 상처를 안겨 준다.

7장

관리 능력
강화

회사는 현재를 사고
개인은 미래를 판다

취업난이 심각한 현실에서 동시에 또한 안타까운 사실은 취업자들의 이직이 잦다는 사실이다. 특히 중소기업의 경우는 더욱 심하다. 경험한 바에 따르면, 중소기업 경영자로 재직 시 대략 전체 직원의 20~30%가 매해 퇴직을 하였다.

필자가 인터뷰를 해서 채용한 사람들과 다시 퇴직 인터뷰를 하는 자리에서 마주 앉았던 일이 그만큼 많았다. 이를 통해 깨달은 것은 직원들이 그만두는 이유는 그만두는 사람의 숫자만큼이나 많다는 것이다. 물론 이직을 하면서 자기 속마음을 정직하게 털어놓지 않고 대충 둘러대는 이야기를 하는 사람들도 적지 않다. 하지만 긴 세월 직원들의 이직을 겪으면서 몇 가지 분명하게 깨달은 사실이 있다.

남아 있는 직원들은 동료 직원이 회사를 그만두면 무엇인가 회사에 문제점이 있거나 회사가 해당 직원에게 불합리 또는 부당한 처우를 했을 가능성이 있다고 생각한다. 이직을 하는 직원들은 자신이 현재 소유하고 있거나 누리고 있는 혜택을 작게 느끼고 채워지지 않는 욕구는 크게 느낀다. 직원들이 이직을 생각하게 되는 이유는 대체적으로 세 가지 요소로 구분할 수 있다.

첫 번째, 개인적 요소

취업난이 심각한 요즈음 본인이 원하는 기업에 취업할 기회를 얻지 못하는 경우가 많다. 때문에 차선책으로 현재 다니고 있는 기업을 택한 경우, 늘 기회가 있으면 원하는 회사로 전직을 해야겠다는 마음을 품게 된다. 이런 경우는 지금 다니고 있는 회사의 어떤 부분이 특별히 마음에 들지 않아서 문제가 되는 것이 아니다. 다만 눈높이의 차이가 문제일 뿐이다. 그 밖의 개인적인 요소로서는 경력 개발의 기회와 개인적인 공헌에 대한 인정과 보상이 있다. 개인에 대한 회사의 장기적 지원 그리고 경력을 위한 기술의 습득 기회 등이 기대에 못 미치면 이직을 생각하게 된다.

한편 기업은 직원들의 현재 능력에 따라 보상을 하지만 직원들은 자신의 미래를 담보로 보수를 받고 있다고 생각한다. 따라서 기업과 직원 사이의 평가와 보상에 대한 의견 불일치 역시 종종 이직을 생각하게 하는 요인이 된다. 진급에 대한 시각은 이와는 반대다. 기업은 직원의 잠재능력과 가능성에 근거해서 진급시키거나 새로운 보직에 임명한다. 그러나 직원들은 진급을 과거의 실적에 대한 보상으로 생각하는 경향이 있다. 따라서 진급에 실패하였을 경우 자신의 노력과 실적이 무시당했다고 생각하고, 이는 회사에 대한 신뢰의 상실로 이어진다.

지방 사립대학을 졸업하고 신입사원으로 입사한 K군은 회사에 근무하면서도 이루지 못한 꿈에 대한 강한 미련을 종종 드러내곤 했다. 그리고 업무에 익숙해질수록 강한 자존심을 표출하며 독자적인 행동을 하는 경향을 보이더니 3년이 지날 즈음 마침내 사직을 했다. 중소기업에 근무하는 아들을 안타깝게 여겼던 K군의 작은아버지가 공기업에 다시 한 번 응시해 보라고 조카에게 권면을 했고, 그 소리에 자극받아 이내 사직한 것이다.

그러나 회사를 그만두고 1년여 공기업 채용시험 공부를 했지만 뜻을 이루지 못했다. 이에 낙심한 K군은 우리 회사에 복직할 뜻을 전해 왔다. 회사 입장에서는 한 번 그만둔 직원을 재입사시키는 데 대한 부담이 없지 않았지만, 본인의 의지가 너무나도 확고하고 분명해 보이기에 몇 가지 확인 절차를 거쳐 재입사를 허락하였다.

하지만 재입사 이후에도 그의 마음은 우리 회사에 정착하지 못하고 있었음을 나중에 알게 되었다. 계속해서 다른 대기업에 이력서를 제출하였고, 재입사 후 1년이 경과한 시점에 어느 대기업에서 합격통지서를 보내왔다. 그리고 K군은 입사통지서를 받고 일주일 만에 다시 퇴사하였다. 사실 K군 이후에도 몇 번의 유사한 사례는 더 있었다.

이런 경우 중소기업의 경영자 입장에서는 겉으로 웃고 속으로 울 수밖에 없다. 개인적으로 보면 보다 큰 회사에 취업을 하게 되었으니 당연히 축하해 줄 만한 일이다. 하지만 기업 측에서는 예고된 손실일 수밖에 없다. 이는 비단 중소기업만의 문제는 아니다. 중견기업 아니 대기업이라고 해도 정도는 덜할지언정 예외는 아니다.

"기업들이 능력 있는 인재를 필요로 하면 할수록 인재들은 직장을 옮기는 데서 얻을 수 있는 이득을 깨닫게 되었다."[1]

두 번째, 관계적 요소

상사와의 관계가 원만하지 않을 경우 업무 의욕이 저하되고 이는 당연히 이직을 생각하게 하는 요인이 된다. 상사와 원만한 관계를 유지한다는 의미 속에는 상사의 자질과 능력 그리고 신뢰감도 포함된다.

S군은 업무에 대한 열의가 높고 상대적으로 다른 직원들에 비해 업무 수행 결과에 대한 신뢰도도 높아서 자신이 속한 부서에서 기대를 모으는 직원이었다. 그런데 어느 해 연말 부서이동을 요청했다. 연말 부서평가에서 자신이 속한 부서가 낮은 평가를 받았는데, 본인이 생각하기에 부서장의 성향과 능력으로 봐서 언제나 낮은 평가를 면할 수 없을 것 같다는 게 이유였다.

그의 이야기를 듣고 보니 어느 정도 수긍이 갔다. 하지만 그게 사실이라고 해도 부서를 옮겨 달라는 요청은 지나치게 자기중심적인 태도라는 생각이 들었다. 그럼에도 불구하고 자칫하면 아까운 직원 한 명놓칠지도 모른다는 생각에서 부서를 바꿔 주었다. 그러나 그 일이 있은지 채 1년도 안 되어서 S군은 사직을 하였다. 동료나 상사들 때문에 자신의 능력과 실적을 제대로 보상받을 길이 없다는 것이 이유라면 이유

---

1   에드 마이클스 외, 『인재전쟁』, 세종서적, 2002, p.38.

였다.

채용 인터뷰를 할 때마다 "어떤 회사에서 일하고 싶습니까?"라는 질문을 던져 본다. 그럴 때마다 하나같이 "가족 같은 회사에서 일하고 싶습니다."라는 대답이 돌아온다. 그런 대답을 인터뷰 때마다 듣다 보니 내 나름대로의 결론이 생겼다. 첫째, 구직자들이 자신이 일하고 싶은 회사가 어떤 회사인가에 대하여 구체적인 생각을 가지고 있지 않다. 둘째, 아마도 성장 과정에서 가족으로부터 받았어야 할 따뜻한 사랑에 아직도 목말라하고 있다. 다시 말하면, 가족과의 관계에서 충분히 사랑받고, 인정받고 교감하지 못한 탓에 그것을 채우고자 하는 갈증이 자신도 모르게 가슴에 깊이 자리 잡고 있는 것이다.

> "심리적인 상처라는 것은 제때 치유하지 않으면, 아무리 시간이 지난 후에도 사라지지 않는다. 성인의 마음속에 남아 있는 상처받은 어린아이를 '내면의 아이(inner child)'라고 한다. 또한 어린 시절 상처가 치유되지 않은 채 성인이 된 사람을 '어른 아이(adult child)'라고 한다."[2]

솔직히 그들이 말하는 '가족 같은 회사'라는 말의 정의를 정확히 알 수 없다. 화목하고 서로 이해하며 돕는 분위기의 건강한 회사를 의미하는 것이라면 얼마든지 수긍할 수 있다. 하지만 성장 과정에서 발생

---

2   수잔피보디 지음, 류가미 역, 『사랑중독』, 도서출판 북북서, 2010, p.12

한 관계적 상처에서 비롯되는 내면적 욕구의 표현이라면 이는 기업에서 쉽게 해결할 수 있는 문제가 아니다. 즉, 다른 사람과의 관계 형성에 어려움을 느끼는 사람은 그것이 직장 생활의 장애 요소가 된다.

평소에 일 잘하던 직원이 어느 날 고객에게 욕설을 퍼붓고 나서 사직하는 사례를 몇 차례 경험하였다. 쉽지 않은 일이지만, 이처럼 개인적인 문제를 넘어 기업의 경쟁력을 떨어뜨리는 경우도 있다. 즉, 유능한 인재를 확보하기 위해서는 단지 겉으로 나타난 학력이나 실력이 뛰어난 사람을 채용하는 데 그치지 않고 그 사람의 정신적 심리적인 상태까지도 보살필 수 있는 능력과 관심이 필요하다.

세 번째, 상황적 요소

가끔 불황기에 좋은 인재를 확보하여 호황기에 회사를 크게 발전시켰다거나, 탄탄한 회사를 만들었다거나 하는 이야기를 듣는다. 본받을 만한 일이다. 그러나 말이 그렇지, 실천하기가 여간 어려운 일이 아니다. 불황이 닥치면 회사의 생존을 걱정해야만 하는 게 대부분 기업들의 형편인지라, 우수한 인력을 채용한다는 것은 그림의 떡일 경우가 대부분이다.

그러나 호황기가 되면 작은 회사에서 큰 회사로 인력 이동(shift)이 일어난다. 불황기에 신입사원 채용을 자제해 온 대기업들이 호황기가 되면 갑작스럽게 늘어난 인력 수요를 경력사원 채용을 통해 메우게 되고,

이 과정에서 능력 있는 근로자들은 한 단계 큰 규모의 회사로 전직할 수 있는 기회를 얻게 된다. 어떻게 보면 자연스러운 일이라고 할 수도 있지만 그 과정에서 작은 규모의 회사들은 애써 길러 놓은 인재를 고스란히 내놓을 수밖에 없다는 문제가 있다.

인재 관리에 있어서 개인적 요소와 관계적 요소는 노력과 방법을 동원하여 해결할 수도 있는 문제이다. 그러나 상황적 요소는 대처하기가 매우 힘들다. 중소기업일수록 더욱 그렇다. 인원수가 적다 보니 그중에서 핵심 멤버 한두 사람만 빠져나가는 것으로도 회사는 큰 충격을 받을 수 있다. 근로자들은 설사 급여가 줄어든다 해도 대기업 근무를 택하는 것이 현실이기 때문이다.

그러므로 기업의 성공 여부는 상황적 변화에 능동적으로 대응할 수 있는 역량의 유무에 달려 있다고 할 수 있다. 빠져나가는 것을 막을 수 없다면 빈자리를 신속하게 채울 수 있는 방법을 강구하든지, 아니면 한두 사람의 핵심 멤버에 대한 업무 의존도가 지나치게 높아지지 않도록 업무를 시스템화할 필요가 있다. 어느 것이든 쉽지는 않은 일이지만 기업의 성공을 위해서는 반드시 필요한 일이다.

인재의 3요소:
인성, 적성 그리고 능력

부시 대통령 재직 시절 한국계 미국인 가운데 미국 최고위 공무원에 올랐던 전 백악관 국가장애위원회 정책차관보 강영우 박사는 미국의 최고 공직자 선정 기준이 실력(Competence)과 인격(Character) 그리고 헌신(Commitment)이라고 소개한 바 있다. 이 말에 주목하는 이유는 우리의 짐작과는 달리 미국 사회에서 성공자가 되기 위해서는 인격적 성숙과 사회에 대한 헌신이 필요하다는 점 때문이다. 특히 이 두 가지는 오랜 기간의 수련과 자기 성찰을 통해서만 얻어질 수 있다는 점에서 우리에게 매우 중요한 것을 시사한다.

20세기 최고의 CEO라고 불릴 정도로 뛰어난 경영자인 잭 웰치(Jack Welch)는 직원을 채용할 때 다음 세 가지를 중점적으로 심사했다고 한다.

- 도덕성(Integrity): 올바른 방식으로 게임에서 승리하려고 하는가?
- 지적 능력(Intelligence): 강한 지적 호기심을 가지고 있는가?
- 성숙성(Maturity): 자신의 감정을 조절할 줄 아는가?

어느 시대든 일을 할 때 인성이라는 실력이 절대적으로 필요하다. 세상에는 혼자 잘나서 풀 수 있는 문제가 흔치 않다. 현대는 다양한 지식과 능력을 지닌 전문가가 함께 모여 팀워크를 이루어야 하는 세상이다. 이런 세상에 아무도 나와 일을 하고 싶어 하지 않으면 나는 일을 할 수 없게 된다. 그래서 인성은 '일을 할 수 있게 해 주는' 실력이다.[1]

이처럼 공직자, 기업인, 교육자 어느 영역이건 인성이 강조되지 않는 분야가 없다고 할 수 있다. 그렇다면 우리는 왜 그동안 인성의 중요성을 간과하고 있었을까? 장관 임명 청문회 때마다 '장관할 사람이 그렇게도 없나?' 하는 한탄의 소리가 나오니 말이다. 이는 다만 청백리를 바라는 국민의 기대에 부응할 만한 사람이 없다는 데 그치는 문제가 아니라, 우리 사회의 도덕적 취약성을 드러낸다는 게 더 큰 문제다. 조벽 교수는 그 원인을 우리나라가 산업화 사회를 거치면서 환경 변화에 따른 것이라고 진단한다.

"산업화 시대에는 사람이 공장에서 기계와 함께 일을 했습니다. 따라서 일터에서는 인성이 요구되지 않았습니다. 일을 마친 후에 동료와 친지와 어울릴 때나 인성이 중요했습니다. 그리고 한국에서는 인성을 요구하되, 농경사회 대가족 시대의 인

---

1   조벽, 『조벽 교수의 인재혁명』, 2010, p. 151.

성을 요구하기 때문에 학생들에게 호응을 받지 못합니다. 학생
은 그것이 자기랑 무관한 사회의 개념이라고 생각합니다."[2]

인성의 중요성을 인식하고 이미 채용시험에 인성검사를 포함시키고
있는 대기업이 있다. 필자가 과거 경영했던 회사 역시 중소기업이지만
반드시 인성검사를 거친 후에 직원을 채용하였다. 그 과정에서 한 가
지 확실한 것을 깨달았다. 적성이 맞지 않는 사람은 오래지 않아 그만
둘 가능성이 높다. 능력이 부족한 사람은 성과가 부진할 수밖에 없다.
그러나 이것들이 다른 사람들의 성과에 심각한 악영향을 끼치는 것은
아니다. 하지만 인성이 갖춰지지 않은 직원은 설령 적성이 맞고 뛰어난
능력을 지녔을지라도 동료 직원들과 회사에 심각한 악영향을 끼칠 우
려가 매우 높다.

누구나 그만둘 때 보면 그 사람의 됨됨이가 잘 드러난다. 어떤 사람
은 그만두는 시기를 선택하는 것도 자신의 중요한 직무가 마무리되는
시점을 택하고, 자신의 후임자가 어려움 없이 업무를 이어 나갈 수 있
도록 업무 인계를 성의 있게 한다. 그리고 주위 동료들이 자신으로 하
여금 불필요한 동요를 일으키지 않도록 가급적 부정적이거나 자극적인
말도 피한다. 이런 사람은 비록 보내는 아쉬움이 클지라도 잘되기를 바
라는 마음이 한결 더 크다. 혹여 평소에 좀 이해하기 어려운 행동을 했
을지라도 그럴 만한 이유가 있었을 것이라고 다 이해하게 된다.

2   상게서, p.153.

반면에, 다들 정신없이 바쁘거나 자신이 맡고 있는 일이 중요한 고비에 있을 때 불쑥 사표를 내는 사람도 있다. 업무 인계 같은 것은 아예 기대도 할 수 없다. 공연히 자신이 그만둘 수밖에 없는 이유를 이 사람 저 사람에게 퍼트린다. 듣고 보면 자신이 부당한 대우를 받았기 때문에 떠날 수밖에 없으며 자신은 희생자라는 이야기이다. 이런 사람은 그만두고 난 뒤에 뒤탈이 생기기 십상이다.

결과적으로 그만둘 때 보면 어느 누구든 그 사람이 회사에 도움이 되는 사람이었는지 아니었는지 확연히 알 수 있게 된다는 말이다. 그런데, 기껏 그만둔 뒤에 알게 된다면 그게 무슨 소용인가? 직원 개개인의 채용부터 퇴직 시까지는 회사를 위한 하나의 프로젝트이다. 특히나 중소기업에서는 개개인 한 사람 한 사람이 그만큼 중요하다. 사실은 퇴직후에도 관리 대상에서 제외할 수 없다. 언젠가는 다시 우리 회사의 고객이 될 수도 경쟁자가 될 수도 있으며, 심심찮게 재취업하는 경우도 있기 때문이다.

직원 개개인을 채용에서 퇴직할 때까지 면밀히 관찰하고 탐구하다 보면 경험과 자료가 쌓여서 누가 인격적인 사람이고, 어떤 사람이 회사에 도움을 주게 될 사람인지 빨리 식별할 수 있는 능력이 생긴다. 쓸 만한 사람이 없다고 입버릇처럼 말들 하지만, 막상 쓸 만한 사람을 구하기 위한 노력을 하는 경우는 보기 어렵다. 짧게는 20~30분, 길게는 한 시간 정도 대화를 해 보고 누가 자신의 회사에 적합한 사람인지 인격과 적성과 능력을 즉석에서 판단하기란 불가능한 일이다. 예를 들면 엑스레이 필름을 아무리 들여다봐도 전문적으로 교육과 훈련을 받지 않은 사람은 어느 것이 정상인의 것이고 어느 것이 환자의 것인지 알지 못한다. 입사 서류도 마찬가지다. 그저 읽을 수 있을 뿐 아무런 노력 없이 유능한 인재 분별 능력을 가질 수는 없다.

적성은 찾아내는 것

적성이 쉽게 드러나는 사람도 있지만, 쉽게 드러나지 않는 사람이 더 많다. 때문에 섣불리 적성을 이야기하는 것은 현명한 일이 못 된다. 왜냐하면 현대 사회는 점점 더 네트워킹(Networking)과 집적(Integration) 능력이 요구되는 사회로 변해 가고 있기 때문에 개인의 특성을 너무 세분화시켜서 적성으로 묶어 두는 것은 바람직하지 않다.

이것이 본인에게 맞는 일인지 아닌지를 구분하는 가장 확실한 방법은 최선을 다해서 해 보는 것이다. 적성이 안 맞아서라기보다 그 일을 해야 하는 이유를 찾지 못해서 일에 집중하지 못하는 경우를 더 많이 보아 왔다. 결론적으로 적성에 맞는 일을 찾아서 하는 것이 아니라 주어진 일을 최선을 다해서 해 보아야만 자신의 적성이 드러나게 되는 법이다. 그렇게 되면 자연히 주위에서도 그가 성과를 내는 일을 하도록 요청하게 된다.

회사 입장에서는 응시자의 전공이나 취미 활동 그리고 간단한 적성 검사를 통해서 적성을 가늠할 수 있다. 앞서도 설명했듯 적성은 인성처럼 절대적이지는 않다. 그리고 이것저것 일을 시켜 봄으로써 개인에게 맞는 업무를 부여할 수 있다. 문제는 그러한 시도와 노력에 회사와 개인이 협력적인 관계를 맺느냐 못 맺느냐 하는 것이다. 결국 적성을 찾아내는 데 있어서도 인성이란 바탕이 중요한 영향을 미친다.

능력의 기준

능력은 평가될 때 의미 있다. 그리고 평가는 목표와 평가 수단이 있어야 가능하다. '능력주의'라는 말이 유행어처럼 사용되고는 있지만, 직원들이 생각하는 능력의 개념과 관리자 혹은 경영자들이 생각하는 능력의 개념 간에는 괴리가 크다. 때문에 능력주의 인사정책이 정착되지 못하고 또한 능력 있는 직원들이 자꾸만 이탈하게 된다. 따라서 '능력주의 인사정책'이라고 말할 때는 무엇이 평가 대상이고 평가는 언제 어떤 방법으로 이루어지는지에 대한 정보가 조직 내에서 명확하게 공유되어야만 한다.

채용할 때도 마찬가지다. 능력의 기준이나 정의도 없이 능력 있는 인재를 채용하겠다고 말하면 앞뒤가 맞지 않는 말이 된다. 이는 채용하는 입장이나 취업을 하고자 하는 입장 양측이 다 진지하게 고려해 보아야 할 문제이다. 인성은 보편적이고 객관적이며, 적성은 개인적이고 주관적이라면 능력은 상호적이고 교환적인 가치이다. 때문에 사람은 많은데 쓸 만한 사람이 없다고 말하기 이전에 우리 회사에서는 어떠한 능력을 지닌 또는 어떠한 능력이 강조되는 인재를 필요로 하는지부터 심층적으로 연구하고 분석해야 한다.

인사 관리 측면에서 말하는 능력은 '학력', '직무경력' 그리고 '자기계발' 3가지 요소로 정의 내릴 수 있다.[3] '학력'은 그가 습득한 지식·교양·사고력·기술·기능 등을 말한다. '직무경력'은 부여된 직무의 처리를 통해 날마다 지식을 쌓고 연구 개선하는 힘을 키우며, 상사·동료·선배·후배 또는 외부 인맥 형성 등에 의해 견문을 넓히고 지위에 적합한 인격 형성이 이루어지는 것을 말한다. '자기계발'은 사회인이 된 뒤의 계발 노력을 말한다.

종합해 보면 다음과 같은 결론에 도달한다. 실제로 기업을 위해 성과를 창출하는 힘은 '능력'이다. 그런데 위에서 언급한 능력의 3요소 가운데 '직무경력'은 인성과 밀접한 관련이 있다. 어느 기업이나 조직에서건 인성이 좋아야 경력을 쌓을 만큼 그곳에 머물 수 있기 때문이다. '자기계발'은 적성과 관계가 깊다. 자신의 적성에 맞는 일을 하게 되면 열정을 가지게 되고 따라서 자기계발을 위한 노력도 게을리하지 않을 것이기 때문이다.

따라서 직원을 채용할 때는 인성을 중점적으로 평가하되 채용 후에는 그가 스스로 자기계발을 통해 능력을 발휘할 수 있도록 적성에 맞는 직무를 부여함과 아울러 지속적으로 관찰하고 관심을 기울여야 한다. 같은 맥락에서 취업 희망자나 직원 개인의 입장에서는 인성과 함께 적성에 맞는 직무경력 관리가 매우 중요하다.

---

3   현대경영연구소, 『좋은 회사를 만드는 인재 관리 육성과 기업발전』, 도서출판 승산, 2009.9.23, p.37 참조.

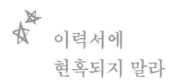

이력서에
현혹되지 말라

"맥콜의 이론은 적절한 자질 모델과 달리 위대한 지도자들이 성공할 준비가 되어서 태어났다는 생각을 따르지 않는다. 그보다 경영진의 능력은 인생에서 겪는 경험을 통해 개발되고 만들어진다. 도전적인 일, 프로젝트 운용 실패, 회사 내 새로운 분야에서 맡은 임무 등이 모두 경험의 학교 내 '학습 과정'이 된다. 리더가 가지고 있거나 가지고 있지 않은 기술들은 말하자면 그들이 지금까지 어떤 과정을 밟았고 밟지 않았는지 여부에 따라 달라진다."[1]

과거 경험을 중시해야 하는 이유

GE 전 회장 잭 웰치도 그의 저서에서 인재를 채용하거나 등용할 때 화려한 이력서에 현혹되지 말아야 한다고 언급한 바 있으며, 위 책의 저자 역시 같은 이야기를 하고 있다. 최종 학력이 고졸이지만, 회사 전

1   클레이튼 M. 크리센스, 제임스 오루어스, 캐런 딜론 지음, 이진원 옮김, 『당신의 인생을 어떻게 평가할 것인가』, 알에이치코리아, 2012, p. 196.

면에 나서서 많은 실무 경험을 쌓았으며 성실한 A와 다국적 기업의 수십억 달러를 굴리는 사업부에서 책임 부사장을 지냈던 B 중에서 누구를 새 사업을 책임질 부사장으로 채용할 것인가 고민한 끝에 주위의 권고로 B를 채용했으나 결국 18개월 만에 그에게 사직을 권고하였던 경험을 적고 있다.

B는 사업 규모는 컸지만 전반적으로 안정된 상태의 사업을 경험한 경력이 있었다. 새로 뭔가를 만들어 본 적이 없었다. 때문에 그는 신설 공장을 처음 가동하고 새로운 프로세스의 생산 규모를 확대할 때 생길 수 있는 문제를 전혀 알지 못했다. 또한 과거에 직속 부하들을 많이 거느렸긴 해도, 경영했던 사업 규모 때문에 사실상 그들과 어깨를 맞대고 일하기보다는 그들로부터 보고를 받으면서 일했다.

두 후보의 이력서에 나와 있는 과거 경험을 중시했더라면 A가 더 적임자였을 수도 있다. 왜냐하면 그의 이력서는 그가 경험의 학교에서 적절한 과정을 수료했다는 것을 보여 줬기 때문이다.

몸담았던 조직보다는 업무를

이상은 인재를 채용하는 입장에서 하는 얘기이지만, 취업을 희망하는 사람들에게도 시사하는 바가 크다. 요즘같이 이직과 전직이 빈번한 시대에는 이력서에 큼직큼직한 회사 이름을 열거하는 것으로 자신의 경력을 화려하게 장식하려는 사람들이 종종 있다. 그러나 어느 기업에 속해 있었다거나 어느 프로젝트에 참여했느냐보다는 구체적으로 어떤 일을 담당했느냐가 인사담당자들이 알고 싶어 하는 내용이다. 따라서 이력서나 자기소개서를 쓸 때 어느 조직에 몸담았었느냐보다는 무슨 일을 어떻게 했는지 가급적 구체적으로 기술하는 것이 바람직하다.

일 잘하는 사람과
오래 남을 사람

직원을 채용할 때 기업의 입장에서 원하는 사람을 한마디로 정의하면 '일 잘하고 오래 남을 사람'이다. 일을 시키기 위해서 사람을 채용하니까 당연히 '일 잘하는 사람'이 필요하다. 일을 잘한다는 의미 속에는 지속적인 성장과 발전도 포함된다. 그리고 일을 잘하는 사람이 오래 남아 힘이 되어 준다면 더할 나위 없이 고맙다.

원래 일 잘하는 사람

"많은 사람들이 노래를 부르게 하려고 돼지를 때리는 우를 범한다. 그러나 이로 인해 사람들은 지치고 돼지는 괴로울 뿐이다. 차라리 돼지를 팔아 카나리아를 사는 편이 더 낫다. 달리 말하면 적절한 재능을 갖춘 사람을 채용해 일을 맡기라는 것이다."[1]

---

1   기시 요시나가 지음, 장민주 옮김, 『삼성도 부럽지 않은 작은 회사 경영 이야기』, 아르고스, 2005.

가만히 보면 일 잘하는 사람, 열심히 하는 사람은 회사가 어떤 조건을 만족시켜 주기 때문에 일을 열심히 하고 잘하는 것이 아니다. 그들은 기본적으로 일을 열심히 하는 품성과 습관을 지녔다. 사실 과거 산업화 시대와는 달리 한두 가지 제품만을 지속적으로 생산하는 회사는 거의 없다. 시대적·사회적으로 변화되는 환경에 적응하면서 고객들의 요구를 수용하려면 최고의 전문성을 유지하면서도 지속적인 개선과 개혁을 해야만 한다. 때문에 직원들을 가르쳐서 일하게 하는 데는 한계가 있다. 직업에 대한 프로페셔널 의식과 실력을 구비한 사람이 필요하며, 이러한 사람들은 어느 기업에서든 환영받는다.

이들의 특징은 회사에 대한 기대와 요구가 명확하다는 것이다. 일에 대한 자부심을 중시하거나, 경력 개발에 관심을 가지고 있거나, 일과 생활의 균형을 중시할 수도 있고 동반자 의식을 갖도록 해 주기를 바라는 사람도 있다. 즉, 자신이 생각하는 핵심 가치를 존중해 주는 기업이라면 스스로 알아서 최상의 성과를 올릴 수 있는 준비가 되어 있는 사람이다. 한편 이런 직원들은 자신의 핵심 가치를 지킬 수 없거나 존중받지 못할 때는 과감하게 진로를 바꿀 수도 있다.

일은 잘하는데 조건을 내세우는 사람

대체적으로 성실하고 업무 수행 능력도 우수한 편이지만 무슨 일을 할 때마다 조건을 내세우는 사람이 종종 있다. 한마디로 자신의 존재감을 확인하려는 의식이 바닥에 깔려 있는 사람이다. 역설적으로 이런 유형의 사람들의 행동 동기는 열등감이다. 자신의 취약한 부분이 드러나지 않을까 항상 염려하고 그것을 감추기 위해 다른 일을 더 적극적으로 하기도 한다.

자신의 직무와 직접적인 연관이 없는 업무를 하도록 지시하면 그때마다 전제조건을 제시한다. 전제조건이란 회사가 받아들이기 어려울 정도로 큰 요구일 수도 있지만 그렇지 않은 경우가 대부분이다. 문제는 자신이 해야 할 일을 하면서도 은연중 조건을 내세우거나 생색내기를 좋아하기 때문에 팀이나 회사 전체를 관리하는 입장에 있는 팀장과 경영자에 종종 부담을 지워 준다. 또한 동료 직원들에게도 부정적인 영향을 줄 수 있다.

이런 사람은 회사가 본인을 신뢰하고 인정하고 있다고 믿을 때에 최선을 다해 충성을 하는 특징이 있다. 다만, 그것을 항상 확인하고 싶어 하며, 자신이 인정받고 있다는 사실이 인지되지 않을 경우에는 불만을 주위 사람들에게 확산시키는 행동을 할 수도 있다.

사람은 누구에게나 양면성이 있다. 이러한 유형의 사람들의 경우, 장점이라고 할 수 있는 민감성을 잘 인식하고 인정에 대한 욕구를 적절히 충족시켜 주면 오래도록 함께 일할 수 있다. 반면에 개인적인 특질을 인지하지 못하거나 무시할 경우에는 트러블 메이커가 되거나 쉽사리 회사를 그만둘 수도 있다.

일을 잘하는 것은 분명한데 본인이 내키는 일만 열심히 하고 그 밖의 일들에는 관심이 없는 사람이 있다. 자신의 일에 대한 자긍심도 있고 상당한 수준의 전문 지식을 쌓았거나 자격을 취득한 사람 중에 이런 사람들이 있다.

이름이 잘 알려지지 않은 지방대학을 졸업하고 역시 그 지방에서 직장 생활을 하고 있던 한 사람이 우리 회사 경력사원 모집에 응시하였다. 경력 기간에 비해 그간 쌓은 업무 경력이 우리 회사에서 일하는 내용과 거리가 있어서 조금 망설이기는 했지만 직장 생활을 하는 동안 기술사 자격증을 취득한 점에 비추어 잠재적 능력이 있는 것으로 보고 경력사원으로 채용하였다. 우리 회사에서 그가 맡은 직책은 팀장이었다. 말 그대로 팀장은 팀의 성과에 책임을 지는 자리이다. 예상대로 그는 경험 부족으로 업무 전반에 관한 장악력은 부족하였지만 기본기가 다져져 있어서 크게 우려할 만한 입장은 아니었다.

그보다 문제되는 것은 회사의 업무 영역과 본인의 관심사 간 공통분모가 매우 적은 데 있었다. 특히나 중소기업의 업무라는 것이 자질구레한 일에서부터 중요한 일까지, 전문 분야뿐만 아니라 비전문 분야까지 고객이 원하는 한 무엇이든 해내야 하는 형편이지만, 그는 자신이 왜 그와 같은 수준 낮은 일들을 해야 하는지에 대하여 매우 회의적인 생각을 가지고 있었다. 한마디로 기술사의 격에 어울리는 일에 집중하고 싶어 했다.

물론 그가 생각하는 가치 있는 일은 핵심적인 업무이기는 하지만, 그 밖의 자질구레한 일들도 낱낱이 챙겨야 하는 게 팀장의 역할이다. 결론적으로 그는 6개월이 채 못 되어 회사를 그만두고 전문성을 더 잘 발휘할 수 있는 곳을 찾아 회사를 옮겼다. 그리고 그 후에도 4~5년 새에 두 번 더 직장을 옮겼다. 사실 요즈음은 직장을 옮기는 것이 예전처럼 흠이 되는 시대는 아니다. 때문에 앞으로 더 두고 볼 일이다.

그가 계속해서 전문 분야 업무를 찾아서 회사를 옮기는 것이 과연 그에게 만족할 만한 결과를 가져다주었는지는 머잖아 평가가 내려질 것이다. 다만 기업의 입장에서는 기업의 규모에 따라서 한 가지 전문 분야만 깊게 파는 사람과 소위 말하는 제너럴리스트 중에서 어떤 사람이 회사에 더 필요한지 고민해 보아야 할 일이다. 그리고 그 결과에 따라 회사가 당사자에게 오래 남아 있어야 할 명분과 이유를 제공해 주고 있는지도 점검해 볼 필요가 있다.

팔로워십(Followership)의 소유자

우리나라의 기업가나 정치인들 중엔 화려하게 등장했다가 초라한 모습으로 대중의 시각에서 멀어져 간 사람들이 적잖다. 그와 같은 현상은 반복적으로 진행되어 왔고 현재도 마찬가지다. 평소 생각해 볼 점이 많은 문제라고 여겨 왔는데 특히 팔로워십 관점에서 분석이 필요하다.

"부하가 해야 할 일은 상사의 행동을 시정하거나 상사를 재교육시키는 것이 아니며, 상사에게 경영대학원과 경영서적이 말하는 상사로서의 본연의 자세에 따르게 하는 것도 아니다. 어느 특정 상사가 그 나름의 한 개인으로서 일을 성취할 수 있도록 해 주는 것이 부하가 해야 할 일이다."[2]

직장인이라면 누구나 상사를 평가하고 흉보기도 하며, 그러한 행동을 통해서 스트레스를 해소해 본 경험이 있을 것이다. 그러나 피터 드러커는 직장인의 이러한 태도에 일침을 가한다. 자신의 실적에 가장 큰 영향을 주는 사람은 상사이며, 따라서 상사의 실적에 대한 책임 일부가 나에게 있다는 점을 상기시켜 준다.

훌륭한 인물들이 기대를 한 몸에 받고 어떤 중요한 직임을 맡았을 때 그가 속한 조직의 동료나 부하들이 신임 리더의 특성을 잘 관찰하고 그가 최상의 성과를 낼 수 있도록 보좌, 협조 또는 지원하기보다는 각자 자신의 입장과 관점에서 리더를 평가하고 나아가 비판하는 현상 때문에 기대 이하의 성과를 보이며 중도에 하차하거나 아니면 단명한 경우가 많다. 리더십은 지나칠 정도로 강조하면서도 팔로워십에 대한 관심과 이해가 부족하기 때문이다.

기업에서도 마찬가지다. 직원들이 회사를 그만두는 이유 중에 큰 비중을 차지하는 것 중의 하나가 '상사가 무능력하기 때문'이다. 한마디

---

2   M. L. King, Jr/M. K. Gandhi/ A. Solzhenitsyn el. 『세계 최고 지성 36인이 말하는 21세기의 세계(상)』, p.32.

로 무능력한 상사 밑에서 일하다 보면 배울 것도 없고 팀의 실적 또한 좋을 수 없기 때문에 자신의 성장과 발전에 도움이 되지 않는다는 이유다.

하지만 부모를 선택할 수 있는 자녀가 없듯, 상사를 선택하는 기회는 어지간해서 주어지지 않는다. 현재 자신이 소속된 조직의 리더가 개인의 특성과 능력을 잘 발휘하여 최상의 성과를 올릴 수 있도록 협조하고 그의 부족한 부분을 채워서 조직이 원만하게 운영될 수 있도록 하는 편이 장기적으로는 서로에게 모두 도움이 된다는 사실을 이해하고 받아들이는 사람은 다르게 행동한다.

자신의 도움으로 상사가 우수한 실적을 올렸다고 해서 그것이 자신에게 손해가 나는 것이 아니며, 한발 더 나아가 자신의 전적인 헌신으로 말미암아 무능한 상사가 조직을 이끌어 나갈 수 있었다고 하면 차상급 상사나 주위 동료들 역시 그 사실을 모를 리 없다. 스스로 내세우지 않고도 자신의 능력을 드러내게 되고, 뜻하지 않은 때에 중요한 직책에 발탁될 수 있는 기회가 오기도 한다.

대부분의 직장인들이 이와 같은 사실을 깨닫지 못하거나 아니면 알고도 실천하지 못하지만, 어쩌다 보면 팔로워십이 잘 훈련된 사람을 만날 수도 있다. 상사가 그를 알아보고 친밀한 유대 관계를 맺을 수 있다면, 그들 사이 관계는 오래도록 유지되고 큰 성과를 낼 것이다.

옛말에 "못난 소나무가 선산을 지킨다."라는 말이 있다. 이 말은 오늘날 중소기업 현실에도 딱 들어맞는 말이다. 소나무들 중에서 곧고 미끈하게 잘 자란 나무들은 먼저 재목으로 팔려 나간다. 그런데 소나무야 돈이라도 받고 팔아넘기지만 사람은 그렇지 못하다. 때문에 될성부른 인재에게만 너무 관심과 애정을 쏟다 보면 실망도 그만큼 클 수밖에 없다.

업종마다 다르긴 하겠지만, 중소기업의 경우 대개 2~3년, 길면 5년 정도의 경험을 쌓은 뒤에는 전직을 한다. 게다가 아까운 인재부터 먼저 팔려 나간다. 결국 아무도 돌아보지 않는 볼품없는 소나무가 조상의 산소 곁을 지키듯 왠지 부족하게 느껴지는 직원들이 오래도록 회사에 남아 힘을 보탠다.

경영자 입장에서는 안타까운 일이지만 엄연한 현실이고 보면 경영자가 스스로 생각을 바꾸는 수밖에 없다. 기업의 특성에 맞는 인사 시스템을 구축하되 유능한 인재들한테는 능력에 맞는 보상을 해 주든가 일정 기간이 지난 후 퇴직할 것에 대비해 사전 준비를 하든가 하여야 한다. 반면에 발전 속도가 더디지만 성실한 사람에게는 그의 성장 속도에 맞는 맞춤형 인사 시스템을 적용할 필요가 있다.

결론적으로 유능한 사람이 오래도록 남아 있도록 하는 것은 바람일 수는 있지만, 현실에 있어서는 유능한 사람을 오래도록 붙잡아 두는 것만이 최선의 선택이 아닐 수도 있다. 위에서 언급한 바와 같은 개개인의 특성을 이해하고 또 각자의 목표를 존중하는 가운데 기업과 개인에게 무엇이 유익한지를 생각하면서, 축구 감독이 선수를 선발하고 기용하듯 인재 관리를 해야 한다. 그리고 새로운 선수를 선발하는 것 못지않게 기존에 뛰고 있는 선수들이 그만둘 때를 대비하는 것이 감독의 중요한 역할이라는 사실은 새삼 강조할 필요가 없을 것이다.

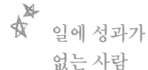

일에 성과가
없는 사람

열심히 할수록 소리가 나는 이유

누구에게나 함께 일했던 직원들 가운데서도 유독 기억에 남는 사람이 있다. 일을 잘하는 사람도 기억에 남고, 열심히 일하는 사람도 기억에 남는다. 그저 자리만 지키던 사람은 쉽게 잊힌다. 그런 가운데도 특이한 유형의 기억에 남는 사람들이 있다. 일을 무척 열심히 하는데 성과가 없는 사람들이다.

대기업에서 근무하다가 명예퇴직하고 우리 회사로 온 한 직원의 경우가 대표적인 예라고 할 수 있다. 그는 대기업에서 하던 직장 생활이 몸에 배어 있어 무척이나 성실했다. 아침 일찍 출근하고 밤늦게까지 일할 뿐 아니라 항상 상사의 지시에 순종했다. 요즘의 시각으로 보면 지나치다고 말할 수 있을 정도였다. 회의 중 혹은 상사가 말할 때는 수첩에 무엇인가를 항상 기록하는 습관도 있었다. 당시 중소기업인 우리 회사에서 직장 생활을 처음 시작한 다른 직원들에게 본이 될 수도 있겠다 싶어 기대를 많이 하면서 팀장 자리에 앉혔다.

그러나 기대와 달리 시간이 지나면서 문제가 하나둘씩 드러났다. 그에게 맡긴 업무들이 대체로 지지부진하거나 고객이 클레임을 제기하는 일이 자주 발생했다. 그뿐만 아니라 팀원들이 하나 둘씩 그만두는 상황으로 이어졌다. 큰일이다 싶어 자세히 관찰을 해 보니 몇 가지 문제점들이 발견되었다.

K 팀장은 대기업에 오래 몸담았던 터라 조직의 생리에 대하여는 누구보다도 잘 알았다. 때문에 상사 앞에서는 늘 절대적으로 순종하는 자세를 취하였지만, 정작 자신의 팀이 맡은 일을 해낼 만한 능력이 부족하였다. 큰 회사에서 조직적인 지원을 받을 때는 인식하지 못했었지만, 자기가 맡은 일만 해낼 때와는 달리 팀원들을 데리고 취약한 인프라를 이용하여 거칠기만 한 고객들의 요구를 충족시키는 일을 감당할 수 없었다. 그러다 보니 참을 만큼 참다가 팀원들에게 화를 발산하게 되고, 이를 이해할 수 없는 직원들은 회사를 그만두는 것으로 의사표현을 하고야 마는 것이었다.

자신이 모르는 일은 시킬 수도 없다

얼핏 생각하기에는 대기업에서 명예퇴직한 직원들을 중소기업에서 팀장이나 임원으로 영입하면 서로에게 큰 도움이 될 것 같은데, 그와 같은 시도가 좋은 성과를 내는 경우가 그리 흔치 않다. 이유는 앞에서 예로든 K 팀장의 경우와 같이, 기본적인 요건이 갖추어진 상태에서는 자신의 능력을 잘 발휘할 수 있으나 대개의 중소기업이 그렇듯 열악한 환경에서 하나부터 열까지 스스로 일을 챙겨 가면서 심지어 조직화되어 있지 않은 팀원들을 이끌고 끈질기게 목표를 달성하기는 쉽지 않기 때문에 열심히 한다고 해서 성과가 오르지 않는다.

오늘날의 팀제는 공동의 목표를 위해 각기 다른 기능이나 능력을 지닌 사람들에 함께 모인 조직의 형태이다. 때문에 원칙적으로는 팀장이 팀원 개개인이 맡은 기능적인 일을 다 할 수도 없고 그럴 필요도 없다. 팀 조직이 원활하게 임무를 수행할 수 있도록 리더십을 발휘하면 되는 것이다. 그러나 실제로는 그렇지 못한 경우가 더 많다. 작은 기업일수록 무늬만 팀제인 경우가 훨씬 많기 때문이다.

기본적으로 각자가 맡은 일들을 해낼 만한 역량이 안 되는 사람들로 팀이 구성된다. 누구나 다 알다시피 중소기업 기피현상으로 인하여 유능한 인재를 확보하는 것이 무척이나 어려운 데다가, 그보다 더 심각한 문제는 대체적으로 소속에 대한 자존감이 낮아서 직무 만족도 역시 매우 낮다. 그 결과는 수동적인 업무 태도로 나타난다.

즉, 팀장이 일일이 나서서 주도하고 문제가 있을 때마다 해결해 주지 않으면 팀이 제 기능을 할 수 없다. 팀제의 취지와는 달리 팀장이 매사를 계획하고 가르쳐 주고 시범 보여 주고 결과를 체크하여야만 비로소 업무가 제대로 진행된다. 그렇기 때문에 팀장이 업무의 모든 내용을 꿰차고 있지 못하면 제대로 된 업무 성과를 기대할 수 없다.

성과와 거리가 먼 일을 열심히 하는 직원들의 경우는 팀장급 중간 관리자들에 비해 원인이 더 다양하다. 첫 번째 유형은 오해에서 비롯되는 경우다. 비교적 똑똑하고 소신이 있는 사원들 가운데는 비록 현재 속해 있는 회사가 마음에 차지는 않지만 열심히 직무기술을 배워서 장차 본인이 희망하는 더 나은 직장으로 전직할 희망을 가지고 일을 열심히 하는 사람이다.

이런 유형은 일을 열심히 하기는 하지만 고객과 회사가 기대하는 업무 성과보다는 자신이 희망하는 직무 경험을 더 중시하기 때문에 일의 진척이 본인의 기대와 다른 방향으로 흘러갈 때는 실망하게 되고 심하면 분노하기까지 한다. 게다가 좀 더 적극적인 성격을 가진 경우에는 회사의 부정적인 면을 솔직한 표현을 빌려 적극적으로 비방하기까지 한다.

지나칠 정도로 업무를 열심히 하는데 성과가 부진한 또 다른 유형은, 업무의 본질을 이해하지 못하고 곁가지에 해당하는 일들에 시간을 쏟아붓는 유형이다. 이런 사람들은 말없이 진득하게 책상 앞에 앉아서 일하기 때문에 자칫 관리자들의 관심에서 벗어나기도 쉽다. 늘 정해진 자리에서 정상 근무 시간보다 더 오랫동안 군소리 없이 일을 하고 있는 모습을 보면, 누구라도 그를 성실한 사람이라고 믿기 마련이다. 하지만 업무의 핵심에서 벗어난 일을 하기 때문에 결과 역시 기대하는 업무 성과와는 늘 거리가 있다.

일정이 촉박한 경우 혹은 관리자의 성미가 급한 경우에 이런 사람이 팀원 중에 포함되어 있으면 자연스레 그의 업무는 다른 사람에게로 넘어간다. 언제나 열심히 일하기 때문에 나무랄 수도 없고 원망할 수도 없지만, 함께 일하는 사람 입장에서는 불만이 없을 수 없다. 그가 맡은 일까지 하게 되다 보니 결국은 그 원망을 팀장이나 회사에게로 돌리게 된다. 이런 유형의 사람들에게는 가급적 과정과 결과가 명확하여 다르게 해석할 여지가 없는 업무를 맡기거나 최대한 그의 적성에 맞는 일을 할 수 있도록 하여야 조직의 피로가 누적되는 것을 방지할 수 있다.

만일 부하 직원에게 칭찬할 만한 구석이 진짜 한군데도 없다면 그것은 상사로서 태만한 것이다. 어떻게 해서라도 칭찬할 만한 부분을 꼭 찾아내서 부하직원을 격려하라. 그것은 상사가 꼭 해야 하는 중요한 역할 중 하나다. 그렇게 조직 내에서 부하직원을 키워 나가는 것은 곧 상사의 기쁨이 될 것이다.[1]

---

1   지적생산연구회 지음, 박영숙 옮김, 『부하를 움직이는 말 한마디』, 비즈니스북스, 2011, p. 251.

다른 사람이 일하는 데
방해되는 사람

발이 빠른 사람일수록 축구를 잘할 수 있다. 그러나 축구장에서 열심히 뛰어다니는 것만으로는 훌륭한 축구 선수가 될 수는 없다. 축구 선수 11명이 모두 골을 넣는 것은 아니다. 하지만 각자가 팀의 승리를 위해 자기 몫을 할 때 공격수가 골을 넣을 수 있다. 팀제로 운영되는 오늘날의 기업 조직은 축구팀과도 닮은 점이 많다. 축구 경기를 관전하다 보면 가끔 자기편 선수의 실책으로 골이 들어가는 경우도 있다. 기업에서도 그와 비슷한 일은 흔하게 일어난다. 그뿐 아니다. 아예 자기편 골대를 향해 공을 차 넣는 사람들도 있다.

어떤 일을 하다 보면 서로 의견이 잘 맞는 경우와 그렇지 못한 경우가 있다. 의견이 잘 맞는다는 것은 같은 일을 두고 지향하는 목표가 같다는 것을 의미한다. 목표가 같아도 방법론에 이견이 있을 수 있겠지만, 목표가 같다면 방법론의 차이는 어렵지 않게 극복할 수 있다. 그러나 함께 일하면서 서로 다른 목표를 지향하는 경우에는 불협화음이 날 수밖에 없으며 업무 성과를 기대하기란 더더욱 어렵다.

조직을 무력화시키는 소극적인 반대자

오래전에 공기업 재직 시절 겪은 일이다. 팀 내 단합을 위하여 봄철 야유회를 가자는 이야기가 나왔다. 팀원들이 함께 모여 장소 물색과 일정 등에 관한 이야기들을 나누던 도중, 마침 결정된 날짜가 내게는 선약이 있는 날이어서 개인 사정으로 인해 참석이 어렵다는 이야기를 조심스럽게 꺼내 놨으나 아무도 내 입장을 이해해 주는 사람이 없었다.

하는 수 없이 선약을 깨트리고 팀 야유회에 참석을 하였다. 그런데 당일 아침, 나는 깜짝 놀라지 않을 수 없었다. 불참 의사를 전혀 밝히지 않은 사람들 몇 명이 아무런 통보도 없이 나오지 않은 것이었다. 직장 생활을 하면서 처음으로 겪은 황당한 사건으로 기억된다. 팀 내 상황이 이렇다 보면 무슨 일을 해도 단합된 힘을 내기가 어렵다.

팀이나 조직을 이끌고 일을 하다 보면 적극적인 반대자를 설득하는 일이 무척 힘들기는 하지만, 때로는 소극적인 반대자가 오히려 더 팀을 무력화시키는 경우가 있다. 그들은 겉으로 드러내 놓고 반대를 하지 않기 때문에 지지자나 협조자로 간주되기 쉽다. 그러나 결정적인 순간에 펑크를 내서 아무런 대비책이 없이 피해 혹은 사고를 당하게 만든다.

한번은 회사 전체 워크숍 도중에 고객이 불벼락같이 화를 내며 전화를 걸어왔다. 우리 회사 담당자가 업무 결과물을 몇 시까지 가져오기로 약속해서 기다리다가 오지 않기에 전화를 해 보니 엉뚱하게 워크숍에 참석 중이라고 이야기를 하더라며 어찌 이럴 수가 있느냐고 했다. 해당 직원을 부랴부랴 다시 사무실로 보내고 백방으로 그 고객을 달래려고 애썼지만 결과적으로는 우리 회사와 거래를 중단하겠다는 통보를 받고 말았다.

본인은 그저 하고 싶지 않을 일을 하지 않았을 뿐, 그 여파가 고객과 우리 회사에 어느 정도까지 크게 미칠지에 대한 생각은 하지 않은 것이다. 사실 그럴 때마다, 가정교육과 학교교육을 통해 성숙한 인격을 갖추지 못한 채 사회에 진출하게 되면 누구보다도 본인이 가장 큰 피해자가 된다는 점을 우리 사회가 좀 더 심각하게 생각해 보아야 하지 않을까 하는 마음이 든다.

안 되는 이유부터 먼저 생각하는 사람

업무를 지시할 때 시키는 사람 입장에서는 어떤 사람에게 일을 맡기는 것이 적합할지 그리고 그 일을 성공적으로 해내기 위해서는 어떤 능력이 필요한지, 대충 가늠을 해 보고 지시를 하게 마련이다. 그런데 시킬 일이 생겨도 어지간하면 일을 시키고 싶지 않은 사람이 있다. 능력이 부족해서라기보다 일을 대하는 태도 때문이다.

말하는 사람이 입을 떼자마자 이야기를 끝까지 들어 보지도 않고, 지금 말하고자 하는 일이 얼마나 힘든 일이고 왜 불가능한 일인지를 설득하려고 덤벼드는 사람이 바로 그런 사람이다. 물론 그가 하는 말이 모두 틀린 것은 아니지만 일을 진행하다가 문제점이 있으면 풀어 나가면 되고, 그마저도 어려우면 다른 방법을 택하든지 아예 목표를 수정할 수도 있다. 그럼에도 안 되는 이유부터 큰 소리로 떠벌리는 사람은 다른 사람들이 일하고자 하는 의욕을 감퇴시킬 뿐이다.

이런 부류의 사람은 아둔하거나 능력이 부족한 사람보다는 오히려 두뇌가 명석한 사람들 가운데 많이 있다. 그리고 그중에는 상급자가 혹시 잘못을 저지르거나 부정 혹은 부당한 일을 하지나 않을까 감시하는 것이 자신의 사명이라고 생각하는 사람도 있다. 때에 따라서는 이와 같은 성향을 가진 사람의 말을 귀담아듣는 것이 유익할 수도 있으나, 새로운 일에 도전하고자 하는 사람들의 의욕을 꺾어 일을 무산시키는 결과를 가져올 수 있으므로 가급적이면 새롭고 도전적인 목표 달성을 위한 조직에는 가담시키지 않는 것이 좋다.

다른 사람을 걸고넘어지는 뒷다리 잡기형

독일 심리학자 링겔만은 집단 속 개인의 공헌도를 측정하기 위해 줄다리기 실험을 해 봤다. 1대1 게임에서 1명이 내는 힘을 1백으로 할 때 참가자 수가 늘면 개인이 어느 정도의 힘을 쏟는지를 측정했다. 2명이 참가하면 93으로, 3명이 할 때는 85로 줄었고, 8명이 함께할 때 한 사람은 49의 힘, 즉 혼자 경기할 때에 비해 절반밖에 내지 않았다. 참가하는 사람이 늘수록 1인당 공헌도가 오히려 떨어지는 이런 집단적 심리 현상을 '링겔만 효과'라고 부른다.

일을 하다 보면 사람이 부족해서 추가적으로 인력을 투입해야만 하는 경우가 종종 있다. 그런데 인력을 투입해도 예상만큼 일이 진행되지 않은 경우가 흔하다. 혼자 있을 때는 책임한계를 가릴 여지가 없지만 벌써 둘 이상이 되면 서로 책임한계를 가리느라 업무 공백이 생기기 일쑤이고, 또 업무 부담의 불균형에 대한 불만 때문에 업무가 지연되는가 하면, 겉으로 드러난 문제가 없다손 치더라도 참여자들이 전력을 다해 일하지 않는 것을 어찌할 방법이 없다. 바로 링겔만 효과 때문이다.

하지만 50%라도 자기의 힘을 쏟는 사람은 그나마 나은 편이다. 한마디로 요령꾼이라고 치부할 수 있다. 그보다도 더 심각한 사람은 자신이 일하고 있다는 것을 보여 주기 위하여 다른 사람 일에 참견하거나 트집을 잡는 사람이다. 이런 사람은 정작 자신이 하는 일은 없으면서도 상대방에게서 조그마한 실수라도 발견하면 침소봉대하여 여기저기 소문을 퍼트리거나 상급자에게 보고한다. 이런 사람은 대개 조직의 중간관리자층에서 많이 발견된다.

자신의 직무에 대한 확신이 없고 불안하기 때문에 늘 다른 사람을 걸고 넘어져서 자신의 존재감을 나타내려고 한다. 이런 사람이 특히 '갑'과 '을' 관계에서 '갑'의 입장에 서게 되면 다른 사람들이 일하는 데 방해가 될 뿐만 아니라 자칫하면 일이 해결되기는커녕 갈수록 문제가 늘어나거나 엉뚱한 방향으로 흘러감에 따라 일을 그르치게 된다. 관리자라면 조직 내에 이런 사람이 조직의 효율을 떨어뜨리고 나아가 업무량과 상관없이 사람들이 피로감에 젖게 만들지 않는지 눈여겨볼 필요가 있다.

정보원 역할이 주 임무인 사람

리더가 되는 데 필요한 가장 기본적인 덕목은 자신이 이끌고 있거나 함께 일하는 사람들의 마음을 읽고 그들이 열심히 일하고자하는 마음을 갖게 하는 것이다. 그런데 훌륭한 리더가 되는 일이 여기서부터 힘들어진다. 특히나 서양에 비해 속마음을 잘 드러내지 않는 동양문화에서는 더욱 그렇다. 평양에서 20년 그리고 서울에서 수년간 외교관 생활을 오래 한 경험이 있는 루마니아 사람에게 북한과 남한의 차이점에 대하여 어느 교수분이 질문을 하였더니, 자신은 차이점보다는 같은 점을 보았다고 하였단다.

> "자신이 많은 나라 사람들과 회의를 해 봤는데, 공식 회의석상에서는 중요한 이야기를 꺼내거나 결정을 내리지 않고, 꼭 2차 가서 술 마실 때 비로소 중요한 이야기를 꺼내고 중요한 결정을 하려는 것, 명분에 지나치게 집착하는 것, 협상이 아닌 주장과 설득만을 고집하는 것은 북한 사람과 남한 사람들만의 공통적인 특징이라는 것이었다."[1]

그만큼 우리나라가 '일 중심'보다는 '관계 중심' 사회라는 것을 보여주는 하나의 예라고 할 수 있다. 또 하나의 증거로는 학연과 지연을 중

---

1   전우택, 『사람이 통일되는 그날까지』, 크리스채너티 투데이 한국판, 2011년 6월호, p. 16.

시하는 문화의 뿌리가 아주 깊이 남아 있다는 사실이다. 그러기에 어떤 조직에서건 힘이 있는 사람에게 줄을 대려고 하는 사람이 있게 마련이다. 그리고 리더들은 유혹을 이기지 못하고 이런 사람의 활동 공간을 마련해 주게 된다. 바로 다른 사람의 속마음을 엿보고 싶은 유혹이다.

사람들이 사석에서 무심코 한 이야기들을 수집하여 조직의 공식적인 채널이 아닌 사적인 채널로 보고를 하게 되면, 듣는 사람 입장에서는 사람의 속성상 '어쩌면 그럴 수가?' 또는 '그러면 그렇지!' 등의 부정적인 생각을 하게 되고 거기서 한발 더 나아가 그런 말을 한 사람의 속마음을 넘겨짚고 의심하기에 이른다. 그리고 더더욱 비선(秘線)을 통한 정보에 귀를 기울일 수밖에 없게 된다. 이런 일은 정치권에 흔하게 있어 왔던 일이고 이미 드러난 사례도 적지 않다.

조직의 리더가 비선을 통해 정보를 취하게 되면 때에 따라서는 편리하기도 하고 유익하게도 느낄 수 있다. 그러나 사람의 마음은 자신도 모를 때가 많으며, 때에 따라 바뀌는 구름과 같다는 사실을 생각하면 비공식적인 채널을 통한 정보를 기반으로 조직을 이끌어 가는 것이 얼마나 취약하고 위험한가를 쉽게 깨달을 수 있다. 공식적인 채널과 공식적인 모임을 통해 논의되고 수렴된 의견일수록 많은 사람들의 공감을 얻고 힘을 발휘한다는 것은 의심할 필요가 없는 사실이다.

어떤 기업이나 조직에서 비선이 작동한다는 사실이 밝혀지면 유능한 사람들도 소신껏 일하지 못하고 힘 있는 사람의 구미에 맞는 일만 하려고 한다. 설사 잘못된 방향으로 일이 결정되어도 나서서 적극적으로 반대하지도 않는다. 위험부담이 적은 일만 맡으려고 하거나 화제의 중심에 서는 일을 기피하게 된다. 자신의 의견을 솔직하게 말하지 않고 진정한 성취감을 얻지 못하게 된다.

즉, 정보원 역할을 하는 사람이나 기능이 조직 내에 존재하게 되면 조직은 공식적인 조직과 보이지 않는 힘이 함께 작용하는 조직으로 이원화된다. 이러한 문제점은 과거 대기업의 기업 운영 형태에서 흔히 보아 왔던 것이기도 하며, 우리나라 기업들이 글로벌 스탠더드에서 벗어나 있다고 지적받는 가장 큰 요인이기도 하다.

중소기업의 경우에는 사회적인 이슈가 될 만큼 비중 있는 기업이 없을 뿐이지 상황은 대기업과 다르지 않다. 특히나 사람들이 특별한 이유 없이 회사를 잘 그만두는 경우에는 공식적인 제도나 정책과 별개로 비선을 통해 조직을 운영하는 회사일 가능성이 높다. 이럴 경우 아이러니하게도 리더들이 특별히 신뢰하는 사람들이 기업과 조직의 성과를 떨어트리는 역할을 하는 것이다.

붙잡을 사람과
보내 줘야 할 사람

세상 사람들을 단순하게 긍정적인 사람과 부정적인 사람 두 부류로 분류한 이가 있다. 그의 말에 따르면, 어쩔 수 없이 두 부류의 사람이 어울려 사는 세상이지만 중요한 것은 성공자는 반드시 긍정적인 사람 속에서 나온다는 것이다.

"긍정적인 사람이 에너지가 넘치면 선수가 되고 에너지가 부족하면 구경꾼이 된다. 그렇다면 부정적인 사람은 어떨까? 에너지가 넘치면 냉소주의자가 되고 에너지가 떨어지면 걸어 다니는 시체와 같다."[1]

만사를 긍정적으로 생각하면 일단 성공에 한 발짝 다가서는 셈이다.
엘리베이터 안에서 모르는 사람을 만났을 때 자신의 표정을 생각해 보라. 그리고 지하차도 입구에 서서 오가는 사람들의 얼굴을 자세히 들여다보라. 대부분의 사람들은 굳은 표정 또는 무표정한 얼굴이며 일부는 근심에 차 있는 듯한 표정을 하고 다닌다. 새삼스러운 일도 아니면

1   스티븐카터, 『르네상스 매니지먼트』, 예지, 2002.

서 이 이야기를 꺼내는 목적은, 비단 길거리에서뿐만 아니라 사무실 안에서조차도 얼굴 표정이 바뀌지 않고 여전히 굳어 있다는 사실에 대한 안타까움 때문이다. 심지어 이삼십 대 청년들마저도 심각하거나 우수에 찬 얼굴들을 하고 있는 걸 많이 본다. 이를 볼 때마다 '은연중에 세상을 부정적으로 보는 사고가 사람들의 몸에 배었기 때문이 아닌가?' 염려된다.

아침마다 길을 가득 메우며 빌딩 숲속으로 모여드는 사람들 중 상당수는 직장인, 즉 샐러리맨이라고 불리는 사람들이다. 아침저녁 출퇴근 전쟁을 치르면서 종종 이런 생각을 해 본다. 과연 이들 가운데 선수는 누구이고 구경꾼은 누구일까? 구성원의 20%가 80%의 업무를 하고 있으며 상위 20%가 전체 80%의 부를 축적하고 있고, 상품 중 20%가 전체의 80% 매출을 올리고 있다는 '파레토의 법칙'에 따르면 어떤 조직의 20%는 선수이고 80%는 구경꾼이거나 구경꾼에 가까운 사람일 것이다.

전 GE 회장 잭 웰치 역시 화려한 학력과 경력을 보고 또는 외적 이미지를 보고 직원을 채용하거나 요직에 등용하였다가 실패한 경험을 그의 회고록[2]에서 토로한 바 있다. 그리고 경험을 통해서 얻은 그 나름대로의 인재 고용원칙을 제시하였다. 한마디로 잭 웰치식 선수를 가려내는 방법이라고 할 수 있다.

2   잭 웰치 지음, 김주현 옮김, 『위대한 승리』, 청림출판사, 2005.

"관리자가 자신의 직원들을 실적에 따라 평가하여 상위 20%, 중위 70%, 하위 10%의 세 범주로 분류하고 분류 작업이 끝나고 나면 관리자는 각각의 범주에 맞게 행동해야 한다."

　그는 실제로 하위 10%를 퇴출시키는 원칙을 지켰던 것으로 전해지고 있으며 그로 인해 비난을 당하기도 하였다. 그러나 우리나라의 중소기업 입장에서 보면 GE의 이야기는 그야말로 남의 나라 이야기일 뿐일 수도 있다. 직원을 급하게 채용할 수밖에 없고, 한 번 채용한 직원에 대하여는 그의 능력이나 성과가 어떻든 붙잡아 두기에 급급한 회사들이 대부분이기 때문이다.

　하지만 형편과 사정만을 탓하다가는 아무 일도 못한다. 실제로 다 같이 어려운 여건 속에서도 단단한 실력을 갖추고 자기 분야에서 대표 기업으로 자리매김을 한 기업들도 적지 않다. 그들 기업이 한국 경제의 깊은 뿌리 역할을 하고 있다고 해도 과언이 아니라고 생각한다. 그리고 무엇보다 주목할 점은 선수로 불리는 인재들이 그들 기업 속에 건재하고 있다는 사실이다.

　비록 GE식은 아닐지라도 붙잡을 사람과 보내 줘야 할 사람을 구분할 수 있으며 붙잡을 사람이 떠나지 않는 조직을 만들어야 한다. 특히나 인력의 유동성이 점차 증가하는 상황에서는 더욱 그렇다.

무엇보다 업(業)의 본질을 이해하고 있는 사람이 회사가 붙잡아야 할 첫 번째 사람이다. 업의 본질이라는 말은 삼성의 이건희 회장이 과거 1993년 제2 창업을 주창하면서부터 즐겨 쓰던 말이다. 업의 본질을 깨닫는 것의 중요성에 대한 글 가운데는 다음과 같은 내용이 있다.

"사업은 저마다 독특한 본질과 특성을 갖고 있다. 때문에 사업에서 성공하려면 무엇보다 일의 본질을 파악하는 게 급선무다. 일의 본질을 파악하면 자연스럽게 일의 특성을 알게 되고 핵심 성공 요인을 찾을 수 있게 되는데, 여기에 관리 역량을 집중할 때 경영자는 사업을 성공으로 이끌 수 있게 된다."

지식이 매뉴얼을 통해 상당한 수준까지 가르쳐줄 수 있는 명시지(明示知)라고 한다면, 지혜는 경험과 학습에 의에 몸에 쌓이는 암묵지(暗默知)라고 볼 수 있으며, 그런 의미에서 사업 영역에 대한 업의 본질을 이해하고 그에 따라 실천하는 사람은 지혜 있는 사람이다.

경영자가 아무리 좋은 사업기획안을 가지고 있고 뛰어난 영업력을 가지고 있다고 하더라도 이를 이해하고 행동으로 뒷받침해 줄 사람이 없으면 직원 한 사람 한 사람에게 매달려 이 일 저 일 가르쳐 주다 지쳐버리고 만다. 때문에 업의 본질을 이해하고 있는 사람은 기업이 반드시 붙잡아 두어야 할 대상이다. 이런 사람을 잃을 경우 한 사람의 인재를 잃는 것이 아니라 사업의 기반마저 흔들릴 수도 있다. 중소기업에 있어서 특히 그렇다. 다만, 그가 부정적인 사람일 경우에는 회사와 경영자를 냉소적인 태도를 취할 수도 있으므로 유의하여야 한다.

다음으로 중요한 인재는 성공의 복제가 가능한 사람이다. 리더의 자격을 정의한 말 가운데 다음과 같은 말이 있다.

"리더는 비전을 바탕으로 팀을 조직하고 팀원들에게 동기를 부여하며, 변화에 민감함과 동시에 변화를 만들어 나가는 사람이며 이에 더 나아가 새로운 리더를 돕는 자이다."[3]

아무리 유능한 사람이라도 한 사람의 능력에는 한계가 있게 마련이다. 때문에 기업을 성공으로 이끄는 인재의 가장 큰 덕목 중 하나는 새로운 리더를 양성하는 능력이다. 다른 말로 표현하면, 성공의 복제가 가능한 사람이다. 조직의 성장 발전을 위해서는 새로운 리더의 양성이 반드시 필요하며 이를 가능케 하는 사람은 그 자신도 끊임없이 성장이 가능한 사람이기 때문이다.

개인적으로 뛰어난 능력을 지닌 사람이라도 새로운 인재를 양성하는 능력이 없거나 그에 대해 관심이 없는 사람은 종국에 가서는 조직에 부담을 주게 된다. 하지만 비록 개인적인 능력은 탁월하지 않을지라도 인재를 육성하는 재능과 열정을 품은 사람이라면 회사가 반드시 붙잡아

---

3   Bill Hybels, He is the founding and former senior pastor of Willow Creek
     Community Church in South Barrington, Illinois.

야 할 사람이다.

세 번째로 회사가 꼭 붙잡아야 할 사람은 변함이 없는 사람이다.

> "처음 입어도 10년을 입은 것처럼,
> 10년을 입어도 처음 입은 것처럼"

예전에 어느 의류회사가 양복 광고를 하면서 사용한 문구이다. 사람에게도 같은 기준이 적용될 수 있다. 사실 신뢰는 오랜 세월을 두고 쌓이는 것이며 좋은 일, 힘든 일, 기쁜 일, 어려운 일 등을 모두 함께 겪으면서 생기는 것이기 때문에 그만큼 인간관계에 있어서는 신뢰가 중요하다. 그리고 신뢰란 달리 표현하면 자신의 이해관계에 따라 흔들리지 않고 행실이 한결같은 사람들 사이에서 존재하는 것이기도 하기 때문에 한결같이 변함이 없는 사람은 회사에서 꼭 필요한 사람이다.

네 번째로 붙잡아야 할 사람은 뜻이 같은 사람이다. '뜻이 같은 사람'은 첫 번째로 꼽을 만큼 경영자에게 꼭 필요한 사람이다. 그럼에도 네 번째로 언급하는 이유는 그만큼 신중을 기하기 위해서다. 조지훈 선생은 그의 지조론(志操論)에서 다음과 같이 밝힌 바 있다.

> "小人同利爲朋 大人同道爲朋
> 소인배는 이익을 구하기 위하여 친구를 삼지만 대인은 뜻이
> 같은 사람들과 친구가 된다."

따라서 경영자에게 있어서 뜻이 같은 사람은 더없이 귀한 사람이다. 하지만 어떤 사람과 뜻이 맞느냐는 결국 경영자 스스로에게 달려 있다.

보내 줘야 할 사람

'보내 줘야 할 사람'이란 표현이 좀 생경할 듯싶기도 하지만 그래도 말하고자 하는 내용을 나타내기에는 가장 적절한 말이라고 생각된다. 여기서 말하는 '보내 줘야 할 사람'이란 말의 의미는 "나 보기가 역겨워 가실 때에는 말없이 고이 보내 드리오리다"로 시작되는 김소월의 시 「진달래」에서 표현하는 그런 애틋한 이별을 뜻하지는 않지만, 떠날 때를 대비한 마음의 준비가 필요하고, 때가 이르렀을 때 상처 없이 회사를 떠나도록 해 주는 것 역시 경영자의 중요한 책무이자 필요로 하는 능력이라는 점을 강조하기 위함이다.

자신이 근무하는 회사를 떠나고 싶어 하는 직장인들이 가장 많이 꼽는 이유 가운데 하나는 '비전이 없어서'이다. 회사에 비전이 없다고 한다. 하지만 그들의 속마음을 보다 정확하게 표현한다면, 다음과 같이 해석할 수 있겠다.

"회사가 나에게 좀 더 유리한 기회를 제공할 가능성이 보이지 않는다."

힘들고 어렵게 기회를 만들고 새로운 목표에 도전하고자 하는 열정과 용기보다는 만들어진 좋은 환경을 찾는 심리는 누구에게나 다를 바 없지만, 그 정도가 심해서 현재의 처지를 비관하거나 회사와 다른 사람을 비난하는 사람은 함께하기 어려운 사람이다.

이런 사람들 가운데는 노골적으로 자신의 의사를 표현함으로써 쉽게 식별이 되는 사람들이 있는가 하면, 겉으로 잘 드러나지 않는 사람도 있다. 자신의 능력을 알기 때문에 쉽게 회사를 그만두려고 하지도 않는 것이 이런 사람들의 특징이기도 하다. 이런 사람이 속해 있는 조직은 활동성이 저하되고 다른 사람을 향한 비난의 목소리가 점점 커진다.

그렇기 때문에 경영자는 이러한 사람들이 회사 안에서 비전을 찾을 수 있도록 기회를 마련하여 주거나 스스로 비전을 찾아서 자신의 길을 갈 수 있도록 도와주어야 한다. 경영자 입장에서는 회사를 떠나는 사람을 배신자 혹은 배은망덕한 사람으로 여기기 쉬운데, 회사를 그만두는 사람을 잘 보내는 것과 더불어, 있어서는 안 되는 사람을 내보는 것 역시 경영자가 감당해야 할 매우 중요한 일이다.

노사 관계에 있어서 근로자는 약자의 입장이기 때문에 기업은 근로자에게 항상 공정하고 정당하게 대하도록 요구받고 법의 감시를 받는다. 그러나 기업과 경영자에게 요구되는 것 못지않게 근로자들에게도 페어플레이 정신이 요구된다. 정직과 투명성이 기업의 성공을 보장해 주지는 않지만 장수를 누리는 기업들은 공통적으로 '공명정대'를 기업이념으로 하고 있다. 그리고 페어플레이 정신이 몸에 배어 있는 사람이라야 그러한 기업이념을 존중하고 함께 지켜 나갈 수 있다.

사실 이 문제는 경쟁의 심화와 성과주의의 확산으로 말미암아 간과되기 쉬울 수도 있다. 하지만 페어플레이 정신이 없는 운동선수가 오래도록 선수 생활을 하기 힘든 것과 마찬가지로 페어플레이 정신이 없는 직원 역시 지속적인 성장과 발전을 기대하기 어렵다. 따라서 경영자는 그와 같은 사람들에게 그들의 행동과 태도가 회사의 경영방침에 어긋난다는 사실을 반드시 알려 주어야 한다. 떠날 사람에게는 경영자의 생각을 분명하게 밝히는 게 짐을 덜어 주는 일일 수도 있다.

자존감 높은 사람이
일도 잘한다

채용 면접을 하는 방법은 회사마다 사람마다 다를 수 있다. 그러나 목적은 하나일 것이다. 회사를 위하여 일 잘하고 다른 사람들과도 화합하며 스스로 성장함으로써 오랫동안 회사에 남아 있을 사람을 찾아내는 것이다. 그런 사람을 찾기 위해 각 기업들은 과거에 비해 더욱더 많은 노력과 비용을 투자한다.

하지만 아쉽게도 이력서나 면접을 통해서 그런 사람을 가려내는 것은 생각처럼 쉽지 않다. 이미 수많은 이력서를 제출한 경험이 있고 면접에 임하는 요령까지 터득한 응시자들을 상대해야 하기 때문이다. 그럼에도 반드시 확인해야 할 사항이 있다면, 응시자가 자존감이 높은 사람인가 아니면 그렇지 못한 사람인가 하는 것이다.

자존감의 형성과 영향

자존감이란 자신에 대한 스스로의 평가다. '나는 가치 있는 사람이다. 나는 사랑받을 만한 사람이다.'라고 평가할 때 높은 자존감을 갖게 된다. 따라서 자존감이 높은 사람은 자신감을 갖게 된다. '나는 유능한

사람이다. 내게 맡겨진 일을 잘 해낼 수 있다.'라고 믿는다.[1]

　사람의 가치는 존재적 가치의 관점과 행위적 가치의 관점에서 말할 수 있다. 존재적 가치란, 인간은 창조주의 피조물임과 동시에 유일무이한 존재이므로 비교되거나 평가될 수 없는 존재임을 말한다. 예를 들어 어느 아이의 부모가 자신의 자녀를 가치가 더 나가는 다른 집 아이와 교환할 수 없다. 범죄를 저지른 사람이라고 해서 그 사람의 대한민국 국민으로서의 자격을 박탈할 수도 없다. 사람은 누구나 태어날 때부터 그런 절대적 가치를 지니고 있다. 소위 천부인권이라는 것을 말한다. 반면에 행위적 가치란, 인간이 성장하면서 사회적 기준에 부응하는 정도에 따라 매겨지는 가치이다.

　어려서는 존재적 가치만으로도 충분히 인정받고 사랑받는다. 그러나 성장하여 어른이 된 후에는 그 사람의 행위와 행위의 결과를 통해 가치를 평가받는다. 그렇다고 존재적 가치가 사라지는 것은 아니지만, 어려서 존재적 가치를 충분히 자각할 수 있는 환경에서 자라지 못한 사람은 행위적 가치만으로 자신을 평가하게 됨으로써 상대적인 평가와 객관적인 인정에 따라 자존감이 높아지기도 하고 낮아지기도 한다.

　　"어느 누구도 자신에 대한 사랑을 가지고 세상에 태어나지 않는다. 이기주의와 자아도취는 갖고 있을지 모르지만 자존감은 그렇지 않다. 그것은 양육 관계를 통해 얻어진다. 제대로 양육

---

[1]　이무석 지음, 『자존감, 비전과 리더십』, 2009, pp43~44 참조.

받지 못한 아이들은 다양한 감정적·행동적 문제를 일으킨다."[2]

2011년 봄, KAIST 학생 4명이 연달아 자살하며 국민들에게 큰 충격을 안겨 준 일이 있었다. 이는 여러 가지 사회병리현상의 측면에서 살펴볼 문제이기는 하지만, 무엇보다도 자존감에 큰 상처를 입고 그것을 스스로 받아들이지 못함으로써 발생한 불행한 사건으로 인식된다. 즉, 존재적 가치와 행위적 가치의 경계선이 불명확한 가운데 행위의 결과를 존재에 대한 부정으로 인식하지 않았나 싶다. 행위적 가치는 사회적 가치판단 기준에 따라 변하는 매우 유동적인 것이기 때문에 그것을 의식하지 않을 수 없으되 집착하게 되면 문제가 발생한다.

자존감이 낮은 사회

우리 사회의 가장 큰 불안 요소는 가속적인 사회 양극화로 말미암아 열등감에 빠진 국민들이 늘어나는 것이다. 다른 말로 하면 사회 전체가 자존감이 낮은 사회로 변화되는 것에 대한 우려이다. 대기업과 중소기업 간의 공정거래를 강조하는 목소리와 경제정의 실천에 대한 요구가 높아지고 있는 현실 이면에는 이와 같이 낮아진 자존감을 회복하고자 하는 절실한 목소리가 담겨 있다.

2　데이비드 칼슨 지음, 이관직 옮김,『자존감』, 도서출판 두란노, 2002, p. 50.

일반화시키기에 무리가 있을지 모르지만, 대체로 중소기업에 근무하는 직원들은 자존감이 낮다. 대기업에 비해 사회적 인식이 낮고, 보수도 적을 뿐만 아니라 업무 관행상의 불평등 또한 감내할 수밖에 없기 때문이다. 보통 내성적이라 자기표현을 잘 못하고 다른 사람과 친밀한 관계를 잘 맺지 못한다고들 이야기하는데, 이는 선천적인 성격이라기보다는 환경에 적응하기 위해 후천적으로 형성된 태도일 뿐이다.

C군은 인상 좋고 순한 성격에다가 주변 동료들과도 잘 어울리는 편이었다. 게다가 업무 능력도 꾸준히 향상되고 있었다. 그런 C군이 가진 문제라면, 거의 습관적으로 지각을 하는 것이었다. 그의 지각하는 습관을 바꾸기 위해 온갖 방법을 다 동원해도 효과가 없었다. 그렇다고 지각할 수밖에 없는 특별한 이유도 발견할 수 없었다. 마침내는 회사의 질서와 화합을 위해서 권고사직이 불가피하다는 생각을 한 것도 한두 번이 아니었다. 그러나 막상 악의 없는 그의 얼굴을 마주 보면서 회사를 그만두라는 말을 할 수가 없었다.

그러던 중 C군에게 결혼할 상대가 생겼는데 신부 측 부모님께서 신랑감에 대해 반대를 한다는 이야기를 듣게 되었다. 예상대로 신부의 부모는 신랑감의 학력과 직장이 마음에 들지 않아서 결혼을 반대하였다. 그래서 C군에게 자신감을 불어넣어 주기 위해 소속해 있는 회사가 아니라 본인이 하고 있는 일에 대하여 신붓감 부모님께 자신 있게 설명드릴 것과 자기계발을 위해 직장 생활과 병행하여 대학원에서 공부하도록 조언을 하였다.

다행히도 결과가 좋아서 C군은 결혼에 성공하였고, 회사에 다니면서

석사 학위도 취득하였다. 평소에도 습관적으로 지각을 하던 그가 직장 생활을 하는 것이 쉽지 않을 터였지만, 생각보다 두 가지 일을 잘 해냈다. 오히려 지각 횟수도 줄었다. 대학원 졸업 후 C군은 바로 대기업 인턴사원으로 합격되어 우리 회사를 떠났고 그 후 정식사원이 되었음은 물론 진급도 하였다. 더 이상 지각을 하지 않는 것은 물론이다.

C군의 예는 우리 회사 입장에선 아쉬운 점도 없지 않지만, C군 개인적으로는 낮아진 자존감을 회복하고 적극적인 사람으로 변신한 성공적인 사례이다.

> "자존감의 수준은 그동안 형성해 온 자신의 모습(실제적 자아)과 이상적 자아를 비교하면 알 수 있다. 어떤 이들은 이상적 자아에 아주 가까이 접근하지만 대부분은 그 이상적 자아를 성취하는 데 실패한다."[3]

이때 품게 되는 것이 열등감이다. 열등감을 가진 사람이 의욕적으로 목표를 세울 수도 없고, 무엇에든 열정을 느끼기가 쉽지 않다. 이는 다시 자존감을 떨어트리고 이러한 악순환이 결과적으로는 사회적 퇴보 내지는 퇴화를 초래하게 된다.

특정한 분야에서 특정한 재능을 가진 사람이 탁월한 성과를 창출하는 것은 사실이다. 예술인들이나 스포츠맨들이 그렇다. 일반적인 직장

---

3   상게서, p. 27.

인들의 업무 가운데에도 세일즈나 기술연구 분야 등과 같이 특정한 재능이나 기술을 필요로 하는 분야가 있다. 그러나 그렇지 않은 분야가 훨씬 많다. 즉 업무 성취도가 낮은 원인을 분석해 보면, 능력이나 자질 부족 때문이 아니라 열등감과 낮은 자존감 때문인 경우가 더 많다.

자존감이 높은 조직 만들기

① 현실을 직시하는 용기

앞서도 언급한 바와 같이 첫째는 자존감이 높은 사람을 채용하는 것이 중요하다. 아울러 자존감이 높은 사람들이 모여서 자존감 높은 조직을 만들 수도 있지만, 조직의 자존감을 높임으로써 개인의 자존감을 세우는 방법도 있다. 자존감이 높은 조직은 구성원들이 스스로 동기를 부여하여 추구할 목표를 세우고 목표를 달성하기 위해 지속적으로 노력한다. 반면에 자존감이 낮은 조직에서는 구성원들이 수동적으로 일하고 업무 결과에 대하여 책임지려는 자세를 취하지 않는다.

개인이나 조직의 자신감을 세우기 위해서는 현실을 직시하는 용기가 필요하다. 한번은 연봉에 대하여 직원과 이야기를 나누는 중에 본인이 받고 싶은 연봉을 말해 보라고 했더니 얼마라고 말하기에, 혹시 제시한 액수의 근거는 무엇이냐고 다시 물었더니 친구들이 그렇게 받는다고 했다. 이에 다시 어떤 친구들이냐고 물었더니 대기업에 다니는 친구들이라고 했다.

하나의 예시일 뿐이지만, 너무나도 많은 사람들이 현실을 직시하지 못하거나 인정하지 않는 태도를 보인다. 현실과 마주하고 싶지 않기 때문이기도 하고, 자신의 가치와 능력을 객관적인 시각에서 평가하는 것 역시 쉽지 않기 때문일 것이다. 기업이 먼저 실상을 정확하게 직원들에게 밝히고 직원들 역시 자신의 현실을 있는 그대로 받아들이는 용기가 필요하다. 그렇게 할 때 비로소 공동의 목표를 위해 최선을 다할 수 있는 공감대가 마련되기 때문이다.

② 관용과 믿음

그리고 있는 그대로를 오픈하였을 때 이를 존중하는 관용과 상호 간의 믿음이 필요하다. 기업의 현실을 있는 그대로 직원들에게 알렸을 때 '회사를 업신여기지 않을까?' 혹은 '회사에 대하여 지나친 기대를 하지 않을까?' 염려하여 회사의 사정을 직원들에게 정확히 알리지 않는 경우가 많다. 직원들에게는 자신의 모든 것을 걸라고 하면서, 정작 회사 사정이나 계획에 대하여는 명확하게 공개하지 않는 것은 모순일뿐더러 직원들의 신뢰를 얻을 수도 없다. 있는 그대로를 알렸을 때 회사에 대한 신뢰가 형성되며, 이는 자신에 대한 가치감과 자신감을 높여 준다.

③ 고객의 인정

조직의 자존감은 성장과 성취에 대한 고객의 인정에서 비롯된다. 따라서 조직의 자존감을 세우기 위해서는 고객으로부터 인정받기 위한 노력이 절대적으로 필요하다. 고객으로부터 인정받기 위한 노력이 진정성을 가질 때 고객뿐만 아니라 직원들까지도 자존감이 높아진다.

비싼 가격을 치르고서라도 명품을 사려고 하는 이유는 다른 사람들로부터 인정받는 제품을 소유함으로써 자신이 가치 있는 사람으로 인정받고자 하는 심리 때문이다. 직원들 역시 어느 정도는 자신이 몸담고 있는 회사의 상품이나 서비스와 자신을 동일시하기 때문에 자기 회사의 상품이나 서비스가 고객들로부터 인정받게 되면 자존감이 높아진다.

④ 부족한 부분에 대한 배려

자존감이 상실될 때는 누구나 심한 상처를 받게 되며 자칫하면 존재 가치에 대한 부정으로 이어지기까지도 한다. 따라서 조직의 구성원들이 성과가 저조하거나 옳지 못한 행위를 하였을 때 행위에 대하여 가혹하게 평가하고 질책하는 것은 당연하다 할 수 있지만, 그 사람의 존재적 가치까지 부정하는 듯한 인상을 주어서는 안 된다.

사실 조직의 구성원 모두가 똑같은 능력과 기술을 가지고 있을 수도 없고 그래서도 안 된다. 구성원 각자가 가지고 있는 능력과 장기가 최대한 발휘될 수 있는 제도적 장치를 만들고, 개개인의 부족한 부분에 대하여서는 서로 배려하고 때로는 더디게 성장하는 사람에 대하여 인내하고 기다려 줄 수도 있는 문화가 정착될 때 조직과 개인의 자존감이 높아지게 된다. 그뿐만 아니라 조직의 역량도 함께 발전한다.

공에는 보상을,
능력 있는 자에게는 직책을

오래전 신문 칼럼에서 읽은 고 최종현 SK그룹 창업자의 글이 아직도 선명한 기억으로 남아 있다. 승진에 대한 관점을 설명하는 글이었다. 직원들은 승진을 과거의 공적에 대한 보상이라고 생각하는 반면, 경영자는 회사가 앞으로 하고자 하는 일에 적임자를 승진시킨다는 요지였다. 기업의 현실에 대한 명쾌한 해석이다. 그러나 이와 같이 상반된 견해에 대한 해법을 어떻게 처방하였는지는 기억에 남아 있지 않다. 그 글을 읽을 당시만 해도 경영자의 입장과 고민을 헤아릴 처지는 아니었기 때문일 것이다.

직장인의 5단계 욕구에 어떻게 대응할 것인가

인간의 욕구 5단계 설을 주장한 매슬로에 따르면, 인간은 하위 단계의 욕구가 충족되면 다음 단계의 욕구가 생기게 된다. 과거에는 생리적 욕구와 안전 욕구를 충족하는 것만으로도 직장 생활에 의미를 부여할 수 있었지만, 국가와 사회가 발전함에 따라 사람들은 가정을 이루거나 친구를 사귀는 등 어떤 단체에 소속되어 애정을 주고받는 사회적 욕구를 가지게 되고 나아가 소속 단체의 구성원으로서 명예나 권력을 누리려는 자기 존중의 욕구가 생긴다. 따라서 기업과 경영자는 진화하는 인간의 욕구에 대한 통찰과 대책이 필요하다.

일차적으로는 1·2단계 욕구인 생리적 욕구와 안전 욕구를 충족시키는 데 필요한 경제적인 보상, 즉 임금이 기업이 직원들에게 근로의 대가로 보상하는 가장 유효한 수단이다. 나아가 2단계를 넘어서 3단계 사회적 욕구와 4단계 자기 존중 욕구 그리고 5단계 자아실현 욕구로 발전하는 욕구에 대하여 어떻게 대응하는 것이 직원들의 업무 의욕과 능률을 높이고 기업의 생산성을 극대화할 수 있는 방법인지 연구할 필요가 있다. 기업과 경영자는 이것을 보상 방식과, 인사정책, 경영전략 나아가 기업 이념에 담을 수 있을 것이다.

임금, 자기 존중 욕구에도 영향을 미친다

임금 수준 결정의 근거는 예로부터 임금 생존비설, 임금 기금설, 임금 계약설 등 여러 학설이 있으나, 실제로 기업에서 그와 같은 학설적 근거에 의하여 임금을 산정하는 경우는 거의 없다고 본다. 특히나 중소기업인 경우에는 더욱 그렇다. 대개는 업계 평균 임금이라는 것이 있다. 근로자 쪽에서는 높을수록 좋고 사용자로서는 낮을수록 좋을 것이라고 생각하지만, 경험에 따르면 일종의 업종별 임금 수준이 자연스럽게 형성되는 것을 알 수 있다.

경기가 좋을 때면 인력 수요가 늘어나게 되고, 인력이 절실하게 필요한 기업에서는 인상된 임금으로 동종 업게 인력을 스카우트하게 된다. 하지만 아무리 절실하게 필요하다고 해도 경영상 허용 원가를 초과하는 임금을 지급할 수 없으므로 임금 상한선이 정해지게 마련이다.

반면에 경기가 좋지 않을 때는 기업들이 신규 채용을 중단하거나 감원하고 기존 직원들의 임금도 동결하게 된다. 이때 직원들은 다른 업종과의 임금 격차가 스스로 용인할 수 있는 수준 내에 있을 때까지 견디다가 그 수준을 벗어나면 직종 변경을 감행하게 된다. 따라서 기업이 경영 적자 상태라고 하더라도 최소한의 인력을 유지하는 데 필요한 임금 하한선이 생기게 된다. 이렇게 해서 형성되는 업종별 임금 수준의 범위 내에서 각 기업은 임금을 책정하게 된다.

그런데 직원들이 절대적 임금 수준이 낮거나 다른 기업과의 격차 때문에 회사를 그만두는 경우도 있지만, 회사 내 동료들과의 비교의식으로 말미암아 불만을 품게 되고 그 때문에 회사를 그만두는 경우도 적지 않다. 열심히 일을 했고 성과도 다른 사람에 비해 월등한 것으로 자타가 공인하는데 다른 사람과 동일한 대우를 받는다면 당사자로서는 참기 힘든 일이다. 그와는 달리 누가 봐도 게을리 일하고 성과도 부진한 사람이 다른 사람들과 동일한 대우를 받는 경우에도 직원들은 마찬가지 생각을 하게 된다.

한편 금전적 보상은 임금근로자에게 있어서 가장 기본적이고도 중요한 보상 수단이기는 하지만, 인간의 5단계 욕구 가운데 불과 2단계까지의 욕구를 만족시켜 줄 수 있을 뿐이다. 한 갤럽 조사에 따르면 직장에 계속 머물지, 아니면 다른 곳으로 옮길지 결정하는 과정에서 가장 중요한 역할을 하는 요소는 직속 상사와의 관계라고 한다.

이는 한 개인의 문제일 수도 있지만, 기업 문화적 성격이 강하다. 직장 사회 안에서 각 개인의 능력을 제대로 인정받고 평가받고 있다고 느낄 수 있어야 한다는 뜻이다. 사람마다 자질과 능력이 다르기 때문에 기업은 개개인의 사회적 욕구에 관심을 갖고, 될 수 있는 한 만족시켜 줄 수 있도록 노력하여야 한다. 물론 이것은 종래의 획일적인 평가 방법을 통한 성과급 제도로서는 이루어 내기 힘든 일이다. 다양한 사람이 각자의 색깔을 유지하면서도 존재감을 인정받을 수 있는 기업문화를 만들어야 한다.

자아실현 욕구에 대한 보상

그다음 사회적으로 안전하다고 느낄 때부터 사람들은 자신의 재능과 기술을 사회적으로 자유롭게 드러내고자 하는 욕구를 가지게 된다. 다른 사람의 지시에 의해 수동적으로 일하는 것이 아니라 자신이 업무를 주관하고 자신이 원하는 방법으로 일하고 싶어 한다. 종종 경영자를 고민에 빠지게 하는 문제 중 하나이다. 이럴 때는 기업에 기여한 공로는 급여제도 속에서 금전적으로 보상하고, 직책을 임명할 때는 종전에 맡았던 업무를 통해 보여 준 능력을 고려하여 직책을 맡기는 방법을 추천할 만하다.

불안한 직장인을 위한
인정과 보상

"보상은 노동계약의 일부이며, 보상이 없다면 직원을 구할 수
도 없다. 하지만 보상을 직원을 채용 외에 다른 목적으로 활용
하고 싶다면, 이는 잘된 일에 대한 인정이나 감사의 표시 정도
로 그쳐야 한다. 보상이 그 이상의 동기부여 도구가 된다면, 부
정적인 영향을 미칠 가능성만 높아진다."[1]

불안한 직장인과 불안정한 기업

직장인들이 어떻게 하면 즐겁게 열심히 일하고 또 어떤 이유 때문에
회사에 오래 남기도 하고 빨리 그만두기도 하는가? 이것이야말로 경영
자들의 최대의 관심사일 수밖에 없다. 삼성경제연구소의 연구보고서[2]
는 임금 수준이 그다지 높지 않아도 우수한 인재가 모여드는 기업이 있

---

1 에드워드 L. 데시. 리처드 플래스트 지음, 이상원 옮김, 『마음의 작동법』, 에코의
   서재, 2011, p.79.
2 조직충성심과 신뢰를 높이는 비결: 심리적계약, 이정일, 삼성경제연구소,
   2011.8.25.

고, 반면에 높은 임금에도 불구하고 인재가 떠나는 기업이 있음에 대하여 주목하였다.

우수 인재를 지속적으로 확보하고 성공적으로 유지하는 기업은 자기 나름의 차별화된 특성을 보유하고 있으며, 그 핵심은 직원과 회사를 하나로 묶어 '심리적 계약' 체결 상태로 만드는 것이라는 새로운 개념을 제시하였다. 아울러 직원들의 마음을 묶는 심리적 계약을 강화하는 데 성공한 기업들이 사용하는 방법도 소개하였다. 예를 들면 '동반자 의식과 배려', '즐겁게 일하는 풍토 조성', '직원의 경력 개발 기회 제공', '최고와 함께하는 자부심 부여', '일과 생활의 조화 중시' 등이다.

기업들의 그와 같은 노력은 세대에 따라서 직장 생활에 대한 관점이 크게 달라지고 있는 현상에 대처하기 위한 방편일 수도 있다. 요즘 직원들에겐 "회사가 잘되면 직원도 잘된다."는 모호한 말로는 약발이 안 먹힌다. 업무 성과를 철저히 보상과 연동시켜야 한다. 다만 '보상'이 반드시 돈이나 직무 같은 물질적인 것일 필요는 없다. 이 일을 하면 무엇을 배우고, 어떤 기회를 가질 수 있다는 것을 세세히 설명하는 것도 좋은 방법이라고 신경자 이사(베인앤컴퍼니)는 말한다.

20대는 일을 통해 배우고, 즐기는 것을 중시한다. 따라서 기업 문화를 교육과 오락을 겸한 '에듀테인먼트(edutainment)'형으로 바꾼다면 성과가 눈에 띄게 좋아질 수 있다. 대기업 계열 금융회사인 S사는 직원들의 숙직 근무를 면제해 주고, 숙직 업무를 아웃소싱했다. 이를 통해 시간외 수당 지출을 줄이고, 업무 효율도 높였다. '다니고 싶은 직장' 1위에 단골로 오르는 유한킴벌리는 탄력근무제를 도입, 직원들이 원하는

시간에 학습이나 여가 활동을 즐길 수 있게 했다.[3]

대학 재학 시절 지금은 고인이 되신 조병화 교수님으로부터 '현대문학 연습'이란 과목을 수강한 적이 있다. 생뚱맞게 문학 이야기를 하려는 것은 아니고, 당시 조병화 교수님이 하신 말씀 가운데 기억나는 한마디를 소개하려고 한다.

  "문학이론이 먼저 있고 문학작품이 있는 것이 아니라 문학 작
  품이 먼저 있고 나서 문학이론이 만들어진다."

기업경영에도 같은 논리가 적용될 수 있다고 본다. 어느 시대이건 성공한 기업이 나타나면 경영학자와 이론가들은 그 기업의 성공요인을 밝혀내어 이른바 시대적 성공이론을 만들어 낸다. 앞서 언급한 '심리적 계약 체결' 방식에 의한 우수 인재 확보 및 유지 방안 역시 사우스웨스트 항공(즐겁게 일하는 풍토 조성), SAS(일과 생활의 조화 중시), 구글(직원의 경력 개발 기회 제공), 애플(최고와 함께하는 자부심) 등 당대 최고의 기업들을 분석하여 기업의 특성에 맞는 방안을 찾아낸 결과로 해석된다.

그렇다면 다른 회사들도 성공한 기업들의 사례를 따라 하기만 하면 성공할 수 있을까? 심지어 열악한 비즈니스 환경에 처한 중소기업들마저도 같은 논리가 적용될 수 있다는 말인가? 유감스럽지만 그렇지 못

3   20·30대 직원들 세대 차이, 조선일보, 2011.10.04.

하다고 말하는 쪽이 사실에 가깝다. 연구자들이 밝혀낸 성공 기업의 특징은 말 그대로 특징일 뿐, 유기적으로 작용하는 모든 성공 요인을 낱낱이 드러내 밝히기는 불가능하기 때문이다. 따라서 특별한 성과를 낳은 기업들의 결과에 주목하기보다는 과정을 더욱 세밀하게 분석해 보는 편이 여러모로 효과적이라고 할 수 있다.

채용은 인재 확보의 시작일 뿐

인재 채용과 확보는 다른 말이다. 채용 과정에서 기업이 피고용인에 대하여 알 수 있는 정보는 매우 제한적이고 피상적이다. 더군다나 취업을 하고자 하는 사람은 누구나 자신을 실제보다 더 근사하게 포장하려 들기 마련이다.

그리고 직원으로 고용되었다고 해서 모든 사람들이 언제나 자신의 능력을 최대한 발휘해서 회사에 더 크게 기여하고자 노력하리라는 기대를 갖는다면 실망할 가능성이 매우 높다. 규모가 작은 회사일수록 더욱 그렇다. 기업과 근로자의 관계가 형성되어 가는 과정에서 서로 다른 생각과 관점이 드러나기 시작하기 때문이다. 따라서 채용한 직원을 진정한 인재로 만들기 위해서는 채용 이후부터가 더 중요하다. 누구나 입사 초기 단계에는 커리어 패스(Carrier Path) 혹은 로드맵(Road Map)에 관심이 많을 수밖에 없다.

'과연 내가 올바른 길로 들어선 것일까? 지금 내가 하고 있는
일이 나의 미래를 위한 최선의 선택인가?'

적어도 입사 후 3년까지는 이러한 질문을 하면서 스스로 만든 혼란
속에서 산다. 그러나 이때 회사가 보여 주는 태도는 매우 일방적이기
쉽다. '이미 발을 담근 이상 열심히 일하는 것 이외에 다른 생각을 할
필요가 있겠느냐?', '그런 줄 몰랐느냐?', '직장 생활 다 거기서 거기
다.' 등등. 맞는 말이긴 하다. 오늘 성공해야 내일 기회가 주어지는 것
은 엄연한 사실이고 현실이다. 하지만 청년 입사자들이 현실에 대하여
확신을 가지지 못하고 자신의 선택에 대하여 불안해하는 모습 역시 현
실이다.

단계적으로 차별화된 보상 방식

기업과 근로자 개인 간의 관계에서 절대적인 주도권을 가지고 '평생
직장' 같은 이야기를 하던 시절은 이미 멀찌감치 사라졌다. 기업이 근
로자들에게 헌신을 요구하기 위해서는 당연히 대가를 분명하게 제시하
여야 한다. 보다 다양한 진로 선택의 기회를 제공할 수 있고 골고루 보
상의 방법을 갖추고 있는 대기업의 경우는 굳이 그 문제에 대하여 세세
한 설명을 하지 않아도 된다. 하지만 상대적으로 기회가 제한되어 있
고, 보상 방법 역시 다양하지 못하며 게다가 무엇이든 확신하기 어려운

입장에 처한 중소기업에 대하여 근로자들은 오히려 대기업에게 요구하는 것보다 확실한 약속을 요구한다.

첫 번째 과제는 신입 혹은 경력으로 입사한 직원들이 회사에 대해 정확한 정보를 얻을 수 있도록 하여야 한다. 대기업의 경우 중소기업에 비해 기업 활동이 외부에 많이 공개되는 것은 사실이지만, 정작 근로자 개개인의 업무 선택이나 사내에서의 경력 개발 등에 관한 문제는 소통 없이 일방적으로 결정되는 경우가 더 흔하다.

비록 대기업에 취업을 했더라도 밖에서 보기와는 달리 자신이 속해 있는 조직이 추구하는 비전이 무엇인지, 회사는 본인에게는 어떤 기대를 하고 있으며 그러한 기대를 충족시키기 위해 무엇을 해야 하는지, 그리고 과연 그 일이 내가 잘할 수 있는 일인지, 평소 하고 싶었던 일인지, 확인하고 싶지만 아무도 알려 주지 않고 마음을 터놓고 대화할 사람도 없을 때 좌절감을 느끼기 쉽다. 대기업이 제공하는 연봉이 매력적이기는 하지만 미래에 대한 불확실성에서 오는 불안감을 해소해 주는 것과는 다른 문제이다. 즉, 기업이 근로자에게 제공해야 하는 첫 번째로 중요한 보상은 회사를 신뢰할 수 있도록 해 주는 일이다.

다음으로는 회사의 비전과 현재의 실정을 토대로 근로자 개인이 자신의 비전을 정립할 수 있도록 지원하는 일이 필요하다.

> "기업은 개인의 과거를 근거로 현재를 사고, 근로자는 자신의
> 미래를 담보로 현재를 판다."

이처럼 회사와 개인 간에는 시각 차이가 있을 수밖에 없다. 그런데 이 시각 차이를 드러내 놓기만 하고 좁히지 못하면 불화를 낳게 되고, 시각 차이를 숨기고 회피하면 안으로 내재되어 있다가 돌발적으로 폭발한다. 특히 이 문제는 상대적으로 인재 발굴 능력이 뒤처지는 중소기업에겐 더 힘든 과제일 수밖에 없다.

기업의 생존을 장담하기도 어려운 경영 환경 속에서 기업의 비전과 계획을 근로자들에게 명확히 밝히고, 직원들이 각자의 능력과 적성에 맞는 일을 찾아서 중요한 역할을 하게 함으로써 기업과 개인이 함께 성장하도록 이끄는 일을 매우 어렵고도 힘든 일이기 때문이다. 앞서도 이야기 했듯 자칫 잘못하다가는 회사가 들인 노력에 비해 근로자들의 호응과 지지를 얻어 내지 못할 수도 있다.

하지만 기업의 투명성은 곧 건강성이며, 기업이 건강해야만 근로자들이 자신의 마음을 터놓고 장래 계획과 비전을 말하고, 그것을 위해 열정을 불사르게 된다. 직원들을 오래 붙잡아 둘수록 업무 효율이 높아지는 것은 사실이지만 그럴 만한 수단도 명분도 없을 때는 기업과 근로자 사이에 놓여 있는 벽을 과감하게 허물어 공감을 바탕으로 한 '심리적 계약'을 이끌어 내는 것이 최선의 대안이다.

보상의 개인화 방법에는 어려운 것도 있지만, 생각하기에 따라서는 그리 힘들거나 큰 비용을 필요치 않으면서도 근로자의 만족도를 높일 수 있는 방법들도 있다. 다만 근로자 개개인에 대한 지속적인 관심과 이해가 선결되어야만 한다. 예를 들어, 개인의 경력 개발에 관심이 많은 직원은 어떠한 형식으로든 관심 분야에서 일할 수 있도록 해 주어야 한다.

반면에 맞벌이 부부이면서 일정 부분 육아에 책임을 져야 하는 직원은(남자인 경우에도 마찬가지다) 근무시간에 대한 배려가 있어야만 안심하고 일할 수 있다. 그리고 미혼 청년들이 많은 경우라면 별다른 방법이 아닐지라도 결혼과 가정생활에 대하여 진지하게 생각할 수 있도록 관리자가 관심을 갖고 배려해 줄 필요가 있다.

과거에는 개인적인 문제를 절대로 회사 일보다 앞세울 수 없었지만, 현실은 많이 달라졌다. 회사가 개인의 문제에 관심을 가지지 않고서는 손과 발은 붙잡아 둘 수 있을지언정 머리와 마음을 붙잡을 수 없다.